卓越绩效模式下职业学校教育教学实践研究

主　编　黄煜欣　谢文峰　刘春艳
副主编　陈　玲　李　娜　叶　丰
编　委　张　杰　陈　超　董海丽
　　　　吕　涛　林桂文　余萍萍

北京理工大学出版社
BEIJING INSTITUTE OF TECHNOLOGY PRESS

版权专有 侵权必究

图书在版编目（CIP）数据

卓越绩效模式下职业学校教育教学实践研究／黄煜欣，谢文峰，刘春艳主编. -- 北京：北京理工大学出版社，2021.9
　ISBN 978-7-5763-0339-1

Ⅰ. ①卓… Ⅱ. ①黄… ②谢… ③刘… Ⅲ. ①中等专业教育-教学研究 Ⅳ. ①G718.3

中国版本图书馆 CIP 数据核字（2021）第 185578 号

出版发行 /	北京理工大学出版社有限责任公司
社　　址 /	北京市海淀区中关村南大街5号
邮　　编 /	100081
电　　话 /	（010）68914775（总编室）
	（010）82562903（教材售后服务热线）
	（010）68944723（其他图书服务热线）
网　　址 /	http：//www.bitpress.com.cn
经　　销 /	全国各地新华书店
印　　刷 /	北京虎彩文化传播有限公司
开　　本 /	880毫米×1230毫米　1/32
印　　张 /	9
字　　数 /	228千字
版　　次 /	2021年9月第1版　2021年9月第1次印刷
定　　价 /	54.00元

责任编辑 / 江　立
文案编辑 / 江　立
责任校对 / 周瑞红
责任印制 / 施胜娟

图书出现印装质量问题，请拨打售后服务热线，本社负责调换

前 言

卓越绩效管理模式，英文名 Performance Excellence Model，是目前被世界主要经济体认同并广泛推广的一种组织综合绩效管理方案。Performance Excellence Model 表达的是一个动态的过程，即"通过卓越的过程获取卓越的经营业绩"。在国家标准 GB/T 19580 中，卓越绩效被明确地定义为：通过综合的组织绩效管理方法，组织和个人得到进步和发展，提高组织的整体绩效和能力，为顾客和其他相关方创造价值，并使组织持续获得成功。卓越绩效管理模式以顾客为导向，以追求卓越绩效管理为理念，包括领导、战略、顾客和市场、测量分析改进、人力资源、过程管理、结果等七个方面。

2014 年 6 月 22 日，国务院发布《国务院关于加快发展现代职业教育的决定》（国发〔2014〕19 号文），该文件指出，"当前职业教育还不能完全适应经济社会发展的需要，结构不尽合理，质量有待提高，办学条件薄弱，体制机制不畅"。2015 年 1 月 31 日，教育部办公厅发布《教育部关于印发〈教育部 2015 年工作要点〉的通知》（教政法〔2015〕3 号文），明确提出要建立常态化的职业院校自主保证人才培养质量的机制。2016 年 4 月 7 日，教育部职业教育与成人教育司发布《关于做好中等职业学校教学诊断与改进工作的通知》（教职成司函〔2016〕37 号文），启动全国中职学校教学诊断与改进工作。2020 年 10 月，中共中央国务院印发《深化新时代教育评价改革总体方案》，针对传统教学质量评价体系没有形成全过程的质量管理意识，缺乏科学的、可量化的质量标准，评价主体单一等问题提出指导性意见；文件强调教育评价要"坚持科学有效，改进结果评价，强化过程评价，探索增值评价，健全综合评价，充分利用信息技术，提高教育评价的科学性、专业性、客观性"。

本书从职业学校引入卓越绩效模式提升教育教学质量的必要性、可行性和试点学校经验等几个方面入手，分八章对卓越绩效模式下职业学校教育教学实践进行研究。第一章为卓越绩效模式与职业学校质量管理，第二章为卓越绩效模式下教育教学质量管理机制，第三章为学校领导的质量意识，第四章为关注学生和利益相关方，第五章为以教职工为本，第六章为教育教学过程管理，第七章为教育教学质量绩效测量、分析与改进，第八章为卓越绩效模式下的质量成果。

限于编者水平，本书难免存在不足之处，欢迎广大读者批评指正。

目 录

第一章 卓越绩效模式与职业学校质量管理 …… 1

第一节 卓越绩效模式概述 …… 1
一、卓越绩效模式产生背景 …… 1
二、卓越绩效模式在中国的发展 …… 4
三、中国《卓越绩效评价准则》的特征 …… 6
四、卓越绩效模式的价值观 …… 7

第二节 职业学校导入卓越绩效模式的论证 …… 13
一、职业学校的定义与内涵 …… 14
二、职业学校导入卓越绩效模式的必要性 …… 14
三、职业学校导入卓越绩效模式的可行性 …… 16
四、职业学校导入卓越绩效模式的意义 …… 17
五、职业学校导入卓越绩效模式的基础与方式 …… 19

第三节 职业学校卓越绩效管理的核心理念 …… 21
一、远见卓识的领导 …… 22
二、战略导向 …… 23
三、学生驱动 …… 23
四、社会责任 …… 25
五、以教职工为本 …… 26
六、合作共赢 …… 27
七、重视过程与关注结果 …… 28
八、学习、改进与创新 …… 28
九、敏捷应变 …… 29

十、基于事实的管理 …………………………………………… 30
　　十一、系统视野 ………………………………………………… 30
第二章　卓越绩效模式下教育教学质量管理机制 ………………… 32
　第一节　教育教学质量管理体系概念、特点与动力机制 ……… 32
　　一、构建职业学校教育教学质量管理体系的原因 …………… 32
　　二、相关概念和内涵 …………………………………………… 35
　　三、职业学校教育教学质量管理体系的基本特征 …………… 38
　　四、职业学校教育教学质量管理体系的动力机制 …………… 40
　第二节　卓越绩效模式下教育教学质量管理运行和约束机制 … 45
　　一、职业学校传统教育教学质量管理体系的问题 …………… 45
　　二、卓越绩效模式下教育教学质量管理体系构建的重要理念 … 46
　　三、卓越绩效模式下教育教学质量管理体系构建的重要
　　　　关注点 ……………………………………………………… 49
　　四、卓越绩效模式下教育教学质量管理体系的机构建设 …… 52
　　五、卓越绩效模式下教育教学质量管理体系的质量标准 …… 53
　　六、卓越绩效模式下教育教学质量管理体系的宣传与培训 … 56
　　七、卓越绩效模式下教育教学质量管理体系的约束机制 …… 57

第三章　学校领导的质量意识 ……………………………………… 59
　第一节　学校领导的作用 ………………………………………… 59
　　一、学校的使命、愿景和价值观 ……………………………… 59
　　二、质量文化 …………………………………………………… 62
　　三、科学规划 …………………………………………………… 65
　　四、双向沟通 …………………………………………………… 69
　第二节　学校治理 ………………………………………………… 73
　　一、职业学校治理的相关概念及内涵 ………………………… 73
　　二、职业学校管理和职业学校治理的关系 …………………… 74
　　三、职业学校治理体系建设的必要性 ………………………… 75

四、职业学校治理体系建设的重点任务 …………………… 76
　　五、职业学校治理体系建设过程中要解决的主要问题 ……… 78
　　六、职业学校开展治理体系建设的路径 …………………… 80
 第三节　社会责任 ……………………………………………… 81
　　一、职业学校社会责任的概念与内涵 ……………………… 81
　　二、职业学校社会责任的具体内容 ………………………… 83
　　三、职业学校社会责任的履行路径 ………………………… 86

第四章　关注学生和利益相关方 …………………………… 89
 第一节　聚焦学生 ……………………………………………… 89
　　一、职业学校学生的概念与特点 …………………………… 89
　　二、职业学校学生的分类 …………………………………… 90
　　三、职业学校学生的需求及其满足 ………………………… 91
　　四、职业学校学生权益的维护 ……………………………… 97
　　五、职业学校学生满意度 …………………………………… 99
　　六、职业学校毕业生就业质量双反馈 ……………………… 100
 第二节　关注利益相关方 …………………………………… 103
　　一、职业学校与企业的合作共赢 …………………………… 103
　　二、职业学校与人民政府的关系 …………………………… 110
　　三、职业学校与政府工作部门的关系 ……………………… 112
　　四、职业学校与其他利益相关方的关系 …………………… 114
　　五、利益相关方对学校的满意度 …………………………… 114

第五章　以教职工为本 ………………………………………… 116
 第一节　教职工绩效管理 …………………………………… 116
　　一、教职工绩效的相关概念 ………………………………… 116
　　二、职业学校教职工绩效管理中存在的问题 ……………… 120
　　三、职业学校教师绩效管理问题的对策 …………………… 123
 第二节　教职工的培训与发展 ……………………………… 128

一、教职工培训的概念 ………………………………………… 129
　　二、职业学校教职工培训存在的问题 …………………………… 129
　　三、做好职业学校教职工培训与发展的测量 …………………… 132
第三节　教职工的权益与满意度 …………………………………… 135
　　一、教职工权益的相关概念 ……………………………………… 136
　　二、教职工权益维护的四个层面 ………………………………… 137
　　三、职业学校教职工权益保障的不足 …………………………… 139
　　四、职业学校教职工权益受到侵害的原因 ……………………… 141
　　五、维护职业学校教职工合法权益的策略 ……………………… 143
　　六、教职工权益的维护与教职工满意度 ………………………… 144

第六章　教育教学过程管理 ………………………………………… 146
　第一节　教育教学价值创造 ……………………………………… 146
　　一、教育教学过程识别 …………………………………………… 147
　　二、教育教学过程设计 …………………………………………… 152
　　三、标准明确的要求 ……………………………………………… 157
　　四、教育教学过程实施 …………………………………………… 160
　　五、教育教学过程改进 …………………………………………… 164
　第二节　教育教学支持 …………………………………………… 167
　　一、人力资源支持 ………………………………………………… 168
　　二、财务资源支持 ………………………………………………… 176
　　三、信息资源支持 ………………………………………………… 179
　　四、技术支持 ……………………………………………………… 186
　　五、设施与设备支持 ……………………………………………… 190

第七章　教育教学质量绩效测量、分析与改进 …………………… 194
　第一节　绩效管理 ………………………………………………… 194
　　一、质量的内涵及相关术语 ……………………………………… 194
　　二、绩效与绩效管理模式 ………………………………………… 196

第二节　绩效测量 ·········· 198
一、绩效测量的意义与原则 ·········· 198
二、绩效测量指标 ·········· 200
三、绩效测量的方法 ·········· 209
四、绩效分析与评价 ·········· 213

第三节　教育教学质量改进与创新 ·········· 217
一、教育教学质量诊断与改进 ·········· 218
二、教育教学改革创新 ·········· 235

第八章　卓越绩效模式下的质量成果 ·········· 243

第一节　教育教学质量持续提升 ·········· 243
一、生源供给质量持续提升 ·········· 244
二、学生综合素质提高 ·········· 245
三、学生就业质量持续提高 ·········· 246
四、学生升学率持续提高 ·········· 248
五、学生职业技能持续提高 ·········· 249

第二节　学生和利益相关方满意度持续提高 ·········· 251
一、学生满意度 ·········· 251
二、相关方满意度 ·········· 254

第三节　教职工队伍持续优化 ·········· 256
一、完善的制度体系助力教师成长 ·········· 256
二、有效的绩效激励营造积极向上的竞争氛围 ·········· 260
三、精准的目标导向成就卓越的标志性成果 ·········· 261

第四节　学校整体实力可持续发展 ·········· 263
一、校园建设日趋完善 ·········· 263
二、教学资源水平明显提升 ·········· 265
三、形成了完整的质量保障体系 ·········· 267
四、服务品牌初步形成 ·········· 270

第五节　服务社会能力持续增强 …………………………………… 273
　一、建成特色科研平台 ……………………………………………… 273
　二、科研工作快速发展 ……………………………………………… 274
　三、社会服务效益显著提升 ………………………………………… 275

第一章 卓越绩效模式与职业学校质量管理

卓越绩效管理模式，英文名 Performance Excellence Model，是目前被世界主要经济体认同并且广泛推广的一种组织综合绩效管理方案。卓越绩效的英文原文为 Performance Excellence，在从国外引入过程中有部分材料翻译成"业绩卓越"。卓越绩效在中文里是一个形容词加名词的结构，并不是动词，但是英文"Performance"却含有"通过做某事取得某结果"的意思，实际上 Performance Excellence Model 表达的是一个动态的过程，即"通过卓越的过程获取卓越的经营业绩"。

在国家标准 GB/T19580 中，卓越绩效被明确的定义为：通过综合的组织绩效管理方法，使组织和个人得到进步和发展，提高组织的整体绩效和能力，为顾客和其他相关方创造价值，并使组织持续获得成功。卓越绩效管理模式以顾客为导向，以追求卓越绩效管理为理念，包括领导、战略、顾客和市场、测量分析改进、人力资源、过程管理、结果等七个方面。

第一节 卓越绩效模式概述

一、卓越绩效模式产生背景

卓越绩效管理模式由美国的波多里奇国家质量奖而来。

(一) 波多里奇国家质量奖的产生

20世纪80年代的日本,受益于第三次科技革命带来的生产力飞跃、本国产业政策的有效引导及通过"戴明奖"的有效激励,制造业水平和工业产品质量得到巨大提升。同时,石油减产造成的世界性石油危机,使以丰田为首的低油耗汽车全面攻陷了美国原本以大排量汽车主导的汽车市场。除汽车外,大量物美价廉的日本产品充斥美国市场,给美国本土工业带来了全方位的挑战,美国制造业哀鸿遍野,一时间无法招架。

在美国制造业生死存亡的紧要关头,美国政府除了对外动用一切手段打压以丰田为首的日本企业外,内部的官员、经济学家和管理学家们也在反思美国企业在这场美日贸易战中的得失,为重新提振美国制造业献计献策。最终,美国前商业部长马可姆·波多里奇(Malcolm Baldrige)和一批专家、学者认为,要赢得与日本企业的竞争,必须从企业内部树立起质量优先的意识,以质量提升产品竞争力,由此提出并顺利设立了"美国国家质量管理奖",为成功赢得美日贸易战立下了赫赫战功。为了纪念和奖励波多里奇的贡献,遂将"美国国家质量管理奖"命名为"波多里奇国家质量奖"。

(二) 波多里奇国家质量奖的地位与作用

为体现波多里奇国家质量奖的标杆特性,该奖项每年只有2~3家产品质量突出、质量管理优秀的企业有资格获得,与日本爱德华·戴明质量奖、欧洲质量奖并称为世界三大质量奖,国际声誉极高。即使是在美国国内的政府级奖项中,波多里奇国家质量奖的等级也是最高的,由国会立法通过并由美国总统亲自为获奖企业授奖。波多里奇国家质量奖的评奖办公室就在美国商务部国家标准及技术局里面,每年到评奖的时候,评奖办公室就会召集专业评审员、各产业的企业代表以及学术领域专家等,探讨当年评奖的标准和内容,形成《卓越绩效评价准则》。该准则由评奖办公室组织专家学者根据经济和产业发展的实际情况,每两年重新修订一次,修订后统一对外公布,各产业企业可以根据最新修订的准则对标本企业的发展情况,从而更好地提出改进意见和措施。

波多里奇国家质量奖运转方式的本质是树立标杆和对标改进两个部分:首先它将美国最优秀的业绩最好的企业评选出来作为行业标杆,分析、归纳和总结这些标杆企业的质量管理经验及做法,形成一整套普遍适用的企业质量管理模式;随后将这种模式在行业内进行推广,行业其他企业可以根据客观实际,将本企业管理模式与标杆企业做对照,学习先进经验,改进自身不足。波多里奇国家质量奖的评选发布会和经验交流会也成为一项常规的活动,于每年的4月在华盛顿哥伦比亚特区举行,议程包括了美国总统为获奖企业(单位)颁奖、获奖企业(单位)代表介绍获奖经验和执行卓越绩效模式的典型案例以及各企业(单位)质量管理的经验交流等。这一整套以高质量为核心的企业内、外部治理行动模式就是卓越绩效管理模式。

波多里奇国家质量奖的设立,使美国各行业企业可以很方便地对标学习获奖标杆企业的质量管理模式,让这些已经被证明是成功的模式得到迅速传播和推广。到20世纪90年代初,美国各行业企业的质量管理水平和产品质量得到了大幅度提升,扭转了对日本企业竞争的劣势,为美国企业在20世纪90年代和21世纪初的大发展打下了坚实基础。至今,通用电气公司、波音、微软等当年受益于卓越绩效管理模式的大企业依旧是美国工业和制造业的顶梁柱。

(三)利润导向的资本运作模式和巨型大厦的坍塌

波多里奇奖的推行,是一种质量优先的经营管理模式。但进入21世纪,资本在市场中发挥巨大作用,美国企业尤其是制造业企业纷纷抛弃质量优先、工程师治理的质量管理模式,转而拥抱资本有效运作、以公司收益为导向的治理和经营模式。以通用公司为代表,美国制造业企业整体开始"脱实向虚",仅仅并高度关注公司尤其是高管的收益,大幅度削减研发以及质量保障投入,以金融杠杆推高公司股价以获得巨额利润。其代价就是公司整体质量管理水平下降,员工利益受损,新产品研发趋于停滞,在国际竞争中逐渐落后。在 2008 年金融危机中,这个由爱迪生创办的、曾经是全球最大的制造业公司——通用公司堕落到了破产的边缘,最终只能由美国政府直接出资救助,沦为"大而不能倒"的帮扶对象。波音公司作为通用公司之后美国最后的重工业集团,学习通用公司大幅度削减工程师待遇和数量,将利润低的部门裁剪外包,在增加公司利润的同时也给产品质量带来严重影响,近年来连续爆出产品质量问题。波音 737 - MAX 两年内连续出现两次重大安全事故导致全球停飞,客户纷纷延期或者取消订单,2020 年又受到新冠疫情对全球民航产业的双重夹击,目前也是苟延残喘,只能依靠美国政府紧急注资维持运营。

美国规模最大、最知名的重工集团片面追逐利润,放弃质量管理的反面例子也为中国企业和单位认识卓越绩效模式的重要性提供了不同的视角。

二、卓越绩效模式在中国的发展

(一) ISO 9000 族标准的引入及其局限性

2001 年以前,中国各行业企业的质量管理主要依靠 ISO 9000 质量管理体系,这是 1987 年由国际标准化组织(ISO)提出并制定的一系列国际标准的集合体,因此又常常称之为 ISO 9000 族标准。ISO 9000 族是由 ISO/TC176 制定的所有国际标准,包括 ISO 9001—1994。ISO 9000 质量管理体系含有标准和运行指南,各行业企业可以根据这些标准和指南建立有效的质量管理体系。中国在 1992 年将 ISO 9000 系列标准转化为中国自己的 GB/T19000 系列标准,各行业随后也陆续地将 ISO 9000 质量管理体系标准转化为行业自己的标准。

2001 年 11 月 11 日,中国正式加入世界贸易组织(WTO),使国内的生产力得到极大的解放,生产总值从 2001 年的 1.3 万亿美元,猛增到 2019 年的 14.36 万亿美元，并保持持续增长。在全国各行业企业均呈现出井喷式发展的同时，中国各行业所面临的一个巨大难题，就是遵循 WTO 的规则取消了众多贸易保护条款后，国内企业是否能在相对陌生而激烈的国际市场竞争中存活并进一步发展。原有的 ISO 9000 质量管理体系仅仅是给企业提供了一个市场准入门槛的标准，以及一个企业生产经营所需的最低限度的标准，并无法令企业掌握市场竞争的策略并保证在竞争中获胜。而且 ISO 9000 质量管理体系只是一种治理管理的标准，有其固有的局限性，对公司竞争所涉及的诸如行政管理、财务管理、人力资源管理等重要内容不能给出相应的标准，以供其参考和执行。在 ISO 9000 质量管理体系基础上引入一种新的、更全面的质量提升模式就成为当时中国各行业的迫切需要。

（二）卓越绩效管理模式在中国的推广

在中国急需进入国际化竞争的时期，中国质量协会详细考察了波多里奇国家质量奖与日本爱德华·戴明质量奖、欧洲质量奖等三个世界知名质量奖项，决定引入由美国波多里奇国家质量奖产生的卓越绩效模式，在 2001 年设立全国质量管理奖并同时启动评审工作，这标志着卓越绩效管理模式在中国的推广。全国质量管理奖于 2006 年更名为全国质量奖，奖项每年评审一次，由中国质量协会组织评审专家根据当年各行业企业的质量管理水平和生产经营成绩确定获奖企业或单位。

显然，中美两国推行质量管理奖的动因极其相似，都是为了在激烈的市场竞争中获得竞争优势，并通过推广先进的经营理念与方法，全面地、整体性地提升国家的市场竞争力。推广卓越绩效模式的一大目的就是提供一个整体的、可供对比评价的现代质量管理标准，企业可以根据这个整体标准对内审示自身的不足，以持续加以改进，从而不断地提高企业业绩。中国在进入 WTO 三年内快速地引进、学习和推广卓越绩效模式，让中国各行业企业迅速适应了 21 世纪经济全球化带来的冲击，对中国企业对内提升整体管理质量，对外参与激烈的国际市场竞争起到了巨大的保障作用。在设立全国质量管理奖的三年后,《卓越绩效评价准则》(GB/T19580—2004)于 2004 年 9 月出台,中国质量管理在引进 ISO 9000 质量体系后又走进了更高的层次。中小学、职业学校、本科院校、政府事业单位和医院等各种组织也开始积极引入这种模式。卓越绩效管理不再专属于企业,而是在社会各行各业中根据行业企业特点加以转化实施,成为促进社会各类组织质量发展与进步的一种治理模式。

三、中国《卓越绩效评价准则》的特征

《卓越绩效评价准则》是实施卓越绩效管理模式的行动指南,也是中国质量管理奖的评选标准,是基于 ISO 9000 质量体系发展形成的本土化卓越绩效评价准则,有中国推行全面质量管理的特征与特色。

(一)强调全面的质量建设

在原有的 ISO 9000 质量体系中,质量一般局限于强调生产产品的质量,或者为客户提供服务的质量,更多的是作为一个名词出现。判断产品和服务质量只需要提供一个标准就可以解决。然而在《卓越绩效评价准则》中,质量的概念从名词变成了形容词,管理要有质量、经营要有质量、绩效更要有质量,即整个组织的生产、经验都需要处在一个系统的有质量发展的范围之内。质量追求的是整个组织系统绩效的最大化以及价值实现的最大化,这是一种系统的、全面的质量概念。

(二)强调以客户为中心

在当今经济全球化的态势下,适应市场的需求,以客户为中心是卓越绩效模式执行的一大准则。企业是身处市场的企业,无论是国内市场还是国际市场,市场就是企业经营的最大最重要的客观因素,适应市场需求是企业生产经营的本质要求,为客户提供产品或者服务则是企业生产经营的目的,因此以客户为中心,关注客户的需要,提高客户对产品和服务的满意度和忠诚度,是企业生产经营的目标。

（三）强调系统经营模式

既然为客户提供产品或者服务是企业生产经营的目的，那么为了更好地满足客户需求，给客户提供更好的产品和服务，实现客户的价值，只强调任意一个或几个关键链条就是不科学的。《卓越绩效评价准则》强调系统而全面的质量，这就要求组织在经营管理过程中所有参与部门都必须具有系统的而又有质量的经营理念，针对共同目标协调一致行动。

（四）强调组织文化建设

为达到以客户为中心的目的，组织在经营管理过程中必须具有系统的而又有质量的经营理念，各部门都需要系统协调一致的行动，因此必须有一个内在的价值观作为引领。所以，组织在强调经营管理质量之前，必须开展符合卓越绩效发展目标的组织文化建设，包括组织的未来愿景、经营理念和人文关怀等内容。

（五）强调可持续发展战略

《卓越绩效评价准则》突出了组织经营管理中，可持续发展战略的制定与实施，要求在制定组织战略时牢牢把握组织可持续发展的目标，在战略目标上体现可持续发展的相关要求，并给予相应的资源支持。

（六）强调组织的社会责任

《卓越绩效评价准则》强调了组织生产经营的社会属性，因此无论是企业、学校、事业单位还是医院等组织，在生产经营的过程中都必然要承担大小不一的社会责任。

四、卓越绩效模式的价值观

卓越绩效模式是建立在一系列系统的价值观和行为模式上的。其核心价值观是卓越的领导、卓越的客户导向、重视培训、重视员工和合作渠道、迅速地反应、可持续发展、促进创新、实事求是、组织的社会责任、以结果和价值为导向、系统的思维方式。以上十一个核心价值观是卓越绩效模式推广以来国内、国际成功经验的总结，反映了最先进的组织经营管理理念和方法，它们既是卓越绩效模式的客观要求，也是卓越绩效模式的重要组成部分。

（一）卓越的领导者

一个组织的领导者是组织管理的关键性因素，领导者领导力的高低在一定程度上决定了这个组织是否能够生存与发展，更决定了组织的成功与否。作为组织核心，领导者应该具有与组织质量发展要求相适应的领导力、进取心、创新意识和战略决策能力，同时也应该具备一定高度的道德水平和业务能力。

领导者应该凭借这些能力，分析研判组织的战略位置，进行战略决策，为组织确定明确的市场定位、发展目标和发展方向；构建组织统一的发展愿景、价值观，建设以客户为中心，追求卓越质量的企业文化；建立系统的管理机制和员工激励机制，以自身为表率，带领组织全体人员朝着组织目标共同努力、学习创新。

（二）卓越的客户导向

组织要认识到给客户提供产品和服务，为客户创造价值是组织生产经营的目标。组织产品和服务是否符合质量要求，卓越绩效能否实现，这一切都需要由客户来做实际评判。因此，组织必须以为客户提供满意的产品和服务为第一要务，如此才能提高组织的绩效和客户的满意度、忠诚度。

组织在满足当前客户需求的同时，应当对客户未来的期待以及需求的可能性变化进行分析研判，不断地改进产品和服务质量。卓越的客户导向要求对客户的关注不能局限于组织的某个部分，或者组织经营的某个阶段，而应该贯穿于组织经营管理的全体人员和全过程。卓越的客户导向强调不只是在给客户提供产品和服务的时候以客户为导向，组织还要与客户建立日常的紧密联系，提升客户对组织的关注度和忠诚度。要重视客户的投诉，将客户的投诉视为检验组织生产经营绩效的重要指标，根据客户投诉情况改进相关工作，提升整体质量。要以卓越的客户导向为标准，快速、有效地解决客户投诉的问题，避免客户忠诚度降低以及影响其他客户对组织的印象。卓越的客户导向还要求组织在满足客户现有要求的同时，自觉地学习研判市场发展客观规律，为客户提供更好的产品和服务，以期与市场其他竞争对手拉开差距。卓越的客户导向强调要时刻关注市场变化，做好客户需求的调研，研判客户对产品和服务需求的变化趋势，并做出相应反应。

（三）重视培训

卓越绩效模式要求组织时刻关注组织生产经营环境的变化，重视组织以及员工的培训，一是对组织生产经营新环境新要求的学习，提高组织和员工对市场环境变化的适应力，针对市场环境变化自主优化生产经营质量，提高经营绩效；二是组织通过学习培训，导入行业新技术、新理念和新方法，不断提高产品和服务质量，提高组织生产和管理效率，提升组织在面对市场其他竞争对手时的竞争力；三是通过学习和技能培训，提高员工个人的技术技能水平和总体素质。员工的学习培训可以是理论学习，也可以是实践技能的培训，可以是脱产学习也可以是在岗培训。重视员工个人的学习培训既可以提高员工对组织的归属感和满意度，又可以激发员工的发展潜力，促进员工自我价值的实现，提高组织生产经营绩效。

（四）重视员工和合作渠道

对于一个组织来说，最重要的资源就是人力资源，人力资源又可以分为组织内部人力资源和组织外部人力资源，组织内部人力资源就是组织的员工，外部人力资源就是渠道合作方。卓越绩效模式认为，一个卓越的组织，其卓越绩效来源于人的卓越，也就是组织员工以及组织合作渠道方的共同卓越。因此，卓越绩效模式要求，组织应当重视员工以及合作渠道方的质量管理。应该意识到为客户提供产品和服务的是组织的员工，因此如果要追求给客户提供令其满意的产品和服务，组织必须首先建立起一个让组织员工满意的工作环境与工作制度，包括公平的绩效评价、平等的学习培训机会、公平合理的组织上升渠道以及科学合理的绩效奖励。重视员工、保障员工生存与发展的权益、提供给员工满意的工作环境是组织成功的必然要求。

组织的渠道合作方包括原料供应商、各级销售商、各级代理商、各行业协会、媒体以及非政府组织等。卓越绩效模式认为，组织与渠道合作方建立良好的合作关系，是组织应对市场竞争、优化经营环境、扩大市场占有率的重要条件。组织与这些渠道合作方并没有直接的利益冲突，应该建立战略性的合作关系，形成共同服务产业链的合作伙伴。组织与渠道合作方的良好合作，可以让组织更有效地应对市场波动，使组织稳定性更强，更有利于快速占领市场，提升市场占有率。同时良好的合作可以让组织尽可能地节省生产运营成本，提高生产效率，形成与渠道合作方的优势互补，共同实现成功发展。

（五）迅速的反应

随着经济全球化的推进和信息通信技术的不断发展，市场形势瞬息万变。同时 2020 年新冠疫情对全球经济的重大影响也提醒各行业，全球化的市场在带来贸易便捷的同时，其自身也极易受到各种突发事件的影响。因此，卓越绩效模式认为，组织如果要在这种不稳定的全球市场中生存和发展，必须具有对市场变化做出迅速反应的能力。组织的迅速反应能力不只针对市场大环境的改变，同时也针对竞争对手的改变以及客户需求的改变。

组织为了能够做到快速反应，在信息上要提升组织对市场环境和客户需求变化的信息获取能力以及对变化风险的预警能力，尽量做到提前了解，提前准备；在生产经营上，缩短产品的研发和生产周期，提升产品和服务对市场环境和客户需求变化的反应速度。各部门要做好随时根据实际情况快速调整产品和服务的准备。在员工培训上，提升员工对新技术、新岗位快速变化的适应能力，培养多种技能集于一身的具有多面手特质的员工。在时间管理上，强化时间意识，量化生产周期和服务周期，不断提高组织生产经营效率，缩短反应时间，减少生产成本。

（六）可持续发展

在激烈的市场竞争中，组织如何在追求卓越绩效的同时实现生产经营的可持续发展是一大难题。卓越绩效模式认为，组织要实现卓越绩效的稳定可持续发展，应该有战略性思维，明确组织一段时间内的发展目标，制定达到发展目标所需要的发展战略规划，包括但不限于产品和服务的发展、对市场环境变化的分析研判、对客户需求变化的判断、新的渠道合作方选择、竞争对手战略判断、员工团队的建设与员工发展、社会责任的进一步履行以及法律法规变化风险判断等内容。组织要围绕战略发展规划投入相应的战略资源，细化规划的具体执行方案，保证战略目标按质按时实现。

组织在制定战略规划的时候还需要与内部员工和渠道合作方保持沟通，倾听他们对组织规划的意见和建议，使组织、员工、渠道合作方都能围绕发展目标形成共识与合力，确保组织的可持续发展。

（七）促进创新

创新是指创立或者创造出新的事物，在当前激烈的市场竞争中，组织要获得竞争优势，实现卓越绩效和可持续发展，必须坚持不断地创新。

卓越绩效模式认为，组织的创新不应该仅仅存在于生产产品和提高服务上的创新，更应该存在于组织生产经营的全过程和全要素中，包括经营理念创新、行政管理创新、机构设置创新、体制机制创新、员工发展创新、流程管理创新等各种方面。创新是对组织各要素的新创立或新创造，是组织提高竞争力和经营绩效，赢得市场竞争的重要途径。

组织要形成一套促进创新的体制机制，领导层要理解创新对组织绩效的重要性，制定促进创新的激励政策，推动组织内部创新氛围的形成。将创新理念作为组织文化建设的一部分，鼓励员工强化学习创新能力，营造以创新为荣的组织文化。

（八）实事求是的管理

实事求是指一切从客观实际出发，正确地认识和解决问题。卓越绩效模式认为，组织的管理必须遵循实事求是原则，具体来说就是组织的管理依据必须来自客观的观测事实以及对绩效的客观数据分析。绩效的客观数据包括产品服务的质量和性价比、销售数量、利润率、客户的满意度、客户的忠诚度、员工绩效、社会责任履行绩效、市场占有率、行政管理效率等。

客观的观测事实以及对绩效的客观数据分析可以得到组织目前生产经营的实际情况，通过对比可以得出组织绩效变化趋势，了解当前生产经营所存在的问题，对组织绩效的评价与改进有积极作用。除了与自身数据做对比，组织还可以与行业标杆或者竞争对手的绩效数据做对比，找出存在的不足之处，认识当前需要改进的重点，促进组织绩效的提升。

（九）组织的社会责任

与 ISO 9000 质量管理体系相比，卓越绩效模式突出强调了组织必须对社会负有某种责任，遵守社会道德准则，其员工也应当履行社会义务。卓越绩效模式将组织与社会的关系也视为质量绩效的一部分，要求组织不只是要做好内部生产经营的质量管理，更要处理好与社会、公众和环境的关系。

具体来说就是组织领导要有社会责任意识，要严守社会道德底线，自觉地保护社会环境和资源，维护公众健康安全。员工要在完成组织规定任务绩效的同时，自觉地参与到社会社区建设、公益活动、环境保护等活动中，自觉地维护知识产权，抵制过度竞争等。组织应该在遵守法律法规等社会底线的基础上，主动地加强社会服务能力，承担更多的社会责任。在组织发生可能危害社会公众安全的事件时，要主动报告，积极做出反应,以保障社会公众安全为目标尽快解决问题。

(十) 以结果和价值为导向

卓越绩效模式强调组织绩效的评价应该以结果和价值为导向,主要包括产品和服务销售收益、利润率和市场占有率、员工绩效、客户满意度、社会责任履行等主要方面。这些关键的绩效评价可以确定组织的生产经营情况、生产效率情况、获得利润和市场地位情况、员工的发展情况、客户的价值是否得以实现以及组织是否履行好社会责任,揭示组织绩效实现链条中,组织、客户、员工、领导、渠道合作方以及社会公益等主要节点所创造的价值。

强调组织绩效的评价以结果和价值为导向是实现组织目标的必然要求,通过对组织绩效结果和价值的测量,可以了解组织是否处于良性发展之中,是否偏离正确的发展轨道,可以对组织绩效进行监控,为组织绩效持续改进提供数据支持。

(十一) 系统的思维方式

与 ISO 9000 质量管理体系相比,系统性是卓越绩效模式的一大特点。卓越绩效模式强调以系统的思维方式构建绩效管理模式的各个组成部分,最终达成卓越绩效。卓越绩效模式十一个核心价值观本身构成了一个系统框架,明确了组织应该具有系统性和一致性。其中系统性体现在要求组织在生产、经营和管理过程中的所有参与部门都必须具有系统的而又有质量的经营理念。组织是一个有共同战略目标,按照共同战略规划执行的整体系统。一致性体现在组织的整个系统都为了达到顾客满意而开展活动,以结果和价值为导向的绩效测量作为这些活动的纽带,各项活动均为了达成战略目标而展开。

第二节 职业学校导入卓越绩效模式的论证

自从 2015 年国家提出《中国制造 2025》国家行动纲领以来,中国各类产业尤其是工业制造业吹响了向高端产业进军、深入开展产业转型升级的号角，国家逐渐由制造大国向制造强国转变。在此过程中，职业教育与职业学校给各类产业提供了大量具备较高知识水平和较强技术技能的产业工人，是国家战略转型的重要支撑。高质量的人才需求必然要求高质量的学校，目前，职业学校已经由规模扩张转向质量立校。引入卓越绩效模式，可以进一步提高职业学校新时代下的治理水平和教育教学质量，为国家在"十四五"时期双循环下产业转型升级做出更大贡献。

一、职业学校的定义与内涵

职业学校从广义上来说是指使学生获得某种职业所需的知识技术技能的学校，包括初等职业学校、中等职业学校与高等职业学校。狭义的职业学校定义与职业院校类似，是指经政府有关部门依法批准建立的，实施全日制中等学历教育的各类中等职业学校，实施全日制高等学历教育的高等职业学校和高等专科学校，含高等学校附属的高职（专科）学院、中专部、中等职业学校等。社会普遍认可的职业学校定义一般指中等职业学校和高等职业学校。

职业学校是承担中等职业教育和高等职业教育的主体。职业教育是我国教育体系的组成部分，为国家工业化和经济社会发展做出了巨大贡献，与基础教育、普通高等教育同样重要。强调职业学校质量建设的重要性，从而推进职业教育由规模导向转为质量内涵导向。

二、职业学校导入卓越绩效模式的必要性

（一）职业学校导入卓越绩效模式是响应国家高质量发展职业教育的必然要求

2019 年 1 月，国务院印发《国家职业教育改革实施方案》，方案明确了职业教育与普通教育具有同等重要的地位，肯定了职业教育在改革开放以来对我国经济社会发展起到的重要作用。方案认为，我国职业教

育还存在着体系建设不够完善、标准制度不够健全，人才培养质量水平参差不齐等问题。针对我国新发展阶段产业升级和经济结构调整的客观要求，方案要求要深化办学体制改革和育人机制改革，由追求规模扩张向提高质量转变，大幅提高新时代职业教育现代化水平，为经济社会发展提供优质人才资源。

职业学校是职业教育的主要载体，承担了职业教育的绝大部分责任，职业教育存在的问题就是职业学校存在的问题，国家对职业教育提出的要求本质上也是对职业学校提出的要求。根据国家的相关要求，将追求规模的办学模式转为追求质量，大幅提升职业学校现代化治理水平和人才培养质量，引入卓越绩效模式是职业学校的必然选择。

（二）职业学校导入卓越绩效模式是职业教育质量发展的必然要求

职业教育质量发展是国家对新时代职业教育发展的核心要求，开展职业教育质量管理是质量发展的主要手段，但是目前中国职业教育在治理管理体系建设上缺乏先进的模板。旧有的质量管理体系 ISO 9000 从企业而来，质量指标设置范围较小，以数字考核为主，对职业教育和职业学校的整体战略发展和质量管理无法起到更大作用。全面质量管理体系（TQM）也没有能够形成一个统一的可操作的质量管理模式。而卓越绩效管理模式融入了战略管理、可持续发展和社会责任等新的发展理念，围绕其核心价值理念，对职业教育的各项内容都进行了标准化与指标化处理，实际上是一种具有很强的可操作性的全面质量管理模式。

（三）职业学校导入卓越绩效模式是职业教育统一质量评价的必然趋势

长期以来，职业教育的质量评价存在着诸多标准，各地职业教育对教育质量、职业学校发展质量的理解的不同以及标准的不同，造成职业教育质量发展参差不齐，难以用统一的标准评价职业教育质量发展情况，同样也难以指导不同地方的职业教育质量发展。

职业学校导入卓越绩效模式可以形成一个社会普遍接受的职业教育

质量评价标准和质量管理标准，卓越绩效模式可以给职业教育提供可靠的质量评估体系和改善绩效管理的实施标准。因此，改善职业教育质量评价体系，提高中国职业教育的质量，引入卓越绩效模式是必然趋势。

（四）职业学校导入卓越绩效模式是职业学校提升质量管理水平的必然要求

虽然近年来职业学校在教育教学质量和人才培养质量上都取得了较大的提高，但是随着国家质量发展要求的提出，职业学校在治理水平和质量管理上还是有不适应的地方。一是还没有形成现代化治理理念，部分职业学校还停留在过去家长制管理思维中，领导层科学决策体制尚未完善，治理能力不符合现代治理理念的要求。二是还停留在规模扩张的粗放式管理模式中，战略管理、制度管理等机制欠缺，势必造成管理混乱，影响学校提升质量管理水平。三是管理流程和管理人员无法得到有效整合，各部门和员工个人各自为政，推高了沟通和管理成本，降低了沟通和管理效率。四是以质量为核心的绩效考核制度不健全，考核指标设置不科学，对部门和员工个人的绩效评价出现不全面、不公平的情况，影响绩效考核的公信力。五是对教职工和学生的权益关注不够，教职工权益受到侵害的情况时有发生，教职工的发展相比普通学校教职工来说无论是制度支撑还是经费支持都存在一定程度的落后。

要系统地解决以上问题，必须引入一种系统的质量管理工具，因此职业学校导入卓越绩效模式是职业学校系统地解决固有缺陷，完善质量管理体系，提升质量管理水平和人才培养质量的必然要求。

三、职业学校导入卓越绩效模式的可行性

（一）卓越绩效模式的作用与职业学校质量发展的需求一致

卓越绩效模式强调系统的质量绩效管理，重视质量在绩效中的体现，能够有效整合职业学校各运营要素，实现质量管理，实现职业学校办学质量的持续提升。卓越绩效模式这种质量监控、质量管理和质量持续提升的作用与职业学校新时期质量发展要求是一致的。

(二) 卓越绩效模式的核心理念与职业学校质量发展的需求高度匹配

卓越绩效模式的核心理念为卓越的领导、卓越的客户导向、重视培训、重视员工和合作渠道、迅速地反应、可持续发展、促进创新、实事求是、组织的社会责任、以结果和价值为导向、系统的思维方式等,对应职业学校质量发展的需求,可以变为远见卓识的领导、战略导向、学生驱动、社会责任、以教职员工为本、合作共赢、重视过程与关注结果、学习、改进与创新、敏捷应变、基于事实的管理、系统视野等。核心理念的高度匹配说明职业学校导入卓越绩效模式不存在理论和理念的冲突,职业学校可以很好地利用卓越绩效模式开展学校质量管理。

(三) 卓越绩效模式在国内外已进行了大量成功的实践

卓越绩效模式在美国首先出现,初期用于企业质量管理,后来逐渐推广到医院、政府部门、事业部门,均取得了非常好的效果,证明了卓越绩效模式在企业之外的其他单位也能很好运行。美国学校也陆续开始引入卓越绩效模式进行管理体制改革。2001 年,美国威斯康星斯陶特大学(University of Wisconsin – Stout)成为获得波多里奇奖的第一个教育机构。我国在 2001 年正式加入 WTO 后,企业、政府、事业单位和学校也开始逐步进行卓越绩效模式导入的探索,如 2006 年山东滨州学院飞行学院率先导入了卓越绩效模式开展全面质量管理,2012 年深圳市 66 所学校引入了卓越绩效管理。广西柳州职业技术学院于 2011 年导入了卓越绩效模式,其导入案例入选了 2012 年和 2013 年《全国高等职业教育质量年报》,成为教育部 2016 年高职"质量开放融合"成果优秀案例,获得 2017 年广西教学成果特等奖、柳州市教学成果特等奖。

四、职业学校导入卓越绩效模式的意义

(一) 促进职业学校领导层和管理层水平的提高

卓越绩效模式倡导战略管理,要求明确职业学校的战略目标,进行详细的战略部署，对学校领导层和管理层的素质、水平、职责做出了详细的要求，使职业学校领导层和管理层在制定学校规划，开展教学管理、人力资源管理、学生管理、后勤管理等方面有了清晰的主线。同时由于卓越绩效模式可以准确反映出学校各方面与最优秀学校的差距，指明了改进的方向，让学校领导层和管理层可以有一个明确的战略参考，提高了学校领导效率和管理效率，促进了领导层和管理层管理水平的提高。

（二）促进职业学校的管理转向战略导向

战略导向是卓越绩效模式核心理念的一个重要方面。战略导向是职业学校明确使命和愿景，开展可持续质量管理的重要手段。导入卓越绩效模式可以使职业学校从过去重运行轻规划的问题中解放出来，通过战略规划、战略实施，明确学校发展的战略目标，揭示学校为了达成战略目标所应该付出的努力，以及学校改进的方向。

（三）促进职业学校质量文化的形成

质量文化的形成是导入卓越绩效模式的必然结果，质量文化的形成为职业学校如何建设和利用校园文化指明了路径，可以促进职业学校将学校使命、愿景和价值观与校园文化相融合，形成有学校特色的校园质量文化，对职业学校治理管理起到质量文化引领作用。

（四）促进职业学校各项工作有机融合

在旧的管理机制下，职业学校各部门的管理大部分由本部门领导根据部门职责和岗位职责来进行，每个部门只负责自己的责任区域，缺乏对学校办学目标和办学规划的有效配合，学校对各部门的行动缺乏一种整体的观念和一种整体的指导。导入卓越绩效模式，可以促进职业学校通过战略制定和战略实施，从整体上把握各部门的发展路线，以系统的观念看待各部门的运行，实现质量管理的整体化和系统化，促进学校治理绩效的整体提高。

（五）促进职业学校教职工和学生等满意度的提高

在传统管理模式下，职业学校对教职工、学生以及企业等社会合作方的满意度并不重视，视学生为管理对象而不是服务对象，对教职工多采用行政命令式的管理，对企业等社会合作方也没有形成整体的质量管理模式。导入卓越绩效模式，可以促进职业学校转变管理观念，将简单的管理学生转变为服务学生需求，重视教职工在学校工作中的核心作用，重视教职工的培训与发展；同时也重视对企业等合作方的双向沟通，关注他们的需要和利益，使学校、教职工、学生和社会合作方的关系进一步密切，各方的满意度得到持续提升，共同促进职业学校的可持续发展。

五、职业学校导入卓越绩效模式的基础与方式

（一）职业学校领导要有导入卓越绩效模式的决心

职业学校导入卓越绩效模式，学校领导的决心是最关键的因素，其关键体现在一是导入卓越绩效模式的决策关键在学校领导的决心。作为彻底改变职业学校管理方式的决策，其决策权只能由学校领导来承担。二是在学校实施卓越绩效管理过程中，实施过程也需要学校领导的决心。只有职业学校领导对卓越绩效模式深入了解、高度认可，并且与学校各部门充分沟通，共同推动，职业学校才能成功导入卓越绩效模式并顺利实施。

（二）职业学校要设立实施卓越绩效模式的组织机构

职业学校领导在达成共识，决心导入卓越绩效模式后，就要成立推进导入卓越绩效模式领导小组，设立卓越绩效模式的实施机构。一般而言，实施机构可以由学校原有部门负责，如规划处、质量控制办公室等，也可以新建如卓越绩效实施办公室等新部门。实施机构主要负责学校导入卓越绩效模式的基础判断、制订实施计划、开展宣传宣导、举办教育培训、实施绩效评定以及优化改进等工作。各部门要在执行机构的

领导下，明确卓越绩效模式推行的计划和要求，明确负责人、联系人、建设时间、建设步骤等。

（三）职业学校要充实导入卓越绩效模式的专家队伍

职业学校要推进卓越绩效模式的导入，在设立卓越绩效模式的实施机构后，就要充实导入卓越绩效模式的专家队伍。一是要构建校内实施队伍，要在校内遴选符合要求的、有丰富管理经验、有较好学习能力和组织能力的教职工，充实卓越绩效模式校内实施机构，负责学校内部卓越绩效模式的培训、组织和推广。二是构建校外专家队伍，要聘请有导入和实施卓越绩效模式经验的其他学校专家或专业的咨询培训机构。一般选择同为职业学校的，有实施卓越绩效模式丰富经验的兄弟院校专家，这样在指导本校卓越绩效模式导入和实施的时候可以避免跨行业带来的不适应，而且同为职业教育学校员工，校外专家可以更好地与学校实施机构沟通和开展培训。

（四）职业学校要判断自身客观条件

职业学校在设立卓越绩效模式实施机构，充实相关专家队伍后，还要先判断自身具有的客观条件。包括职业学校的具体类型，是中等职业学校还是高等职业学校；职业学校的发展阶段，是刚刚设立不久面临生存压力，还是在发展期寻求快速发展的动力，或是在成熟期寻求新的突破；职业学校的办学实力如何，在同类院校中排名和位置如何；等等。

（五）职业学校导入实施卓越绩效模式的方式

职业学校导入实施卓越绩效模式的方式不一定都是一次性整体导入，而应该根据学校对自身客观条件的判断，选择最适合的方式来导入。一是谨慎地选取典型部门做实验型导入，先在学校选取一个部门作为典型，实践卓越绩效管理模式，在取得成功经验后再推广至学校其他部门。如学校人力资源管理混乱，在人力资源部门导入卓越绩效管理模式后，运用教职工现代绩效管理制度，不断提升人力资源管理效率和管理水平，最终达到卓越质量目标。二是选取学校短板部门做突破口，由浅入深地进行导入。职业学校要先对校内各项工作的水平和绩效进行分析，排列各部门工作水平次序，由绩效最差的部门先导入，直至全部导入完毕。如在全校工作质量排名中认为学生管理最差，是学校最大的短板，那就可以从学生管理上先导入卓越绩效模式，通过加强学生管理队伍建设、强化服务学生意识和水平等措施不断改进工作方式和方法，使工作短板逐渐补全。三是根据学校各项工作的难易程度，由易到难依次导入，职业学校要先对校内各项工作的难易进行分析，从最容易的工作开始导入。如校园环境卫生管理，对一般学校来说难度就比较低，可以先完善校园环境卫生管理制度，充实管理人员，改进管理方式，待形成典型管理经验后再到下一个部门。

（六）职业学校要重视导入实施卓越绩效模式的培训

卓越绩效模式对大部分职业学校来说都是一种新的管理模式，除了要对具体负责实施的部门人员开展培训外，更要对全体教职工进行反复的培训，加深教职工对卓越绩效模式的认识，培养他们落实卓越绩效模式的能力。一是要制订科学的培训计划，可以采用组织专题讲座、开展优秀院校现场观摩考察等培训方式。二是根据培训对象实际情况实施差异化培训，学校领导、中层管理人员、专任教师、教辅人员等不同层次的人员所承担的责任不同，对他们进行培训的时候也要对培训内容和培训重点有所侧重。三是要强化培训效果考核，在每一次培训后，职业学院要组织相关部门对参加培训的人员开展不同形式的考核，如问卷测试、理论考试、操作测试等，确保参加培训的人员都能被重视，保障培训效果。

第三节 职业学校卓越绩效管理的核心理念

卓越绩效模式建立在一系列系统的价值观和行为模式上，所以必然产生一系列核心价值理念。职业学校导入卓越绩效模式后，其管理的核心理念与企业类似但又有所不同，包括远见卓识的领导、战略导向、学生驱动、社会责任、以教职工为本、合作共赢、重视过程与关注结果、学习、改进与创新、敏捷应变、基于事实的管理、系统视野等十一个部分，是职业学校管理和运转的核心理念，同时也是质量管理的核心标准，是整个质量管理体系的基础要素。

学校客观环境和时代要求一直都在发生变化，所以不同的学校在不同的时代里对这些核心理念的重视程度也不一样，比如本科院校就更强调战略导向与教职工发展，而职业院校近年来更强调合作共赢与改进创新。

职业学校的卓越绩效管理核心理念点明了职业学校在发展过程中如何抓住取得办学成绩、获得高绩效的关键节点，为职业学校的成功办学指明了道路。职业学校要充分理解这些核心理念的深刻内涵，构建学校的卓越绩效管理模式。

一、远见卓识的领导

职业学校的领导是一个学校卓越绩效管理能否顺利运行的关键性因素。虽然学校间的竞争不如企业竞争那样残酷，但领导者是否具有远见卓识在一定程度上决定了这个学校能够取得多大的发展和为社会做出多大的贡献。

作为学校管理的核心，学校领导首先应该具有与其身份相称的优秀的道德品质和人格魅力，有强大的号召力，团结带领全体教职工前进。学校领导还应该具有与卓越绩效管理要求相适应的领导力、进取心、创新意识和战略决策能力，同时也应该具备一定的教育教学能力，能够按照党和国家对职业学校的发展要求，坚持社会主义办学理念，坚持立德树人根本任务。

学校领导者应该凭借这些能力分析研判学校目前的战略位置，进行战略决策，为学校确定明确的社会定位、发展目标和发展方向；对内构建学校统一的发展愿景、价值观，建设以学生为中心，追求卓越教育教学质量的学校文化；建立系统的校园管理机制和教职工激励机制，使学校能够根据卓越绩效管理的要求不断提升教育教学质量，提升办学水平。

二、战略导向

职业学校的战略导向一般是指学校的一切教育教学行为都必须在学校的战略指导下进行，或者学校的一切教学和管理活动都必须和学校的发展战略保持一致。只有这样学校在发展过程中才能形成一种合力，才会取得更好的办学效益和办学成绩。

职业学校的战略导向既是学校维持高水平办学的一种战略方向和战略行动，也是由信息传递、沟通、信任和实施组成的一种学校集体行为。根据实施步骤来分，学校战略导向可以分为战略导向的制定和战略导向的实施两个部分。因此，学校的战略导向可以认为是在行为上一致的，在步骤上一贯的一系列行为，包括学校行为和受学校战略影响的教职工的行为。

在理解了学校战略导向的概念后我们可以发现，职业学校要制定战略导向，首先应学习贯彻国家对职业学校制定的相关战略发展规划，明确学校在这个大的战略规划中的位置，找准学校的发展方向，以此为背景制定学校自己的战略导向。如近年来高等职业学校倡导的高水平高职院校和高水平专业群（双高）建设，还有中等职业学校倡导实施的星级学校评比，这些都是国家和省级层面的战略导向。在制定学校战略导向之后，职业学校应该将战略导向的背景、内涵和战略导向的方式方法及具体路线要求向学校全体教职工公布，取得全体教职工的理解与信任，达成一致意见，共同实施学校战略导向，在工作中自发地以学校战略导向指导各种教育教学和管理活动，以获得绩效的持续发展。

三、学生驱动

职业学校卓越绩效管理核心理念虽然是由企业的经验导入的，但相比企业以客户为导向的理念,职业学校学生驱动理念又与企业客户的内涵略有差异。

(一) 学生驱动理念是职业学校本质的要求

学校,是指教育者(一般而言是教师)有计划、有组织地对受教育者(一般而言是学生),开展系统的教育教学活动的组织机构。职业学校的教育教学指的是由教师承担的有目的、有系统、有组织、有计划的以影响学生身心发展为直接目标并最终使学生的身心发展达到预定目的的社会活动。从这个定义可以明显看出,企业的客户导向更偏向于对客户需求的满足以及实现客户的价值,职业学校的学生驱动更偏向于对学生的培养,这种培养不只是知识和技能上的培养,更有对学生心理和理想信念的构建。因此党的十八大提出了学校必须坚持立德树人的教育理念,即学校教育教学不仅要传授知识、培养能力,还要把社会主义核心价值体系融入教育教学之中,引导学生树立正确的世界观、人生观、价值观、荣辱观。

(二) 学生驱动理念要求职业学校要了解、分辨和识别学生的类型

学生作为学校办学的需求方,因其成长环境及个性等因素不同,必然对学校所提供的服务有不同的要求。了解、分辨和识别学生的类型以及客观条件,完善办学条件,提高教职工的教育教学水平,是满足学生对知识和技能学习需求的重要途径。同时,学校还应通过评教评学等方式,获得学生对学校教育教学质量的反馈以及对学校教育教学活动改进的期望。因此,职业学校必须重视学生给学校教育教学的评价,以此作为卓越绩效实现的依据。职业学校应根据学生对未来教育教学的期望,结合社会对毕业生要求的变化,不断地改进教育教学方式方法,提高教育教学质量,进而提高教育教学绩效,获得学生的好感与支持。

学生驱动理念还要求学校从育人的视角对学生的成长需求予以全面审视,不仅仅局限于教学或者学生管理等部门,也不仅仅只负责为学生上课,而应该贯穿于学校全体教职工和教育教学的全过程,这也就是近

年来提出的"全员、全过程、全方位"三全育人。职业学校的学生驱动理念强调在教育教学全过程关注学生的同时，学校还应与学生保持更为顺畅的沟通渠道，学校与学生，教师与学生之间要形成更为亲密的关系。一般而言，职业学校可以通过团委、学生会、学生社团、学生代表大会、团员代表大会等渠道和方式倾听学生的诉求，团结学生，提升学生对学校的归属感和荣誉感。学校要重视对学生权益的保护，设置学生投诉受理和处理机构，将学生的投诉视为改进学校工作的重要方面，迅速处理学生关心的热点问题，避免因少数学生的投诉影响全校学生对学校的信任和好感。同时，职业学校还应主动地了解社会需求的变化，了解社会对毕业生知识和技能要求的变化，自觉地改进教育教学方式方法，创新教育管理体制机制，提升人才培养质量，创造出比同类院校更好的质量绩效。

四、社会责任

为社会培养符合社会需求的学生是学校的第一责任。这也意味着相比企业而言，学校的社会责任更为突出也更为重要。职业学校是教授学生特定职业所需知识和技术技能的学校，改革开放以来，发展职业教育是促进国家经济发展、社会发展，提升劳动就业水平和就业质量的重要途径，因此职业学校的社会责任在所有学校类型里面更显得突出和重要。

职业学校卓越绩效管理的社会责任理念共有两层内涵：一是职业学校本身应承担的社会责任；二是如何更好地培育学生，使之更好地承担社会责任。对于职业学校的社会责任而言，社会属性是职业学校有别于其他类型学校的一种突出属性，职业学校要开展职业化的教育教学必须与社会各界有一定程度的联系，如最近提倡的与企业共建产业学院、共同开展科研创新、共同服务地方社会经济等，在与社会各界有联系的同时必然也要承担一定的社会责任。另外，职业学校还有文化传承和文化创新、国际交流合作的重要社会责任。坚守学校教育教学的政治方向，坚持社会主义办学方向，维护校园内部和校园周边的稳定安全也都是职业学校的社会责任。

对于培养学生承担社会责任的能力而言，首先职业学校必须让学生拥有为社会经济服务的知识储备和技术技能，其次应把社会主义办学方向融入思想道德教育、文化知识教育、社会实践教育各环节，不断提高学生的思想水平、政治觉悟、道德品质、文化素养，让学生勇于承担社会历史责任，做社会主义的合格接班人。

所以，职业学校在开展卓越绩效管理的时候，学校社会责任是否履行，学生是否有承担社会责任的能力是其中一项重要的标准，职业学校要自觉地以这个理念和标准规范办学行为和教育教学活动。

五、以教职工为本

教职工是一个学校所有教育教学活动的主体。在职业学校的教育教学活动中，教职工按照岗位职责的要求，认真落实教育教学、行政管理和后勤服务等各项具体工作任务，保证学校正常运行，使学校实现预期目标和绩效。因此可以说，教职工是职业学校一切活动的参与者，在卓越绩效管理体系中有根本性地位。

以教职工为本，一是要认识到教职工是学校存在和发展的根本。学校是为培养学生而存在的，承担这个责任的就是教职工，教职工的素质和水平决定了学生培养的水平，建设一支卓越的教职工队伍是学校达成卓越绩效的关键。二是要保障教职工生存和发展的权益。根据《中华人民共和国教育法》和《中华人民共和国教师法》的规定，教职工的权益主要包括开展教育教学活动、教育教学改革和实验的教育教学权，从事科学研究、学术交流的科研学术权，指导学生学习和发展的指导和评价权，获取工资报酬等福利待遇的获取报酬权，通过教职工代表大会或者其他形式，参与学校民主管理的参与民主管理权，参加进修等培训的参加进修培训权等。切实保障教职工的权益，是职业学校重视和关心教职工的重要指标。三是要建立公平合理的工作环境，包括公平的绩效评价、平等的学习培训机会、公平合理的职务职称晋升渠道以及公平合理的绩效奖励机制。公平合理的工作环境可以在很大程度上激发和调动教职工的工作积极性，使其安心钻研工作任务，促进教职工的发展，提高教职工对学校的满意度和忠诚度。四是要形成教职工投诉处理体制机制，将教职工合法合理的投诉视为对学校卓越绩效管理的重要补充，学校应对投诉内容高度重视，迅速给予回应和解决，提升教职工的归属感和满意度。

六、合作共赢

职业学校卓越绩效管理的合作共赢理念可分为学校相关方的合作，如与教育管理部门、政府其他部门和学生家长的合作，还有社会相关方的合作，如与企业、行业协会、科研机构、部分事业单位等的合作。应该认识到，职业学校与各利益相关方建立良好的合作关系，是学校提升自身办学实力，稳定和优化办学环境，提升人才培养质量，实现卓越绩效模式的重要途径。

职业学校与教育管理部门、政府其他部门合作，可以获得更多的办学资源，提升办学基本条件和办学影响力，政府可以获得更优质的毕业生资源以及学校教科研成果。职业学校与学生家长合作可以更好地稳定学生思想，一定程度上化解因学生家长对学校管理不理解而产生的矛盾，优化学校教育教学环境。

近年来，国家和地方越来越重视职业学校与企业、行业协会的合作。职业学校和企业的合作从最初的实习就业合作，到后来的校企合作、产教融合的"八个共同"，到现在国家提倡的职业学校与企业要探索共建专业、共建研究所，探索与企业共建二级学院等校企深度融合的体制机制。职业学校也要探索与行业协会共同制定行业标准和学生教育教学标准。与科研机构合作方面，职业学校主要是参与产业升级改造的研究，为当地社会经济发展服务。

职业学校与各利益相关方保持良好的合作关系，可以充分发挥合作各方的优势，形成优势互补，节约各方行动成本，形成合作共赢的合力，推进各方达成卓越绩效目标。

七、重视过程与关注结果

上文已经提到，卓越绩效模式是一种系统而整体的质量评价模式，针对的不是学习教育教学活动的某个方面，而是职业学校教育教学活动的全过程和全要素。职业学校的卓越绩效管理必然要求教育教学活动的全过程都是卓越的，构成教育教学活动的各要素也应该是卓越的，因此重视过程，对过程的卓越要求，是职业学校导入卓越绩效管理的一个必然要求，也是达成卓越绩效的必经途径。

卓越绩效模式强调组织绩效的评价应该以结果和价值为导向，所以职业学校卓越绩效管理必然要关注结果，主要包括学生就业率和专业对口率、专业和专业群水平、校企合作水平、教科研水平、教师素质以及技能大赛成绩等主要方面。这些关键的结果观测点可以反映出职业学校学生人才培养质量、教职员工质量和发展情况、服务社会情况以及办学质量和办学水平。通过对职业学校绩效结果和价值的测量，可以了解学校是否处于良性发展之中，是否偏离了当初预定的战略目标，有利于学校对卓越绩效的关键节点进行监控，为管理绩效的持续改进提供数据支持。

八、学习、改进与创新

职业学校卓越绩效管理的学习、改进与创新理念与企业也有所区别，对企业一般而言这个理念仅针对员工，而对职业学校而言，学习、改进与创新不只是对学校教职员工的要求，同时也是对学生的要求。

针对学校教职工的学习、改进与创新要开展学习型组织建设，构建全员学习的良好氛围。职业学校教职工学习、改进与创新的内涵与企业员工相比也有所不同，其学习、改进除了是教育教学能力的学习，改进教学方式方法或管理方式方法外，教职工学历、职称以及技术技能水平也是一个重要方面。教职工的创新,除了针对学校内部教学和管理过程、体制机制等进行创新外,也包含自身专业上的创新,最典型的就是校企合作中的创新创业活动。职业学校要形成一套促进创新的体制机制,领导层要理解创新对卓越绩效的重要性,制定促进创新的激励政策,推动学校内部创新氛围的形成。将创新作为学校文化建设的一部分,营造以创新为荣的学校文化。

学校学生学习、改进与创新理念要求职业学校要改进传统的灌输式教学方法,探索如任务驱动等提升学生自主学习能力的教学方式。深入开展学生创新创业教育,将创新创业教育融入人才培养的全过程,建设学校创新创业孵化基地,培育学生创新创业项目,提升学生创新能力,促进职业学校卓越绩效目标的达成。

九、敏捷应变

随着全球化程度的加深,国内形势与国际形势瞬息万变,再加上2020年新冠疫情对全球政治经济带来的重大影响,国家在"十四五"期间面临着巨大的挑战,社会对职业学校和毕业生的要求也充满了诸多不确定因素。与此同时,这也是职业学校的机遇,身处"百年未有之大变局"中,谁能紧跟时代步伐,快速反应,谁就能获得巨大的发展空间。

对于职业学校而言,敏捷应变的理念包含两个方面的意思:一是紧跟时代变化主动求变,一是出现危机迅速应对。紧跟时代变化主动求变要求职业学校具有较强的信息收集能力,包括国际国内政策导向信息、企业用人单位对毕业生的需求信息、国内外最新的教育教学方法和成果等。还要求学校具有较强的判断和预测能力,能够在分析信息的基础上判断国内外产业发展趋势,预测学校将面临的机遇和挑战,做好提前应对的准备。同时学校还要有应变的执行力。在预测出来后,学校各部门和全体教职工能够服从学校领导的统一指挥,迅速地修改战略规划,团结一致地执行战略决定。

出现危机迅速应对要求学校完善危机应对体制机制，制定相关实施方案，明确责任和负责人，加强对教职工和学生应对危机的培训力度。在危机出现时迅速反应，力求尽快使事件得到完美解决。

十、基于事实的管理

职业学校卓越绩效管理基于事实的管理理念要求学校管理必须遵循实事求是原则，也就是说学校的管理依据必须来自对各部分绩效的测量和数据分析。职业学校绩效测量指标包括学校规模、毕业生数量、毕业生就业率、学生满意度、教学质量、技术技能掌握水平、社会责任履行情况、教职工数量和质量、行政管理效率等。

绩效测量指标应该遵循卓越绩效管理的标准要求，与学校战略目标和战略规划保持一致。测量与分析所依据的数据和信息必须是真实而且可靠的。真实可靠的数据分析可以揭示学校教育教学管理的实际情况，通过与不同时间段做对比可以得出学校卓越绩效管理关键数据节点的变化趋势，了解当前教育教学管理获得的进步与存在的问题，对学校卓越绩效的评价与改进有积极作用。除了与自身数据做对比外，职业学校还可以与同类学校或者更优秀的学校绩效数据做对比，分析优劣，判断改进的重点，促进学校绩效管理的提升。

十一、系统视野

职业学校卓越绩效管理强调以系统的视野构建绩效管理模式的各个组成部分，卓越绩效模式十一个核心价值观本身构成了一个系统框架，要求职业学校的运营管理应该具有系统性、整体性和一致性。

学校绩效管理的系统性要求学校教育教学管理过程中所有参与部门、教职工必须具有系统的而又有质量的管理理念。部门和教职工都是这个卓越绩效管理体系的一部分，接受体系的策划、运行和评价，共同构成一个系统。学校绩效管理的整体性要求通过卓越绩效管理体系将学校连接成一个整体，在这个整体下面的各个组成部分都应当服务于整体的战略目标、战略决策和战略规划，都应该为了整体的卓越而追求个体的卓越，以整体的绩效目标为目标追求个体的绩效目标。学校绩效管理的一致性要求职业学校要形成一个共同的战略目标，通过系统的连接，让各部门和教职工根据共同的战略规划协调一致，共同推进卓越绩效的实现。

第二章 卓越绩效模式下教育教学质量管理机制

第一节 教育教学质量管理体系概念、特点与动力机制

当今世界正经历百年未有之大变局，国际形势发生巨大转变，国内发展环境也在快速地发生变化。随着我国正式进入"十四五"，全面建设社会主义现代化国家新征程和新发展阶段带来的战略产业转型升级的压力，迫切要求更多高素质技术技能型劳动者的供给，这对职业教育和职业学校人才培养质量提出了更高的要求。

职业教育作为我国教育的一个重要组成部分，要主动地将发展模式从规模发展转到质量发展上来，要不断加强质量管理，提高教育教学质量和人才培养质量，为国家和社会经济发展、产业转型升级、国际产业竞争提供更多更优秀的技术技能型人才。因此，职业学校导入卓越绩效管理模式，构建卓越绩效模式下教育教学质量管理新体系，改革职业学校教育教学管理弊端，是职业学校和职业教育高质量发展，服务国家"十四五"新发展阶段的必然要求。

一、构建职业学校教育教学质量管理体系的原因

（一）职业学校生源问题

长期以来，我国的职业学校无论是高等职业学校、中等职业学校还

是技工学校，在招生的时候只能在普通高级中学或者普通高校招生完毕后再开始招生。即使从2018年开始国家开展了职业本科试点，新增了一批职业本科学校，但是职业学校这种学生生源质量差的固有缺陷仍旧普遍存在。职业学校招生困难，学生生源素质差，给职业学校教育教学质量提升、学生管理和人才培养带来了巨大的挑战。职业学校一方面要满足国家和社会提高职业教育教学质量的新需求，另一方面又要面对生源质量偏差的客观实际，因而构建职业学校教育教学质量管理体系是解决这个矛盾的最优方案。

（二）职业学校办学质量问题

虽然近年来职业教育的重要性逐渐得到了国家和社会的认可，国家对职业学校办学发展的支持力度也有所增加，但是长期以来教育投入偏向普通学校尤其是普通高校，忽视职业学校投入的累积效应的问题仍旧普遍存在。因为教育教学的职业性特点，职业学校在教育资源需求和师资队伍要求上比普通学校高，但是在投入上却比普通学校要低，再加上近两年响应国家关于职业教育扩招的号召，职业学校开展了大规模扩招，造成学校师资力量普遍不足，学生平均占有的各类教学资源急速下降。由于投入和需求无法匹配，很多地方引入了一些实力不足的社会资本来兴办各类民办职业学校。这类新成立的民办职业学校办学实力不足、办学质量不高，往往具有强烈的短期投机性，出现了不少违规办学的情况，损害了学生和职业学校的社会声誉。因此，在当前职业学校办学质量和办学投入之间的矛盾无法得到快速解决的情况下，构建职业学校教育教学质量管理体系，从内部管理入手整合教育资源，提高资源使用效率，是职业学校的必然选择。

（三）职业学校国际交流新职能的问题

我国职业教育和职业学校长期以来都以服务国内产业发展为主，极少涉及对外合作领域，国际交流经验和成果远远不如普通学校丰富。随着我国国际交流合作深度和广度的扩展，尤其是在"一带一路"倡议和人类命运共同体概念提出之后，职业学校重视和强化国际交流合作成为职业教育发展的一大趋势。职业学校国际交流新职能包含两层含义：一是人才培养的国际化，要求职业学校不只要实现传统的从国外引进师资、教材、课程的人才培养国际化，更要探索将本校教育教学经验和成果凝练后作为一种标准参与国际人才培养标准的竞争，实现从标准追随者向标准制定者的转变。人才培养的国际化不但要求培养国内的国际化人才，也要求培养国外留学生，尤其是对"一带一路"沿线国家留学生的培养。二是社会服务的国际化，最典型的标志就是职业学校服务中资机构"走出去"，为走出国门到世界各地生产经营的中资企业和中资机构提供国际化的语言和技能培训服务，提升出国企业和员工的国际化水平和适应力。因此，国际交流新职能和新要求的出现，迫切要求职业学校改革传统的管理体制，构建新的教育教学质量管理体系，适应新发展阶段的要求。

（四）职业学校社会声誉的问题

职业学校社会声誉的问题严格来说是职业教育和职业学校办学质量不高的客观原因和主观原因共同组合造成的结果。首先是职业学校办学层次不高，目前仅有极少部分的职业本科院校试点，绝大部分的职业学校仍属于中等教育和高等教育的专科层次，更没有职业教育硕士和博士培养，在办学层次上远远不如普通学校尤其是普通本科院校。

其次在人才培养标准和教育教学管理标准上，职业学校还在探索与改进阶段。与普通教育相比，职业教育在国内发展时间较短，对职业学校的人才培养标准和教育教学管理标准的研究也较少，而且这种标准也存在容易随着国家发展和国际形势变化而变化的情况，在稳定性和专业性上不如普通教育的标准。

最后就是职业教育和职业学校缺乏强力的监督与评估机制。职业学校之间教育教学质量和人才培养质量往往差距很大，加上社会舆论对职业教育和职业学校或多或少都有一定程度的偏见，导致职业学校在社会舆论中经常以负面形象出现，影响职业学校的社会声誉和社会认可度。因此，职业学校从社会舆论角度看也必须形成构建职业学校教育教学质量管理体系的共识，要缩小相互之间办学水平的差距，根据卓越绩效模式形成互相学习互相赶超的氛围，共同提升职业学校的社会影响力和社会地位。

（五）职业学校深入开展职业教育改革的问题

国务院于 2019 年 1 月印发了《国家职业教育改革实施方案》，方案肯定了我国职业教育在改革开放以来为社会经济发展服务的成绩，指出了职业教育和职业学校在体系建设、制度标准上的重要问题，要求职业教育和职业学校在我国进入新的发展阶段，产业转型升级和经济结构调整的大背景下，深化办学机制改革和育人机制改革，由追求规模扩张向提高质量转变。《国家职业教育改革实施方案》是国家在新发展阶段下指导职业教育和职业学校改革发展的重要文件，在新的要求里特别强调了质量发展。因此，职业学校导入卓越绩效管理模式，构建教育教学质量管理体系，是职业学校贯彻执行国家教育方针，深入开展职业教育改革的必然选择。

二、相关概念和内涵

（一）质量的概念和内涵

提起质量的概念，传统上都会认为与产品或者服务有关。传统的定义如《辞海》就把质量定义为"产品或工作的优劣程度"。这也反映了传统质量概念的突出特点就是质量是一种结果评价，因为无论是产品还是服务，本质上都是组织在一系列制造或者经营工序后所提供的结果，这种结果是可量化也是可以评价的。

但是随着社会的不断发展，人们对社会客观事物的观察和认识不断提高，质量的概念和内涵也在不断地得到深化。虽然社会和企业对质量的认识还是以产品质量或者服务质量为主，但是部分管理学学者和专家开始意识到质量的概念和内涵不应当被束缚在产品或者服务之内，如现代质量管理之父、美国的戴明博士（W. Edwards Deming）认为"质量散布在生产系统的所有层面"，即质量这个概念存在于生产的全过程而不仅仅存在于生产的结果中，这种认识使质量突破了传统观念的束缚，开始走向全过程的质量理念，同时这也是卓越绩效模式的理论基础之一。

因此，结合卓越绩效模式对质量的理解，我们认为教育教学质量管理中的质量是与传统质量定义不同的广义的质量概念，它不仅指学生培养的质量，也包括学校教育教学的质量、教育教学管理的质量，还有教育教学管理体系的质量。

职业学校对学生同时具有法律法规规定的人才质量培养责任以及反映学生自身需求的质量培养责任，由此可以看出，社会和学生个人对质量的需求并不是一成不变的，而是随着社会和学生自身发展而变化的，职业学校应该清楚地认识到质量内涵的相对性和变化性，要时刻根据社会和学生对质量需求的变化来不断改进自身教育教学和人才培养来满足社会和学生的需求。质量还必须具有可观测和可评价性，其一般做法就是将质量转化为一系列可评价可考核的指标，根据相应的评价体系开展测评和考核。

（二）教育教学质量的概念和内涵

长期以来，说到学校质量，大部分人会理解为学校的教学质量，而教学质量的突出指标就是学生的成绩，因此在很长一段时间内，学校质量等于学校教学质量，等于学生成绩高低的观念严重束缚了包括职业学校在内的各类学校对教育教学质量概念的认识。随着对教育客观规律认识的加深，人们发现学习成绩或者说教学质量并不是学校质量的全部内容，学校质量真正应该指向的是人才培养成果，而不仅仅局限于教学成果。人才培养成果来源于人才培养目标以及人才培养过程，其更多的来自教学质量的上一层概念，即教育质量。根据《教育大辞典》的定义，教育质量是指各类学校或教育机构教育水平高低和效果优劣的程度，最终体现在人才培养质量上，衡量的标准是教育目的和各级各类学校的培养目标，前者规定受培养者的一般质量要求，亦是教育的根本质量要求；后者规定受培养者的具体质量要求，是衡量人才是否合格的质量规格。教育质量的概念本身也有两层意思：一是指整个教育系统的质量，也就是某个特定教育体系内的总体质量；二是指某个学校或者教育机构实现人才培养目标的质量。

从教育质量概念上我们可以知道，教育教学质量实际上就是指教育质量和教学质量，但是两者并不是并列关系，教育质量在一定程度上应当包含教学质量，教学质量是教育质量中最重要的一个环节。

（三）职业学校教育教学质量管理体系的概念和内涵

由以上关于教育质量的定义我们可以得出，职业学校教育教学质量就是指职业学校教育水平高低和效果优劣的程度。其内涵具体体现在一是职业学校教育满足国家和社会需求的程度，即职业学校的人才培养目标、教学质量和教师队伍质量、管理水平等满足社会对毕业生的需求；二是职业学校满足学生个人需求的程度，即职业学校的人才培养方案、专业和课程设置、教学质量、师资队伍水平和管理水平满足学生学习、就业和持续发展的需求。与教育质量一样，职业学校教育教学质量也同时存在社会和学生个人的双重需求。

而职业学校教育教学质量管理体系的定义就是职业学校为了建立教育教学质量方针和教育教学质量目标，经过质量策划而将管理职责、资源管理、产品实现、测量、分析和改进等几个相互关联或相互作用的一组过程有机地组成一个整体。从职业学校教育教学质量管理体系的定义我们可以看出，职业学校的教育教学质量管理工作通过教育教学质量管理体系的运行来实现，而教育教学质量管理体系的构建和运行又是教育教学质量管理的主要任务和目的。其内涵主要有三点：一是职业学校教育教学质量管理体系是建立教育教学质量方针和教育教学质量目标，并为实现这些目标的一组相互关联的或相互作用的要素的集合；二是职业学校教育教学质量管理体系将与教育教学质量相关的各种因素，如师资队伍、管理队伍、人才培养方案、教学计划、教学过程等结合在一起构成有机的系统；三是构成职业学校教育教学质量管理体系的各个部分以及各个部分所采取的具体行动都应当视为职业学校教育教学质量管理体系的因素。

三、职业学校教育教学质量管理体系的基本特征

（一）教育教学质量管理的普遍存在性

从制度上来说，依法依规设立的学校都要求建立和完善自己的教育教学质量管理结构，职业学校作为学校系统的重要组成部分，自然也要遵循法律法规要求。因此，教育教学质量管理对职业学校来说也具有普遍存在性，这个普遍存在包括已经正式建立的教育教学质量管理以及在实际工作中默认的非正式的教育教学质量管理。但是教育教学质量管理普遍存在并不等于不需要进一步改进，传统的学校教育教学质量管理是粗放式、单一式的管理，既没有明确质量和绩效的实现目的，也没有形成各要素统一协作的管理体系。

（二）教育教学质量管理体系的标准性

传统教育教学质量管理的缺陷除了对质量体系化认识不足外，对质量和管理岗位的标准化认识也存在不足。在传统观念中，教育教学质量管理对质量的认识是相对模糊的，它既不能被量化观测，也不能形成标准，更无法通过实际质量观测值和质量标准对比来明确判断教育教学质量管理的达成情况。而在卓越绩效模式下的教育教学质量管理体系认为，质量的标准化和标准性是现代教育教学质量管理体系的核心，质量的标准化内容反映了职业学校教育教学的特点，是对职业学校教育教学过程各个环节质量的量化反映，有助于全校教职工对教育教学质量的观测和理解。标准化的质量指标可以规范和量化职业学校各项办学行为和

教育教学活动，使全校师生都能明确自己负责工作的质量要求和质量职责。

（三）教育教学质量管理体系的过程性和整体性

传统教育教学质量管理根据职业学校的教育教学责任不同，分割成教学管理、学生管理、科研管理、后勤管理、就业管理等单独的内容。这种划分为各部分单独内容的质量管理，既没有重视各组成部分之间的关联，也不重视从职业学校整体质量提升上考虑问题。卓越绩效模式下的教育教学质量管理体系认为，构成职业学校教育教学质量管理的各部分之间应该是既相对独立又有所联系的，教育教学质量管理体系应当既包括构成教育教学质量管理的各要素，也包括各要素之间的联系与相互关系，使各要素在开展教育教学质量管理工作的时候呈现出明显的过程性。过程性意味着职业学校在开展教育教学质量管理时，整个管理过程都是为了教育教学质量这个管理目标而设定的，因此具有很强的整体性。

（四）教育教学质量管理体系的动态性

教育教学质量管理体系在建成后并不是一成不变的，而是要随着职业学校外部客观条件和内部发展需求的变化而保持动态的变化。传统的教育教学质量管理体系由于对各构成要素的质量无法量化观测和量化对比，对管理体系的动态性持续改进无法得出有效的判断和指引，降低了职业学校应对内外部环境改变的效率。卓越绩效模式下的教育教学质量管理体系可以准确地研判职业学校内外部环境的变化，在整个质量管理过程中不断地开展动态的反馈和持续改进，调整管理体系下的各个要素，使学校可以持续改进，适应社会环境和学校内部环境的变化。

（五）教育教学质量管理体系的实践性

传统的教育教学质量管理体系由于没有制定明确的质量标准、岗位职责和流程标准，因此虽然名义上学校存在质量管理体系，但是在实际运行中缺乏可操作性，大多数时候成为纸面管理，无法发挥教育教学质量管理的作用。传统教育教学质量管理体系还缺乏"反馈+改进"的持续动态调整机制,在实践过程中无法获得各部门教职工的信息反馈,影响管理体系的改进与运作。

卓越绩效模式下的教育教学质量管理体系突出以教育教学实践过程为关注点,明确了学校各机构岗位的工作职责,确定了战略目标和各项可观测的质量标准,使教育教学质量管理体系有了实际可操作性,实现了纸面管理文件与管理实践的真正统一。

四、职业学校教育教学质量管理体系的动力机制

(一)来自政府方面的动力

来自政府方面的动力,总体来说存在两个方面。一方面是政府需要形成的动力,这种动力来源于不同时期政府对职业学校质量办学的不同要求。职业教育和职业学校是国家教育事业的重要组成部分,其办学方向和办学目的都受到国家和政府意志的制约,如坚持社会主义办学方向、坚持贯彻落实党和国家教育方针政策等。除了这些共性的要求外还有与时代发展相适应的要求,如职业教育刚刚兴起的时候,国家和社会对职业学校的需求是规模发展,必然要求与规模发展相适应的教育教学质量管理体系。近年来,随着职业教育的发展,尤其是国家职业教育改革实施方案的提出,规模发展逐渐开始转为质量发展,因此职业学校要根据国家要求,探索导入卓越绩效管理模式,开展全过程的教育教学质量管理。

另一方面是政府评估形成的动力。这种动力来自国家政府和教育管理部门对职业学校组织开展的各类核查和评估活动,如教育教学合规评估、星级职业学校评估、质量诊断与改进评估等,根据核查和评估性质又可以分为合格评估(以判定合格与不合格为主,不涉及排名)、排名评估(以判定各职业学校之间的排名为目的)、专项行动落实评估(以促进专项行动落实为目的)等。我国职业学校尤其是公办职业学校目前

的办学仍然有强烈的依附政府和教育管理部门的情况，即使是民办职业学校，也离不开政府和教育管理部门的支持，同时这些检查和评估往往还附带各种类型的奖励政策，因此由政府和教育管理部门组织的各类检查和评估就成为职业学校必须重视的活动。

正因为这些检查和评估事关职业学校教育质量的判定，对职业学校的社会声誉有巨大影响，因此职业学校一方面要根据这些检查和评估的要求来加强学校教育教学质量管理，另一方面又要通过这些检查和评估所得出来的结论，来了解自身与政府要求还有标杆学校之间的差距，自觉地完善教育教学质量管理、加大办学投入、改善办学条件、提升办学质量。所以说，来自政府方面的动力是职业学校健全教育教学质量管理体系，提升教育教学水平和人才培养水平最重要的外部动力。

（二）来自市场方面的动力

来自市场方面的动力也是一种外部动力，同样分为两个方面。一方面是职业学校开展校企合作、产教融合下市场的动力。当前，职业学校开展校企合作、产教融合是提升职业学校实习实训质量和人才培养质量的重要手段，《国家职业教育改革实施方案》特别要求，要促进产教融合校企"双元"育人，要开展校企现代学徒制和企业新型学徒制试点，全面推动校企深度合作。校企合作水平从根本上也是反映职业学校教育教学水平的重要指标，办学水平和人才培养质量更高的职业学校在校企合作质量和水平上也会更高。因此，促进校企合作的深入发展，迎接市场对校企合作质量的考验，是职业学校开展教育教学质量管理，提升教育教学质量的动力之一。

来自市场方面动力的另一方面就是市场对学校培养的毕业生的评价。职业教育和职业学校最重要的职责就是培养适应当今社会市场需求的技术技能型人才。可以说，相对普通教育而言，职业教育就是一种与市场对接的教育，培养的毕业生质量是否满足社会和市场的需要，从本质上来说也是社会和市场对职业学校教育教学和人才培养质量的重要考察与评估。毕业生质量差，无法满足社会和市场的需求，势必会影响就业率，进而影响职业学校的社会评价和社会声誉。而职业学校招生情况又与学校的社会评价以及社会声誉息息相关，招生、人才培养和就业都是社会和市场对职业学校质量评价的一部分。可以说，市场就是职业学校教育教学质量管理水平和人才培养质量最大的也是最重要的评价方，市场需求决定了职业学校教育教学必须与之相适应，市场就是职业学校提升教育教学质量管理水平的重要动力。

（三）来自经济和科技方面的动力

经济和科技的发展是职业学校外部环境的重要组成部分，职业学校的生存和发展在一定程度上是由社会经济和科技的发展程度决定的，社会经济和科技的发展是职业学校质量发展的重要动力。来自经济和科技方面的动力，一方面是指随着经济和科技的发展，职业学校在教学资源、教学手段、教学内容等方面都得到了充实和发展，如移动互联网和5G技术的铺开使职业学校在线直播和远程教育成为可能，VR（虚拟现实）技术的发展使职业学校学生能够更直观地开展成本更低的实训操作。经济和科技的发展同时还促使新的教学技术和教学设备的出现，为职业学校更好地开展教育教学，服务人才培养质量提供了物质保证。

另一方面，经济和科技的发展使新产业不断地涌现、使旧产业落后消亡，产业转型升级使高技术应用型人才需求不断扩大，对产业工人的技术技能水平、团队协作能力以及心理承受能力的要求不断提高。而职业学校就是高技术应用型人才的主要提供者，因此，职业学校必须正视经济和科技发展对于教育教学质量和人才培养的新要求，要主动改革教育教学质量管理体系，以社会发展和经济建设的需求作为人才培养的出发点，使人才培养质量与经济科技发展相适应，不断提升学校的办学质量。

（四）来自职业学校自身发展的动力

职业学校人才培养质量受到政府、市场和社会影响的同时，职业学校本身就具有建立卓越绩效模式下教育教学质量管理机制的内在动力。这种动力表现在一是学校领导层有强烈的责任感和质量观念，树立了强烈的质量意识，愿意也有能力开展质量战略管理，制定和实施战略规划，带领学校全体教职工建立卓越绩效模式下教育教学质量管理体系，全面提升学校教育教学质量和人才培养质量。

二是全体教职工在学校领导层的带领下，自发地推动学校建设教育教学质量管理体系。学校教职工应该意识到，卓越绩效模式下的教育教学质量管理体系，既强调教育教学过程的质量，也强调教育教学结果的质量，更强调教育教学主体也就是教职工的质量。教职工的质量是新时代教育教学质量管理体系中的关键一环，职业学校的全体教职工要时刻牢记自己在教育教学质量管理体系中的关键地位，自觉地提升自己的教育教学水平，牢固树立质量意识和竞争意识，贯彻落实职业学校关于教育教学质量提升的各项决定，使自己成为职业学校建设新时代教育教学质量管理体系中重要的内部动力。

（五）来自职业学校质量文化的动力

如果前面的四个动力来源都属于物质动力范畴，那职业学校质量文化就是属于建设卓越绩效模式下的教育教学质量管理体系的精神动力。相比于职业学校教学质量、教学设备、师资队伍、教学管理等物质方面的建设，职业学校质量文化这种精神方面的建设同样重要。

职业学校质量文化是职业学校校园文化的核心，是职业学校在教育教学工作中所形成的质量意识、质量精神、质量行为、质量价值观、质量形象以及职业学校人才培养质量等要素的总和。

职业学校的质量文化作为一种特殊的文化现象，有其自身独特的结构化特征。从构成层次上看，职业学校质量文化的结构化特征由物质层面、行为层面、制度层面和道德层面构成，这四个层面按照从低到高的顺序共同组成了质量文化金字塔。

职业学校全面质量价值观包括以社会为对象的学校整体质量价值观

（即职业学校应当以实现社会对职业学校办学质量和人才培养质量的需求为最终目标的价值观）、以职业学校为对象的教职工质量价值观（即职业学校的全体教职工应当以满足职业学校提升教育教学质量和人才培养质量需求作为工作的最终目标）和以职业学校教职工自身为对象的质量价值观（即教职工要意识到自己也是学校质量文化的一部分，要不断地加强自身教育教学水平，提升教育教学质量，满足社会和学校对教职工的需求）。

　　教育教学质量意识是职业学校建设卓越绩效模式下的教育教学质量管理体系精神动力的根本来源，是职业学校组织开展一切教育教学活动的精神基础。职业学校要有质量战略意识，包括确定学校使命、愿景、价值观、战略制定、战略规划、战略实施和战略控制等，即将职业学校的规划与发展都视为提高教育教学质量的一部分。职业学校有质量竞争意识，这是由卓越绩效模式的本质要求决定的，职业学校要通过制定与测评绩效标准，主动对标标杆学校与竞争对手，充分参与社会和学校之间的竞争，促使教育教学质量得到持续提高。职业学校还要培育全员质量参与意识。质量文化是全校性的文化，教育教学质量也是需要教职工全员参与的，因此在精神层面建设全员参与的质量意识是开展质量文化建设的必然要求。

　　质量制度文化包括确定性的质量制度文化和非确定性的质量制度文化。确定性的质量制度文化主要载体和体现包括职业学校教育教学管理制度、管理规定、管理条例和实施办法等各项明确的规章制度，这些规章制度通过规则来体现质量文化。非确定性的质量制度文化则主要指学校内部或教职工之间约定俗成的规则或者规范，这种规则规范虽没有明文规定，但是得到了教职工的广泛遵守，因此也可以认为是质量制度文化的一部分。

第二节 卓越绩效模式下教育教学质量管理运行和约束机制

职业学校教育教学质量管理体系是职业学校为了建立教育教学质量方针和教育教学质量目标，经过质量策划而将管理职责、资源管理、产品实现、测量、分析和改进等几个相互关联或相互作用的一组过程有机组成的一个整体。

质量管理体系的概念从企业管理而来，原指企业在质量方面指挥和控制组织的管理体系。职业学校将这个概念从企业引入后，形成了职业学校教育教学质量管理体系，也叫作教育教学质量保障体系。在实践中，职业学校尝试使用全面质量管理与国际标准化组织质量管理和质量保证技术委员会制定的 ISO 9000 族系列标准来制定教育教学质量标准，这种传统构建方式取得了相当程度的成功，但是也暴露了明显的问题。随着中国社会经济的持续发展和产业转型升级进程的加快，职业学校导入卓越绩效模式，构建卓越绩效模式下教育教学质量管理体系是未来的发展趋势。

一、职业学校传统教育教学质量管理体系的问题

（一）对质量的概念和内涵认识不足

职业学校传统教育教学质量管理体系最突出的问题就是对质量的概念和内涵认识不足。ISO 9000 族系列标准更多的将关注放在产品和服务质量上，对职业学校来说就是关注学生教学质量和就业质量。这导致职业学校在开展教育教学质量管理时，对质量管理的主体认识不全面，容易把教育质量和教学质量混为一谈，认为质量只是学生课堂教学质量，质量管理也只是教学部门、教学管理部门和学生管理部门的职责，和其他职能部门没有直接关系。职业学校没有形成全员质量管理的意识，非教学和学生管理部门质量意识不足，没有形成学校利益相关方，如企

业、学生家长等共同参与的质量管理意识。

（二）质量管理体系可操作性不足

传统教育教学质量管理体系没有形成全过程的质量管理意识，自然就没有制定全过程的质量标准。质量标准往往存在不可量化、不可测量等问题，也没有建设统一的教育教学质量管理机构，职业学校无法通过教育教学质量管理体系对学校教育教学质量做量化观测与自我评估，只能依靠政府、教育主管部门或者第三方机构开展的外部检查和评估，使职业学校丧失了主动评估、自我修正的能力，不利于职业学校的自我发展。

（三）质量管理体系信息收集处理能力不足

传统教育教学质量管理体系没有形成统一的质量管理机构，也缺乏统一的质量信息获取和处理机制与机构。即使是近年来职业学校在校园信息化建设上的投入逐渐加大，但是大部分职业学校的信息系统仍以教学系统为中心，其信息收集能力也仅限于教学数据，对职业学校其他方面，如行政管理、科研合作、后勤服务、国际交流等重要方面数据收集和处理能力明显不足。既无法对学校各项工作的质量数据进行监控和评估，也无法根据数据给予学校领导层反馈和建议。

二、卓越绩效模式下教育教学质量管理体系构建的重要理念

（一）形成全员全过程质量意识是构建卓越绩效模式下教育教学质量管理体系的精神基础

系统视野是卓越绩效模式的核心观念之一，这个核心观念要求职业学校包括教育教学在内的所有工作应该具有系统性、整体性和一致性。系统性要求学校教育教学管理过程中所有参与部门、教职工必须具有系统的而又有质量的质量意识。学校所有部门和教职工都是管理体系的一部分，接受体系的策划、运行和评价，共同构成一个系统。整体性要求教育教学质量管理体系将学校视为一个整体，在这个整体下面的各个组成部分都应当服务于整体的战略目标、战略决策和战略规划,都应该为了整体的卓越而追求个体的卓越,以整体的绩效目标为目标追求个体的绩效目标。一致性要求职业学校要形成一个共同的教学战略目标,通过教育教学质量管理体系,各部门和全体教职工在工作上协调一致,共同推进学校教育教学质量的提高。

因此,要构建卓越绩效模式下教育教学质量管理体系,首先就要求全校教职工形成全员全过程的质量意识,每个人都要充分理解质量管理对职业学校发展的重要价值和重要意义,自觉地承担质量管理责任,主动寻求教育教学能力和水平的提升,以及各部门和全体教职工质量管理意识和水平的共同提升,这样才能保证学生在整个教育教学过程中的人才培养质量得到提升。同时,职业学校与企业的"产品"又有所区别,学生并不是纯粹意义上的产品,相比企业的产品和服务,学生本身也应该存在质量意识,学生既是教育教学质量管理体系的被管理者,同时也是自我管理者。因此,职业学校也要对学生本身开展质量意识教育,使学生认识到服从管理、主动学习、提高学习质量的重要意义,最终形成教职工和学生共同的全员全过程的质量意识。

(二) 领导的决策和领导力是构建卓越绩效模式下教育教学质量管理体系的决定因素

领导是卓越绩效模式的核心观念之首,职业学校无论是实行校长负责制、党委领导下的校长负责制还是董事会领导下的校长负责制,职业学校的领导都是一个学校构建卓越绩效模式下教育教学质量管理体系的关键性因素。作为职业学校的决策和管理核心,学校领导具有优秀的道德品质和人格魅力,有强大的号召力、领导力、进取心、创新意识和战略决策能力,同时也具备一定的教育教学能力。学校领导凭借这些能力能够研判学校目前的战略位置,进行战略决策,为学校确定明确的社会定位、发展目标和发展方向。能够团结带领全校师生员工,形成全员全过程的质量意识,共同构建卓越绩效模式下教育教学质量管理体系。

(三) 形成教育教学质量的持续改进是构建卓越绩效模式下教育教学质量管理体系的重要目的

持续改进是卓越绩效模式的核心观念之一。与传统教育教学质量管理体系只能依靠外部评估结果带来的被动改进方式不同，在卓越绩效模式教育教学质量管理体系下，通过主动制定可观测可评估的教育教学质量标准，明确各部门和工作岗位职责，厘清教育教学管理流程，形成一套有效的教育教学质量指标考核与评估机制。通过对比教育教学质量标准和实际质量指标考核结果，可以明确职业学校在当前教育教学工作中存在的不足和短板，有针对性地加以改进。这种主动的、持续的改进是职业学校构建卓越绩效模式下教育教学质量管理体系的重要目的，可以让职业学校拥有主动观测和评估教育教学质量的能力，源源不断地给职业学校提供发展内生动力。

(四) 深入开展校企合作、产教融合是构建卓越绩效模式下教育教学质量管理体系的重要方面

针对当前我国进入新的发展阶段，产业升级和经济结构调整不断加快，各行业对技术技能人才需求越来越紧迫的客观现实，《国家职业教育改革实施方案》指出，职业学校要深入开展校企合作，尤其是要开展产教融合校企"双元"育人，主动与企业在人才培养、技术创新、就业创业、社会服务、文化传承等各领域全面加强深度合作，校企共同打造高水平实训基地，共同打造"双师型"教师队伍。因此我们可以看出，提高职业学校人才培养质量，关键在开展校企合作、产教融合的深度和广度。职业学校要严格贯彻落实实施方案的要求，主动与企业共同开展现代学徒制试点等"双元"育人探索，通过专业、课程、师资和实训基地的建设，共同提高职业学校的教育教学质量和人才培养质量。

(五) 建立健全职业学校毕业生就业质量双反馈机制

这是构建卓越绩效模式下教育教学质量管理体系的重要补充。

职业学校毕业生就业质量双反馈机制就是指学校同时开展毕业生就

业质量的反馈以及用人单位对学校毕业生就业质量的反馈接收工作。毕业生就业质量的反馈接收工作需要了解毕业生就业单位的信息、专业对口度、薪酬与福利情况以及学生对用人单位的评价；用人单位对学校毕业生就业质量的反馈接收工作需要了解用人单位对毕业生职业道德、专业素养、工作能力和工作态度的评价。毕业生和用人单位的双反馈体制可以使学校充分了解毕业生的就业质量，以及用人单位对毕业生的要求，为改进和提高教育教学质量，确保培养出符合市场和企业需求的高质量毕业生提供了数据支持。

传统的教育教学质量管理体系在毕业生就业质量反馈机制建设上是一个短板，一般仅仅开展就业率调查，无法获得明确的就业质量反馈数据，也无法形成就业质量的持续改进，因此，职业学校要在思想上重视毕业生就业质量统计，加强毕业生就业质量双反馈机制的制度以及机构建设。职业学校要完善负责毕业生就业质量双反馈机制的机构建设，探索利用大数据中心和数据平台等开展毕业生就业质量双反馈统计的新方式和新渠道。

三、卓越绩效模式下教育教学质量管理体系构建的重要关注点

（一）以社会和用人单位为关注点

职业学校构建教育教学质量管理体系，提升教育教学和人才培养质量，从根本上都是为了培养出更好的技术技能型人才，满足社会和用人单位的需求。因此，除了职业学校对教育教学质量和人才培养质量的自我评估、政府和教育主管部门的外部评估外，社会和用人单位才是职业学校人才培养质量的最终评估者。因此，职业学校首先一定要以满足社会和用人单位对毕业生质量需求为工作目标，开展教育教学的各项活动。为此，职业学校应当建立健全毕业生就业质量双反馈机制，开展毕业生就业质量的双向评测，了解社会和用人单位对学校毕业生的评价、需求和期望，确保与用人单位保持有效的双向沟通，加强与用人单位的

联系，使学校教育教学质量和人才培养目标与社会和用人单位的需求相适应。

（二）以毕业生双证率为关注点

毕业生双证即毕业生在毕业的时候同时拥有的毕业证和与专业相关的职业资格证。职业学校主要培养面对生产一线的技术技能型人才，评判技术技能型人才的培养质量，是否获得相应专业的职业资格证书是一个重要评价标准。虽然我国职业资格证书制度已经实施多年，但是由于政府和教育主管部门在对职业学校教育教学和人才培养质量检查和评估中，对毕业生的双证率一直没有明确的硬性要求，致使部分职业学校出现毕业生双证率较低，不重视职业资格证培训考核等情况，与社会以及用人单位对毕业生质量的需求相背离。

因此在《国家职业教育改革实施方案》中，明确提出深化复合型技术技能人才培养培训模式改革，参照国际职业教育培训的普遍做法，启动"1+X"证书制度试点工作。"1+X"证书制度试点是对传统双证书制度的再确认和再提升，从传统的毕业证加职业资格证的两证变成毕业证加X的多证书制度，这个X可以是一个职业资格证，也可以是多个职业资格证同时获取，多证书制度符合社会和用人单位对复合型技术技能人才的需求。职业学校要充分意识到"1+X"证书制度的重要性，贯彻落实国家教育方针要求，主动申请参与"1+X"证书制度试点，主动对接试点单位和试点企业，共同开展职业资格证的培养与考核工作，进一步提升学校的教育教学水平和人才培养质量。

（三）以学校领导的作用为关注点

上文我们已经讨论了职业学校领导在构建卓越绩效模式下教育教学质量管理体系中的地位和作用，职业学校领导应当确定学校的质量目标、质量规划，带领全校师生员工共同建设和完善卓越绩效模式下教育教学质量管理体系，同时不断地开展自我评价和持续改进。

(四) 以职业学校全员全过程参与为关注点

职业学校全员全过程参与上文我们也已经讨论过，职业学校全员全过程参与就是要求全体教职工了解自己的岗位职责和工作质量标准，清楚质量管理流程，主动参与人才的全过程培养，主动参加学校培训，增强自身的教育教学水平。

(五) 以质量过程管理为关注点

卓越绩效模式下教育教学质量管理体系要求对人才培养的全过程进行管理，这就必然要求形成必要的教育教学质量过程监控机制。过程监控机制要明确职业学校教育教学和人才培养的流程、负责部门、责任人、各组成部分的相互结构，要制定每一个流程要素的质量标准，确定实际质量观测数据的收集方法和数据反馈方式，最终将所获得的质量数据与质量标准进行对比，形成持续改进的质量过程管理机制。

(六) 以系统管理为关注点

卓越绩效模式认为，职业学校教育教学是一个系统工程，构建教育教学质量管理体系并维持其有效运转同样也是一个系统工程。因此，职业学校要围绕确定好的战略规划和战略目标，了解教育教学管理系统构成的各个要素，了解开展质量活动的整个过程，以及这些活动过程之间的关系与影响，这有利于学校对管理系统开展考核与评估。

(七) 以持续改进为关注点

持续改进的作用上文已经提到过，持续改进是卓越绩效模式区别于传统管理模型的突出特征，职业学校要通过制定详细的质量标准和质量考核方案，不断地开展自我考核和自我提升，推进学校教育教学质量的持续改进。

(八) 以实际质量数据为关注点

卓越绩效模式下教育教学质量管理体系运行的有效性以及持续改进的特点本质上都依赖于大量正确的质量观测数据。质量观测数据包括与职业学校开展质量活动的过程和结果有关的各种材料和信息，这种材料和信息是质量活动过程和结果的载体，可以客观反映质量活动的有效性和真实性，是经过反馈、对比质量标准达成持续改进的重要依据。因此，职业学校一是要确保获取的数据真实可靠，二是要通过质量机构及时发布质量活动的相关数据，三是要合理利用获取的数据为教育教学质量持续改进提供分析和改进的依据。

（九）以就业质量为关注点

前文已经提到职业学校就业质量的重要性，职业学校除了要关注毕业生的总就业率外，还需要特别关注毕业生就业质量的相关指标，如就业专业对口率、毕业生待遇和毕业生发展前景等。要将毕业生就业质量数据作为专业设置、课程建设、实训基地建设、学风建设的重要参考。

（十）以校企合作、产教融合为关注点

当前在社会经济发展新阶段，校企合作、产教融合成为提高职业学校教育教学质量的一个突出的重点工作。职业学校要顺应国家教育方针政策的要求，与合作企业在传统的"八个共同"基础上，进一步合作探索校企联合"双元制"育人、现代学徒制育人，共同开展实训基地建设和"双师型"师资队伍建设，提高职业学校的教育教学质量。

四、卓越绩效模式下教育教学质量管理体系的机构建设

（一）质量管理监控部门

如部分职业学校设立的质量控制中心、质量控制办公室等，根据学校战略目标和战略规划，研究国内外对于教育教学质量管理的最新理念和发展方向；负责组织各部门制定职业学校各项工作的质量标准，制定学校教育教学质量管理的实施方案，组织开展学校教育教学质量检查与评估；汇总和分析一线的质量管理实施部门提交的质量活动实际观察数据，对比质量标准后形成质量评估报告，作为学校持续改进教育教学质量的依据。

(二) 质量管理实施部门

质量管理实施部门包括二级学院（系部）、教务处、学生工作处、团委等一线教育教学和管理部门。质量管理实施部门是直接负责落实职业学校教育教学质量管理方案，开展各种类型质量活动的部门，具体负责教育管理、教学管理、学生管理、学生活动管理、学生心理健康管理等工作，同时也负责收集与上报与学校质量活动相关的观测数据。

(三) 质量管理咨询与支持部门

质量管理咨询部门包括教学术委员会、专业指导委员会、督导处等部门，主要任务是指导学校制定教育教学计划，调整专业和课程设置，完善各专业的人才培养方案，对学校各专业的人才培养、教育教学管理和教学大纲提出意见和建议。质量管理支持部门主要是学校信息中心等质量数据的收集与处理部门，主要负责在技术上为职业学校构建和实施教育教学质量管理提供现实观测数据处理等工作。

五、卓越绩效模式下教育教学质量管理体系的质量标准

职业学校能够成功导入卓越绩效模式是因为从生产要素来看，职业学校与企业生产直接存在诸多相似之处，如同样拥有教职工、教学设备、行政管理系统和人员等输入要素，也有毕业生、教学服务、培训服务等输出要素。职业学校的校园建设、专业设置、课程设置、招生录取、师资队伍、教学仪器、教学计划、教学活动、校园文化、后勤管理、质量管理、毕业就业等人才培养的主要环节都可以在企业生产中找到对应之处。但是与企业的产品和服务是纯输出要素不同，职业学校的学生有其特殊之处，作为学校人才培养的结果，其属于输出要素，作为学校教育教学过程的接受者，其又属于输入要素。因此从这点上来说，职业学校的人才培养要比企业生产更复杂，它涉及人的能力培养，更涉及人的思想培养。因此，职业学校导入卓越绩效模式，构建绩效模式下教育教学质量管理，要特别重视学生这个特殊的要素，以学生从到学校

学习到毕业就业的全过程作为教育教学质量管理的全过程，分析这个教育教学全过程中的各个重点环节，以此为基础作为学校教育教学质量管理体系的质量标准。一般而言，职业学校教育教学和人才培养的重点环节应该包括学校管理、教育管理、实训管理、学生管理、师资管理、后勤管理和实习就业管理七个部分。职业学校应该以这七个重点环节所包含的质量要素为中心，围绕人才培养质量的中心任务来制定相应的质量标准。

（一）学校管理

学校管理也可以看作是学校行政管理，其质量要素主要是学校办学方向、办学理念和战略规划，在思想上起到统一全校师生员工思想，使全校师生员工团结一致的作用；在实践上起到引领学校发展，指明学校前进道路的重要作用。其质量要素包括职业学校的使命、愿景和价值观的确立，确定学校战略目标和战略规划，以及战略规划下的中长期发展规划和各子规划。学校管理还包括制定学校人才培养方案，明确学校各教学部门和职能部门的岗位职责与责任义务，明确教职工和学生权益及其保护措施。

（二）教育管理

教育管理是学校教育教学管理和人才培养的中心工作，同时也是最重要的质量要素。教育管理决定着学校教学的质量和水平，直接影响学校人才培养质量和教育服务质量。其质量要素包括：在专业上形成根据市场需要设置专业的机制，专业设置与市场需要和产业发展趋势相适应，能够及时根据市场和产业发展增加新专业与删减旧专业，能够根据市场要求制定各专业的人才培养方案、确定课程设置及选用适合的教材；在教学计划上能够制定教学大纲、教学计划，能够及时根据市场环境的变化修订教学大纲和教学计划；在教学过程上能够完成各门课程的教案等各项教学材料的准备，严格根据计划组织学生开展实习、毕业课程设计等教学活动，组织教职工开展听评课、集体备课等教学学习活动；在教学反馈上，组织开展期中和期末教学检查，严格考试过程管理，教学与考试各项材料齐全，组织学生开展学生评教活动。

（三）实训管理

实训管理是当前职业教育和职业学校提升人才培养质量的重要手段和关键环节，根据国家教育方针要求，职业学校学生实训管理应分为校内实训管理与校外实训管理。校内实训管理是传统的实训教学环节，包括确定各专业实训计划，制定各实训基地和实训室的操作规程和安全制度，完善实训室教学仪器设备配置，提升校内实训基地和实训室的规模，完善实训工位设置、实训管理教师配备等。校外实训管理也就是深入开展校企合作，产教融合，学生到企业开展顶岗实习和跟岗实习，其要素包括合作企业的数量和质量，与企业合作产教融合的深度和广度，企业实习实训环境、地点和实训仪器配备情况，校外实习实训教师的配备，校外实习实训项目课题的制定与考核，校外实习实训的安全规定与处理方案等。

（四）学生管理

学生管理是七个重点环节中最复杂的，作为直接与学生接触的环节，学生管理在处理好学生的日常事务之外，还承担着对学生开展思想道德教育的重任。其质量要素包括：在招生质量上，确定招生计划与招生宣传材料，提升招生的质量和学生生源质量，开展新生体检和新生入学培训；在学生日常行为管理上，制作学生手册，明确学生在学校的言行举止等相关规定与奖罚措施，组织开展奖助学金评审工作，关注贫困学生；完善学生宿舍管理制度，保证校园安全稳定，做好学生违纪处理。

（五）师资管理

职业学校师资队伍管理与学校人才培养质量有直接关系，教师是学校开展教育教学管理的直接实施者，学校其他方面的质量管理最终都要通过教师来对学生起作用，师资队伍质量从某种意义上来说也等同于学生培养质量。师资管理的质量要素包括教师队伍建设的中长期规划，教师队伍培训的中长期规划，师资引进、培养的总体方案，教师队伍福利待遇的相关制度，学校教师队伍数量、结构的测定，教师队伍考核制度与奖惩机制。

（六）后勤管理

职业学校的后勤管理直接与学生的学习生活环境相关，后勤管理质量的高低决定了学生是否有良好的环境安心学习生活，对学校的安全稳定和学生人才培养质量有重要影响。其质量要素包括：学校宿舍的供给情况，宿舍热水、电力、洗浴等设施设备的配备情况；校园安全治理能力，校园绿化水平；学校校园除教学和实训场所外，其他配套设施，如超市、食堂、医院、体育场所等建设配套情况等。

（七）实习就业管理

实习就业管理长期以来被职业学校和上级教育管理部门所忽视，造成了众多的实习就业乱象，严重影响了学校人才培养质量。近年来，国家对实习就业管理质量愈发重视，职业学校要正视实习就业管理在学校人才培养上的重要作用，严格学生实习就业管理。其质量要素包括：在实习上完善认岗实习、跟岗实习和顶岗实习的安排，将实习与校外实训联合开展，视为教育教学的一部分，做好实习成绩的评定与奖惩；在毕业生服务上，完善学生毕业离校程序，做好毕业生就业能力培训和就业政策宣导，组织开展双选会等求职活动，为毕业生提供更多的就业选择机会，建设毕业生和用人单位双反馈机制，关注毕业生就业质量。

职业学校可以通过人才培养重点环节所包含的质量要素，组织制定相应的质量标准，作为学校教育教学和人才培养质量的参照指标。

六、卓越绩效模式下教育教学质量管理体系的宣传与培训

职业学校在明确卓越绩效模式下教育教学质量管理体系负责部门、确定人才培养相关质量标准后，第一步就是要在全校范围对全体师生员工开展宣传和培训，通过海报、专题会、宣讲会等方式让学校师生员工理解构建卓越绩效模式下教育教学质量管理体系的目的和意义，了解学校教育教学质量管理体系的基础知识和运行方式，明确学校的质量战略目标和质量战略规划等。

职业学校还需要通过层层专题培训来组织各部门领导和员工重点学习培训，一是重点学习学校关于教育教学质量管理体系的相关制度文件。教育教学质量管理体系的相关制度文件是对学校质量管理体系的科学总结和科学描述，是学校开展教育教学质量管理的依据，必须重点学习掌握。二是学习学校与本部门的质量职责相关的质量标准、质量目标。各部门领导和教职工要明确知道自己的岗位职责、岗位质量标准、相关工作流程以及质量管理相关操作，同时还要了解学校教育教学质量考核与反馈机制，清楚学校质量考核的负责部门与考核流程。

职业学校还需要通过宣传培训，组建学校内部的教育教学质量管理审查考核队伍。卓越绩效模式下的教育教学质量管理体系与传统管理体系相比最突出的就是职业学校可以自主地开展内部质量审查和考核，内部质量审查和考核根据职业学校实际情况安排，一般来说每年至少开展一次，这只依靠质量管理部门是不够的，必须在各个部门培训相应的工作人员，通过内部培训和外部送培，完善学校内部教育教学质量审查和考核队伍建设。

七、卓越绩效模式下教育教学质量管理体系的约束机制

教育教学质量管理体系的约束机制主要指职业学校要建立教育教学质量管理体系审查监控机制，通过监控审查，证实质量体系的有效性，并针对发现的问题及时采取纠正措施和预防措施，确保体系能够有效运行和持续改进。

（一）审查监控机构

职业学校对教育教学质量管理体系的审查监控机构一般由学校一位

领导负责（可以不是学校校长），具体事务由教育教学质量管理机构，如质量管理办公室负责。质量管理办公室等质量管理机构代表学校领导，负责整个学校教育教学质量管理体系的运行监控审查。

（二）审查监控的运作方式

开展内部质量审查监控是卓越绩效模式标准对比与落后赶超机制的客观要求，有利于使学校领导充分认识学校教育教学和人才培养质量的不足之处，可以有针对性地对质量短板进行纠正和提高，缩小与标杆学校或竞争对手的差距，为持续改进和最终赶超提供依据。内部审查监控根据职业学校的客观条件，一般一年至少开展一次。

审查监控的运作方式有两种：一是主动监控和审查，由质量管理机构与各部门的质量管理专员一同根据学校教育教学质量标准，对学校各部门和全体教职工履行质量责任的情况以及质量管理体系运作情况做全面的审查与考核，分析比对审查和考核情况，将结果上报学校领导，作为学校领导层修订质量管理体系，制定方案提升质量指标的依据。二是被动监控和审查，质量管理机构通过公布教育教学质量问题反馈电话、邮箱的方式，接收学校全体师生、政府、企业等学校利益相关方关于学校质量管理方面的所有投诉、意见和建议。对于质量管理机构的投诉要责成相关部门予以解决、及时反馈，并与意见和建议一起汇总分析后报学校领导，作为改进学校教育教学质量管理体系的参考。

第三章 学校领导的质量意识

第一节 学校领导的作用

学校领导是指在一个学校中拥有最高决策权限,担负最高决策责任的管理人员。狭义的学校领导指学校校长或党委书记,也就是学校正职领导。广义上来说学校领导除了正职领导外,还包括副校长、党委副书记甚至校长助理等副职领导。

一般来说,学校领导是职业学校处于最高层的管理人员,在学校系统中承担决策者和指挥者的任务角色。在学校系统外又受到政府、教育厅、教育局等上级部门管辖,因此学校领导也是上级部门命令任务的执行者。

学校领导是领导和推进学校改革发展走向持续成功的关键因素。首先,学校领导应该起到战略决策的作用,围绕具有学校特色的办学理念和办学思路,明确学校的使命、愿景、价值观和战略目标。其次,学校领导要带领全校开展质量文化建设,制定近景和远景战略规划。学校领导还应该具有较强的理解能力和执行能力,能够贯彻执行上级部门的方针要求;同时又有很好的沟通能力,可以将学校的战略目标和战略规划很好地向全体教职工传达,获得下属的理解和支持。

一、学校的使命、愿景和价值观

学校的使命、愿景和价值观是一所学校战略目标和办学理念的体现,它们三者分别有自己的深刻内涵,同时又互相联系。

(一) 使命、愿景、价值观的内涵及相互关系

学校的愿景是全体教职工对学校发展的理想目标和追求，是所有成员共同的愿望和景象。它包括三个关键要素：教职工期待的（期望性）、教职工共同努力的（一致性）和教职工努力可以实现的（可操作性）。学校的愿景揭示了学校未来的发展图像，是教职工对学校未来想象的具象化，也是学校发展的阶段性奋斗目标。

对自身而言，学校使命揭示了学校本身存在的意义和价值，明确了学校的战略定位；对社会而言，学校使命明确了学校所应承担的历史责任和社会责任。

学校的价值观是一个学校的核心文化，是对学校所有教育教学行为进行评判的最高价值标准和原则，也是全校师生共同的最高价值导向。

学校愿景是对学校使命达成特定阶段性目标后具体景象的想象，是对学校各发展阶段成效的期待。使命明确了学校的性质、地位和价值，以及学校应当承担的社会责任，学校使命是学校愿景产生的基础，同时也揭示了学校实现愿景的方式和途径。而学校价值观为实现学校使命和愿景提供了对全校师生都具有行为约束力的道德标准和判断标准。

(二) 使命、愿景、价值观的重要意义

学校使命、愿景和价值观的形成，对学校明确自身定位、凸显办学特色、团结师生力量、构建特色文化、探索发展道路、实现办学目标和办学价值具有重要意义。

1. 明确学校的使命、愿景和价值观是建立和完善现代职业学校制度的必要因素和重要内容。

建立和完善现代职业学校制度，不只是要建设教学楼、实验实训室、图书馆、宿舍等学校基础设施，也不只是要加强师资队伍建设，更应该加强学校精神文化建设。学校的使命、愿景和价值观是学校文化的凝练，也是学校文化建设的重要内容，更是现代职业学校制度建设的重要组成部分。在目前职业教育获得大发展的时代背景下，必然要求职业

学校要着力总结和凝练学校文化的精神内核。没有凝练出使命、愿景和价值观的职业学校是跛脚的，无法认清发展的道路和应该担负的责任，自然也难以凝聚人心实现自身价值。

2. 明确学校的使命、愿景和价值观是职业学校开展战略管理的必然要求。

战略管理是现代职业学校谋求有质量发展的趋势选择，确定和选择学校战略目标是职业学校开展战略管理首要解决的问题。学校使命和愿景是开展战略管理的重要组成部分和关键要素，是确定职业学校战略目标的重要体现。职业学校开展战略管理首先就要具体阐述学校的使命和愿景，在充分分析学校内部和外部环境优劣之后，确定学校的战略目标，而后进一步开展战略制定、战略实施和战略评估。因此，解析和确定学校使命和愿景，为职业学校提出明确的发展方向和目标提供了重要依据。确定学校的价值观则为职业学校团结教职工、约束其道德行为、确保发展道路正确提供了重要保障。

3. 明确学校的使命、愿景和价值观，是开展职业学校文化建设的重要抓手。

职业学校的使命、愿景和价值观都属于学校文化建设的根源和核心领域，使命、愿景和价值观每个学校都有不同程度的差异，从本质上反映了一所学校与其他同类型学校的不同，可以很明显地看出学校不同的办学特色和办学理念，突出了学校之间的差异化发展。学校活动是社会各种文化活动中最有特色也最有活力的一种文化活动，学校的文化功能是区别于其他任何一个社会组织功能的。现代职业学校为更好地去伪存真、去粗取精传承文化和技术技能，都选择总结和凝练校园文化，形成具有自身特色的使命、愿景、价值观等文化特质。学校文化具有导向功能、凝聚功能、规范功能，里面最具有决定意义的组成部分是价值观念。因此辩证地总结凝练学校使命、愿景和价值观，确立具有自身文化特质的使命、愿景和价值观，有助于形成职业学校自身的办学特色和办学特质，也有助于学生自觉地接受学校的使命、愿景和价值观，使其认可并追随学校发展。

(三) 使命、愿景、价值观的建立

职业学校的使命、愿景和价值观的辨析和凝练对职业学校发展具有非常重要的意义，同时也是职业学校领导所要考虑的重点工作。学校领导在确定学校的使命、愿景和价值观时，要特别注意如下几方面。

1. 高度重视，广泛收集意见和建议。

一个学校的使命、愿景和价值观并不是少数领导突发奇想的成果，而是要求学校领导高度重视这项工作，面向全体教职工和学生乃至与学校有关联的社会各界广泛征集相关意见，形成全员关心、全员参与的有利氛围，在此基础上才能根据学校环境等客观因素辨析意见建议，凝练出广大师生普遍赞同的、具有本校特色气质的学校使命、愿景和价值观。

2. 使命、愿景和价值观的表达要准确。

各个职业学校在战略目标和战略规划上不可避免地会出现重叠的情况，但是学校的使命、愿景和价值观代表着这个学校历史和特色的凝聚，是学校特色和全体师生愿望的具体化，不能也不应当出现表述不清或者与其他学校同质化的情况。

3. 使命、愿景和价值观的表达方式要高度凝练。

学校的使命、愿景和价值观在文字表述上必须以高度凝练的形式体现学校办学理念和办学特色，描绘学校发展蓝图，在发挥思想鼓动作用的同时，精简凝练的语句更能让人印象深刻，提高广大师生和社会各界的接受度和传播力。

二、质量文化

随着全球化进程的推进，国家间竞争进一步加剧，迫切需要高质量的教育，教育质量越来越成为教育改革的重点内容。党中央和国务院颁布的《国家中长期教育改革和发展规划纲要（2010—2020年）》就已经

提出,"把提高质量作为教育改革发展的核心任务"。质量文化是职业学校卓越绩效管理实践的成果,同时也是职业学校能够推广卓越绩效管理模式的文化基础,因此,由学校领导来领导职业学校开展质量文化建设,贯彻国家教育方针,紧跟时代发展趋势,深入推进学校质量文化建设,是实现卓越绩效管理模式的必然选择。

质量文化是职业学校卓越绩效管理模式的精神核心,学校领导应该带领全体师生,从精神、制度、实践、载体四个层面来开展职业学校质量文化建设,推进职业学校卓越绩效管理模式的实现。

(一) 精神层面

质量文化的精神层面是学校全体教职工对学校办学理念、价值标准、质量理念和质量意识的汇聚,是学校实行卓越绩效管理模式的心理基础。学校领导要强化教职工的质量意识,牢固树立教职工的质量理念。包括不惧挑战、永争一流的竞争意识;认真负责、实事求是的责任意识;全员参与、分工协作的团队意识;注重结果和绩效的成效意识。

职业学校教职工的质量理念是对教育教学质量和效果标准的反映,决定了教职工如何看待教育教学质量以及怎样改进教育教学质量。学校领导一是需要想方设法让教职工理解学校教育教学质量既取决于对学生需求的满足程度,也取决于学生质量对社会需求的满足程度。二是要千方百计厘清专业知识教育和实践操作教育的辩证统一,促进学生在德智体美劳上的全面发展;重视创新型人才培养,在教育教学中融入创新教育,培养学生创新意识和创新精神,发挥学生主观能动性,提高学生创新能力。三是在实践中不断总结和凝练学校文化精神,使学校在办学过程中逐渐产生的文化氛围、价值倾向、人文品质和特色文化等精神意识,普遍存在于广大师生内心深处,并通过广大师生喜闻乐见的校徽、校训、校歌等形象,提高广大师生对学校文化的认同感,提升学习的凝聚力和向心力。

(二) 制度层面

制度层面的质量文化是职业学校在推进卓越绩效管理模式建设的进

程中,针对质量控制所制定的教职工和学生行为规范。制度层面的质量文化,是职业学校质量文化建设的有力保证,也是职业学校推进卓越绩效管理模式建设的全面保障。

建设制度层面的质量文化,一是要开展领导体制建设,形成职业学校领导体制和学校内部领导管理的根本制度,包括领导和管理学校的方法原则、机构设置及领导制度。通常情况下,公办学校都采用党委领导下的校长负责制,民办学校则大多数采用董事会领导下的校长负责制。学校领导应当根据学校的性质,建设传达顺畅、团结高校的领导体制。二是开展组织机构建设,职业学校的组织机构包括负责卓越绩效管理决策的决策机构和负责卓越绩效管理执行的执行机构,双方共同合作保障职业学校的教育教学质量。三是要开展管理制度建设,管理制度是职业学校在开展卓越绩效管理时,为强化教育教学质量管理,规范师生员工质量行为所颁布的各项制度,包括各岗位的责任制度、各部门的工作制度、各项工作流程的管理制度、以结果为导向的奖惩制度等;管理制度建设明确了学校教职工和各部门的质量管理责任,制定了师生员工在教育教学中的行为标准,保障了卓越绩效管理的运转。

(三) 实践层面

实践层面的质量文化是指职业学校在开展质量文化建设时所采用的方式和方法,即具体的实践过程,它是实现学校质量文化建设的必要途径。要想在实践层面推进质量文化建设,学校领导应从三个方面入手:一是全面开展质量文化知识教育,通过系统的培训、广泛的发动使广大师生认识和了解学校质量文化建设的相关内容,包括职业学校质量文化的定义、内涵、组织机构、运行机制、重要意义和重要作用;二是深入推进质量文化建设的全员全过程全方位参与机制,卓越绩效管理归根到底是由人来推动的,质量文化是人的文化,学校领导理应代理全校师生共同参与建设;三是推广先进科学的教学和管理方法,如引入翻转课堂、任务驱动、微课、慕课等先进的教学方式和教学方法,突出对学生学习的主动性和自主学习能力的培养，提升教师教育教学水平，提高课堂教学对学生的吸引力，采用科学民主的管理方式，理顺师生关系，达到教师教学和学生学习的和谐统一。

(四) 载体层面

载体层面质量文化是职业学校卓越绩效管理模式建设的物质基础，是学校质量文化的物质具体化，也是学校质量文化建设得以顺利开展的物质保证。载体层面推进质量文化建设也有三条路径：一是培育有学校特色的校园品牌文化，一所学校的品牌含金量是其教育教学质量和人才培养质量的直接体现，学校要将品牌建设与质量建设有机结合起来，不断提高人才培养质量，提高学校的社会认可度和社会声誉，持续推进有学校特色的品牌文化建设。二是建设一支适合职业学校发展的高质量师资队伍，师资队伍是教育教学质量建设的重要载体，教师水平集中反映了一个学校的教育教学和管理水平，师资队伍是学校发展和竞争中的核心力量；要开展质量文化建设，必须首先建设一支师德师风高尚、专业技能水平高、教育教学能力强、掌握职业学校教育教学特点、层次结构合理、富有创新意识和创新精神的专业教师队伍。三是完善基础设施建设，职业学校卓越绩效管理水平受到学校基础设施建设水平的制约，因此要不断投入完善实验实训室、教学仪器设备、图书文字资料、校园网络信息化、学生活动中心等关键设施的建设，尤其应该重视网络教育教学平台对提高教育教学质量、开展卓越绩效管理模式建设的重要作用，要进一步完善职业学校的智慧化校园建设，在此基础上利用大数据中心等机构汇总与处理质量建设相关信息，全面提高教学管理和质量文化建设水平。

三、科学规划

学校发展规划是职业学校实施卓越绩效管理，提高学校教育教学质量，保障学校健康稳定发展的必然要求。学校领导应当在国家中长期教育改革实施纲要等重要文件的指引下，科学制定并实施学校发展规划。

（一）科学制定学校规划的意义

1. 科学制定学校规划是职业学校实施卓越绩效管理模式的必然要求。

随着经济全球化的发展，以及受 2020 年新冠疫情的冲击，可以预见未来全球产业布局将面临新一轮洗盘，国际和国内产业竞争将进一步加剧，从国家到产业企业都迫切需要高素质的职业人才作为支撑。这些迫切需求要求职业学校必须引入卓越绩效管理模式，提升教育教学管理质量，提升人才培养水平。科学制定职业学校规划为职业学校实施卓越绩效管理模式提供了路线基础和方向指引，对学校提升人才培养质量，提高毕业生竞争力起到重要作用。

2. 科学制定学校规划是职业学校适应社会经济发展的内在要求。

"十四五"时期是我国全面建成小康社会、实现第一个百年奋斗目标之后，乘势而上开启全面建设社会主义现代化国家新征程、向第二个百年奋斗目标进军的第一个五年。当前国家正面临"百年未有之大变局"，产业转型升级，第四次产业革命都急需大量的技术技能型人才。职业学校作为应用技术技能型人才培养的主力军，必须审时度势，主动规划适应国家社会经济发展的要求，为社会主义现代化建设培养优秀的建设者和接班人。

3. 科学制定学校规划是职业学校"走出去"参与国际竞争的必然选择。中国是目前经济全球化的坚定支持者和勇敢践行者，这就赋予了职业学校新的历史使命。职业学校不仅要培养有国际视野、适应国际竞争的新型技术技能人才，更是要"走出去"，为中资企业到国外发展竞争服务，还要"引进来"，招收国外留学生，为传播中国文化，服务"一带一路"倡议而服务。新时代的新要求必然要求职业学校清楚自己的办学使命，顺应国家对职业学校的需求，科学地制定学校发展规划。

（二）科学制定学校规划

1. 职业学校校长要在科学制定学校规划中起到主导作用。

校长既是职业学校的决策者，又是职业学校的经营者，承担着掌舵人和操盘手的重要责任，学校规划明确了学校未来一段时间内的发展目标、发展途径与发展方式，作为决策者的学校领导理应在这一过程中起到主导和核心的作用。

2. 制定学校规划要考虑特定的时代背景与社会需求。

职业学校的规划并不是一个孤立的系统，一个国家的教育发展受到国家社会经济发展的制约并为其服务。同样，职业学校的规划制定也必须综合考虑当前特定时代的背景，考虑国家和地区对职业学校的要求，考虑社会对人才的需求，以这些背景和需求为前提来制定学校规划，才能确保规划的有效性和可行性。

3. 制定学校规划要科学定位发展目标。

科学定位发展目标首先要求学校实事求是。因为每个学校的客观条件都存在一定的差异，因此职业学校在确定发展目标时不能盲目地生搬硬套，必须根据学校现有的基础条件，如师生数量、教学资源、土地面积、积累的办学声誉、教学质量等来综合考虑规划发展目标。同时也要综合考虑学校自身特点，如特色专业、特色品牌、特色项目等，结合学校各利益方的需求来规范发展目标。职业学校应把发展目标视为一个系统描述而不是单一描述。如发展目标根据时间长短往往有长期、中长期、短期等不同描述，根据层级来看又可以分为学校发展目标、部门发展目标和个人发展目标等多个层级。学校要根据不同要求确定不同的发展目标，最后形成一个目标体系来综合指导学校发展。

4. 制定学校规划应充分听取各方面意见和建议。

学校领导在制定规划时要充分听取和考虑学校相关利益群体的意见和建议。其中教职工和学生是最主要的两个利益群体，分别为学校规划的主要执行者和受益者，在制定规划时必须从他们的实际需求出发，科学地参考合作企业、政府部门、事业单位等其他利益相关方的意见和建议，这样才能制定出科学的学校规划。

（三）学校规划的执行评估

职业学校制定规划不是目的，科学制定规划并执行才是真正的目的。因此，在科学地制定规划后，确保其得到科学的执行也是学校规划制定工作的一个重要内容。学校规划的执行评价机制一般指在执行学校规划的过程中为确保规划得到顺利执行而制定的一整套包括执行监控、意见反馈和纠错修正在内的评价修正机制。这套机制的制定对监控学校规划执行情况、发现规划执行中存在的问题、及时解决问题、保证学校规划的科学性和正确性起到重要作用。在一般情况下，学校规划的执行评估机制主要监控以下几个关键节点。

1. 学校规划目标的达成情况。

学校规划目标是学校规划里面最具有代表性的指标，同时也是规划执行评估机制重点关注的指标。如前所述，学校规划目标其实是一个目标体系，本身就具有目标的广泛性和可评估性。对学校规划目标体系达成情况进行评估，可以了解学校规划目标是否在各个层面都得到切实有效的执行，以及具体执行的绩效如何。学校规划目标并不是必须固定的不能修改的，往往在执行过程中由于学校内部或外部的因素造成规划目标无法实现，这时候学校规划的执行评估机制就会发挥作用，反馈问题指导规划目标的修改。同时执行评估机制还能在找出问题的同时不断地总结规划执行过程中的经验，使学校规划不断得到充实和完善。

2. 学校规划在执行过程中的创新与典型案例。

学校规划在制定好之后并不是一成不变的，除了因客观因素必须修改外，因为主观创新得到更好的实践也可以促成学校规划的修改。因此，规划执行评估机制在关注执行中的问题的同时，也在关注广大师生在执行过程中涌现出的创新亮点。将创新亮点汇总提炼就可以得到规划执行的典型案例进行推广，这有利于形成改正错误、学习先进的良性循环,可以最大限度地激发广大师生执行学校规划的主观能动性和创造积极性。

3. 学校规划执行过程中社会的反馈情况。

学校规划并不只是学校自身发展的需要,更是满足社会需求的需要,因此规划执行评估机制除了关注学校规划在校内的执行情况,也要关注社会在学校执行过程中情况的反馈,包括为社会经济发展和企业发展提供了何种帮助、职业教育资源能否服务广大民众、师生教科研成果是否可以为社会大众服务等内容。

四、双向沟通

职业学校的学校领导在带领师生员工确立学校的使命、愿景、价值观,开展质量文化建设,科学地制定学校规划后,还要完成一个重要任务,那就是建立与教职工、学生以及校外利益相关方的双向沟通渠道,向他们传递学校使命、愿景、价值观、质量文化和学校规划的具体内容与内涵,让他们理解、认同并主动支持学校,使学校可以团结内外部的一切力量协同发展。

(一)双向沟通的内涵及意义

双向沟通是沟通的一个类型,指信息发送者和信息接收者之间可以双向传播信息。相对于单向沟通而言,双向沟通是一种更适合双方需要的互相交流信息的沟通方式。

职业学校领导双向沟通是学校领导个人与学校内部的教职工、学生和学校外部的利益相关方之间的思想沟通和情感交流。学校领导要宣传学校的使命、愿景、价值观,开展质量文化建设,落实学校规划,在学校与各受众之间建立双向沟通渠道,一方面通过各种形式和媒介让受众认识和理解学校领导的意图,另一方面有利于受众更好地反馈对学校使命、愿景、价值观、质量文化建设和学校规划的意见和建议,作为学校领导改进相关工作的参考和依据。

开展双向沟通要求学校领导、师生员工和校外利益方都要处于平等地位，确保在沟通过程中能相互听取意见。

（二）双向沟通的基本原则

1. 双向沟通的时效性。

双向沟通是信息发送者和信息接收者之间双向传播信息，更注重双方对信息的评价与反馈，因此对信息沟通的时效性要求也更高。为了确保沟通效率，采用双向沟通的各方一般会采取限定时间回复的做法来确保及时获得相应信息。

2. 双向沟通的多渠道性。

双向沟通是一种动态的过程，同时因为经常涉及多个沟通对象，因此面对不同的沟通对象必须灵活选择不同的沟通渠道和沟通方式，面对同一个对象的时候也需要综合使用多个沟通渠道，确保能同时满足信息发送者和信息接受者的需求。

3. 双向沟通程序的标准性和明确性。

在进行双向沟通的时候，信息发送者和信息接受者必须按照一定标准来传递明确的信息，否则很容易因为信息标准不同和信息内容模糊引发误解，影响沟通效率。

4. 双向沟通的平等性。

双向沟通过程中信息发送者和信息接受者是处于平等的地位的，并且位置会经常互换，这是双向沟通区别于单向沟通的最大特点。因此，作为决策者的学校领导在开展双向沟通时要摆正位置，在做好信息发送的时候要学会倾听信息的反馈情况，并根据信息反馈进行必要的回应。

（三）双向沟通体系的建立

1. 学校领导与教职工的双向沟通。

学校教职工是践行职业学校使命、愿景、价值观，开展质量文化建设，贯彻落实学校规划的主要执行者。对职业学校而言，学校领导与教职工之间搭建有效的双向沟通平台就显得尤为重要。学校领导与教职工双向沟通平台渠道主要包括如下几种。

（1）学校基本的各类大会、工作布置会。这是学校领导给教职工传达学校使命、愿景、价值观、质量文化和学校规划理念内容的重要渠道，这种会议以学校领导向教职工单向输出信息为主。

（2）学校各类教师座谈会。这是学校领导倾听教职工对学校使命、愿景、价值观、质量文化和学校规划理念内容反馈意见和建议的重要渠道。在座谈会上学校领导可以进一步阐述理念让教职工增进了解，教职工也可以针对疑惑和问题进行意见反馈，这样沟通速度和效率都能得到有效保证。

（3）教师代表大会。教师代表大会制度是全体教职工行使民主权利，参与学校民主管理的重要形式。作为学校发展重要议题的学校使命、愿景、价值观、质量文化和学校规划等内容必然要经过教师代表大会的审核与批准。

（4）新教师培训会。这是学校领导给教职工传达学校使命、愿景、价值观、质量文化和学校规划理念内容渠道的重要补充。新教师由于对学校客观实际和未来发展不甚了解，因而是学校领导开展双向沟通的重点对象。

（5）网络平台。随着智慧化校园等学校信息化建设的推进，网络平台也日益成为学校领导传递信息、倾听反馈的一个重要渠道。学校领导可以通过校园网公告、微信公众号等方式向教职工传递信息，教职工也可以通过网络电子邮箱、社交软件等工具进行意见反馈和意见交流。

2. 学校领导与学生的双向沟通。

培养学生是职业学校存在和发展的核心与目的，学校使命、愿景、价值观、质量文化和学校规划归根到底都是为提高学校办学水平和人才培养质量服务的，因此学校领导加强与学生的双向沟通，倾听学生对学校发展的意见和建议，是学校提高管理质量和教育质量的必然要求。学校领导与学生双向沟通平台渠道主要包括如下几种。

（1）学生座谈会。学校领导召开学生代表座谈会是学校领导倾听学生对学校使命、愿景、价值观、质量文化和学校规划理念内容反馈意见和建议的主要渠道和方式，在座谈会上学校领导可以倾听学生对学校办学理念和办学发展的意见和建议，解释学生关注的重点问题，增进学校领导和学生的互信，取得学生对学校办学的支持。

（2）校长信箱和校长邮箱。这是近年来各级学校广泛采用的构建学校领导与学生双向沟通的一种渠道。无论是纸质的信件还是电子邮件，本质上都可以达到学生越过班主任直接与校长进行沟通的效果。对学校领导听取学生意见和建议，形成扁平化沟通模式起到很好的促进作用。

（3）学生代表大会。学生代表大会是学校参与职业学校民主管理的重要途径，是体现学生组织合法性、权威性的基础和保证。学生代表大会既可以起到宣传落实学校使命、愿景、价值观、质量文化和学校规划等内容的作用，又可以收集学生对以上内容的意见和建议并呈送学校领导。

3. 学校领导与学校外部利益方的双向沟通。

职业学校外部利益方一般来说包括合作企业、教育局等上级主管部门、当地的企事业单位、当地社区或居委会、行业指导委员会等各类组织机构。学校领导与学校外部利益方保持良好的双向沟通，可以有效宣传学校的办学理念和办学规划，取得各方对学校的支持，尽可能地团结社会力量。学校领导与学校外部利益方双向沟通平台渠道主要包括如下几种。

（1）校企合作、产教融合机制。职业学校的职业性本质上就要求职业学校必须与企业加深合作。校企合作、产教融合机制的存在使职业学校的学校领导与企业双向沟通更为顺畅，沟通效率更高，效果更好。作为企业，了解和参与确定学校使命、愿景、价值观、质量文化和学校规划等内容也可以加深企业与学校的信任，使学校的人才培养标准更加对标市场需求。

（2）公文系统。公文系统可以实现上下级的双向沟通，一般用于学校与教育厅或教育局等上级领导部门的双向沟通。学校领导向上级部门报送学校使命、愿景、价值观、质量文化和学校规划等内容,谋求上级部门对学校办学的支持,上级部门也可以通过这些关键指标评判学校的办学实力与办学成果。

(3) 各利益相关方参加的座谈会。座谈会是学校领导与各方建立双向沟通渠道的重要方式。各利益相关方可以派出代表参加座谈会,了解学校使命、愿景、价值观、质量文化和学校规划等内容并根据自身实际情况提出合理的意见和建议,为学校团结政府和社会力量,增强办学实力和提高办学水平提供良好的平台保障。

第二节 学校治理

中国职业学校经过改革开放,尤其是21世纪前20年的发展,制度不断得到完善,办学质量和办学水平整体提高,服务社会能力显著增强,为国家经济社会发展提供了有力支撑。但是,随着国家进入"十四五"新发展阶段,国际竞争、产业转型升级压力不断加大,国家和社会对职业学校的要求也随之提高。2019年1月《国务院关于印发国家职业教育改革实施方案的通知》要求,完善职业教育和培训体系,深化办学机制改革和育人机制改革,由追求规模扩张向提高质量转变。因此,坚持党委或董事会领导下的校长负责制,在学校领导的带领下构建职业学校现代化治理体系,进一步提高职业学校管理水平和教育教学质量,是职业学校发展的必然要求。

一、职业学校治理的相关概念及内涵

治理这个词最初出现的时候是个政治词语,特指国家的治理,即政府通过各种手段来管理国家和人民。随后治理这个概念引入公司,可以指公司的组织管理行为。到现在,治理这个概念不仅国家和公司可以使用,事业单位、医院、学校等也可以使用。根据联合国全球治理委员会的意见,治理的定义就是"各种公共的或私人的个人和机构管理其共同

事务的诸多方法的总和，是使相互冲突的或不同的利益得以调和，并采取联合行动的持续过程"。这里面既有通过强制力让人们服从的正式规则和制度，也有不通过强制力而仅仅让人们从内心认同并服从的非正式规则和制度。

治理的核心要素由治理主体、治理内容、治理结构以及治理机制构成，是以规章制度、责任划分为基础的一套系统的体制机制。通过制定规则与制度，明确各利益相关方的责权分配，推进决策过程和计划实施的科学化与民主化。

职业学校治理，狭义来说可以理解为职业学校管理制度、管理方式和管理体制的系统总和；广义来说，根据治理主体不同可以分为内部治理和外部治理两个部分。其中，内部治理就是指学校内部管理制度、管理方式和管理体制的系统总和，是科学合理的统筹分配内外部资源，各系统共同发展的一个过程，同时也是学校办学理念在办学实践层面的具体体现。外部治理，本质上就是国家对职业教育的治理，包括建立职业教育制度体系，建立职业教育管理、办学、评估三者相对独立的治理结构，治理主体由政府主办为主向政府统筹管理、社会多元办学的格局转变，由对标普通教育办学模式向企业社会参与，具有鲜明职业教育特征的职业教育办学模式转变。在深化职业教育改革中激发职业学校的办学活力，促使职业学校建立现代治理体系，为社会经济发展和国家竞争提供更优秀的技术技能型人才。

二、职业学校管理和职业学校治理的关系

管理和治理一字之差，两者有共通的地方但又不尽相同。职业学校为何要追求从管理到治理，学校领导在推进职业学校治理建设的时候首先要理解两者的区别：一是目的不同，管理的目的是达成一定的目标，而治理的目的是同时满足多个主体的需求，并协调一致共同发展；二是职能不同，管理主要偏向于执行决策、遵照规划完成组织和协调任务，治理则主要关注制定决策、构建评价监督机制；三是制定与执行的基础

不同，管理在执行的时候主要依靠层级关系，并不依赖规则和制度，治理既依靠正式的法律规范，也依靠大家约定俗成的规则和制度；四是历史地位和作用不同，管理偏向于执行，关注具体的执行路径与实施办法，治理偏向于决策与监控，作用在于谋划方向和路线，规范规则与监控行为。

由此可见，相对于管理而言，现代治理的概念层级更高，管辖范围更广。治理不仅包含了普通的管理概念，还延伸了决策、责任划分与责任监控等理念。

职业学校从管理到现代治理的转变从内部来说就是要强调校长治理责任，以学校章程为引领，完善各项规章制度与管理体制，明确学校各部门的职责与责任，建立监控机制提升师生员工自我管理、自我改进、自我发展的能力。从外部来说就要求转变政府为主的办学模式，落实党委领导下的校长负责制或董事会领导下的校长负责制，引入企业，实行政府、企业、学校的多元办学体制，追求高质量发展和特色发展。

三、职业学校治理体系建设的必要性

（一）职业学校治理体系建设是推进国家治理体系建设的必然要求

党的十九届四中全会审议通过的《中共中央关于坚持和完善中国特色社会主义制度、推进国家治理体系和治理能力现代化若干重大问题的决定》，强调完善和发展中国特色社会主义制度，推进国家治理体系和治理能力现代化。职业教育和职业学校是中国工业化产业转型升级，实现新时代跨越发展的重要保障，因此顺应国家发展需要，构建国家层面的治理体系，构建职业学校现代治理体系，提高职业学校的治理能力和治理水平，促进职业学校更好地履行人才培养任务，是推进国家治理体系建设，深化职业教育改革的必然要求。

（二）职业教育改革实施新阶段是职业学校治理体系建设的新背景

中国职业教育经过多年发展，在办学规模上已基本达到要求，但在办学质量上，无论是办学实力、办学声誉还是社会认可度，与普通学校相比都有明显差距。2019年1月，国务院印发了《国家职业教育改革实施方案》，开启了中国职业教育改革的新阶段，提出了要深化职业学校办学机制改革和育人机制改革，将重点从规模建设转为质量建设。推进职业学校的质量建设，完善职业学校现代治理体系建设是一个重要方面，必须加以重视。

（三）职业学校现代治理体系建设是解决职业学校目前存在问题的必然选择

经过20多年的高速发展，中国职业教育和职业学校在取得诸多成绩的同时，也存在着为数不少的问题，根据国务院印发的《国家职业教育改革实施方案》的总结，职业学校体系建设不够完善、职业技能实训基地建设有待加强、制度标准不够健全、企业参与办学的动力不足、有利于技术技能人才成长的配套政策尚待完善、办学和人才培养质量水平参差不齐等问题比较突出。要解决以上问题，开展职业学校现代治理体系建设，提升职业学校管理能力与教育教学质量是必然选择。

四、职业学校治理体系建设的重点任务

（一）坚持党委领导下的校长负责制，发挥学校领导在职业学校治理中的重要作用

党委领导下的校长负责制，是中国共产党对职业学校领导的根本制度，是职业学校坚持社会主义办学方向的重要保证。作为国家职业教育的一部分，职业学校建立现代治理体系的一大目的就是培养社会主义接班人，因此坚持党的领导是职业学校落实立德树人根本任务，培育和践行社会主义核心价值观，有效发挥基层党组织和党委重要作用的本质要求。

坚持党委领导下的校长负责制，同时也是充分发挥学校领导的主导作用，带领师生员工推进卓越绩效管理模式，制定学校使命、愿景和价值观,开展质量文化建设和制定学校规划的客观要求。职业学校必须坚持党委领导下的校长负责制,并以此为依据做好学校章程的制定和规章制度的修订工作,不断提升学校治理水平。

(二) 坚持构建多元化办学格局

《国家职业教育改革实施方案》要求,健全多元化办学格局,推动企业深度参与协同育人,扶持鼓励企业和社会力量参与举办各类职业教育。其中产教融合、校企合作是职业学校多元化办学的重要途径,校企合作"八个共同"是其重要表现形式。此外,学校与各级政府部门、学校与行业指导委员会、学校与科研院所等合作是多元化办学途径的重要发展方向。职业学校的多元化办学格局,有利于引进整合企业和社会办学资源,吸收企业优秀的生产管理经验,缩短学生适应社会和岗位的时间,为职业学校提供更广阔的发展空间。同时在开展职业学校治理体系建设的过程中,也应当允许企业、行业协会等合作方参与学校治理,探索职业学校多元办学、多元治理的新格局。

(三) 重视学校章程与各项规章制度的修订

学校章程是学校内部的宪制性文件,是由学校根据国家或地方政府的教育法律法规,按照一定的程序制定的有关学校性质和基本权利的并且具有一定法律效力的治校总纲领。对于职业学校的现代治理体系建设来说,学校章程就是学校治理的根本依据,具有十分突出的重要地位。学校各项规章制度受学校章程的约束,围绕章程所赋予的权利而制定,包括涉及决策的领导制度、教职工代表大会和学生代表大会制度、工会制度、学术委员会制度,还有教育教学、学生管理、科研管理、社会服务等重点工作部门的制度。职业学校要根据社会环境的变化和学校发展的阶段性特点主动地对学校章程与各项规章制度进行及时的修订,逐步完善各项制度的责权利关系,健全监督检查体系,为学校现代治理体系建设提供坚实的制度保障。

(四) 建设有特色的学校治理体系

每个学校都有不同的办学环境与办学特色。职业学校应该根据自身实际来制定学校使命、愿景、价值观，开展有自身特色的质量文化建设和制定学校规划，在制定章程和各项规章制度的时候也会带有学校的办学特色。因此，在开展学校治理体系建设的时候，不应该照本宣科全盘移植其他学校的模式，而是要根据自身的办学实际、办学经验与办学理念来建设有自身特色的学校治理体系。

五、职业学校治理体系建设过程中要解决的主要问题

(一) 职业教育治理理念与企业治理理念融合的问题

职业学校是职业教育的重要组成部分，从学校角度职业学校理应遵循职业教育治理体系建设和职业教育治理理念的要求，形成职业学校治理体系，认真履行学校基本职能，提高人才培养质量，服务社会经济发展。此外，职业教育又要求健全多元化办学格局，扶持鼓励企业和社会力量参与举办各类职业教育，包括成立混合所有制的二级学院等，本质上就是构建比传统的产教融合、校企合作还要紧密的职业学校与企业联合体。在这种体制下职业学校不仅具有职业教育的特性，需要遵循职业教育治理理念，同时还具有企业特性，受到企业治理理念的影响。因此，职业学校在开展治理体系建设的时候，学校领导必须处理好职业教育治理理念与企业治理理念进行有机融合的问题，要尽可能地减少理念的冲突，尽可能地让双方达成一个动态平衡，对治理体系建设起到重要的推动作用。

(二) 学校党委、校长和社会参与方的权责问题

目前，我国公办职业学校一般实行党委领导下的校长负责制，具体为党委领导路线方针，校长负责具体事务。如果是民办职业学校一般实行董事会领导下的校长负责制，具体为董事会领导路线方针，党委确保路线正确，校长负责具体事务。可以看到即使是公办职业学校也会存在

党委与校长角色权责分工的问题，民办职业学校则出现董事会、党委、校长三者责权问题。如果是公办职业学校引入社会力量办学更会出现党委、校长和社会力量参与方的责权问题。

对于公办职业学校而言，必须坚持和完善党委领导下的校长负责制，其具体责权表现为党委负责党的建设、学校发展规划、政治思想工作、意识形态、校园文化建设、干部选拔任用等，校长则负责教学、教科研、人力资源、国际交流、后勤管理等具体的行政工作。党委和校长的工作可以通过党政联席会进一步协调。

对于民办职业学校而言，董事会领导下的校长负责制具体表现为党委负责党的建设、政治思想工作、意识形态、校园文化建设，董事会负责学校发展规划、干部选拔任用、人力资源管理、财务管理等，校长则负责教学、教科研、国际交流、后勤管理等具体的行政工作。可以很明显地看出，民办职业学校董事会掌管了规划、人事及财政等学校关键职权，校长的职权几乎未降低。这就要求董事会、党委和校长三者之间要形成新的治理结构。目前探索的主要有董事会、党委和学校领导互相任职的机制，要求学校党委书记和校长必须进入董事会交叉任职，提升三个领导主体的协调组织能力。

对公办职业学校引入社会力量办学而言，目前的重点和难点是社会力量参与办学者的责权利如何确定，在治理体系上如何体现社会力量参与办学者的地位、作用以及话语权，如何建立有效的领导沟通运行机制，现在已经有部分职业学校开展了一定程度的改革与探索，比如设置监事会，或者将社会力量参与办学者视为董事会的成员，以此来确定和规范三个领导主体的关系。

（三）政府领导与学校自主办学的协调问题

目前，我国职业教育管理针对公办和民办职业学校呈现出明显的两极化倾向。对公办职业学校来说，上级教育管理部门在办学方向、关键岗位人事任命、招生计划、专业设置等重要事务上仍然具有非常大的指挥权。学校自主办学的选择范围受到明显制约。另一方面，公办职业学校又非常依赖政府给予的种种利益和特权，如大量的行政拨款、生均经费拨款、招生就业的优先权、社会资源的优先使用权等。造成公办高职学校对政府有明显的依附性，对社会化办学力量的引入有天然的畏惧和抗拒，因此，如何推进公办职业学校去行政化，完善党委领导下的校长负责制，提升学校自主办学能力和市场竞争力，协调政府领导与学校自主办学的关系是职业学校现代治理体系建设需要解决的一大问题。

对民办职业学校来说，事情则恰恰相反。上级教育管理部门与政府对民办职业学校关注过少，对其发展的指导以及办学监管也不足，资金和资源投入更是远远不及公办学校。这造成民办职业学校广泛出现生存危机，反而使其更适宜市场化竞争，也更欢迎社会其他办学力量的加入。

因此，要贯彻落实《国家职业教育改革实施方案》多元化办学，培养更多适应社会需求的复合型技能人才的要求，推进职业学校治理体系建设，一是必须处理好政府领导与学校自主办学的协调问题，二是要处理好民办职业学校与公办职业学校资源投入以及外部监管的问题。

六、职业学校开展治理体系建设的路径

（一）职业学校内部治理体系建设

职业学校内部治理体系建设应以党委领导下的校长负责制（董事会领导下的校长负责制）为核心，建立健全理事会（监事会）监督指导机制。党委是学校办学路线的领导核心，要严格贯彻落实党的教育方针政策，确保职业学校办学的社会主义方向。学校校长和学校其他领导要规划学校发展，把握学校内外环境的发展趋势，协调学校内外各主体的发展关系，维护学校利益，同时与学校党委共同参与学校人事晋升与干部遴选。学校党委、校长和企业等社会参与方共同组成治理主体，治理主体围绕学校中心工作，根据学校内部分工设置职能部门及工作岗位，负责处理专业事务。学校校长治理体系的核心，要积极整合内部各部门

的力量，切实提升职业学校的治理能力。

(二) 职业学校外部治理体系建设

职业学校外部治理体系建设需要政府转变工作职能，强化职业学校、社会参与方和企业合作方对学校治理的参与权与决策权，真正实现多元化办学。在治理主体上，有机融合职业学校和企业的治理经验和治理能力，深化校企共同治理水平，在治理机构上，可探索成立理事会和监事会；在具体实施治理上，职业学校与社会参与方和企业要继续深化校企合作、产教融合的合作模式，围绕"八个共同"，从各方面参与到学校治理体系中，促进职业学校提升治理能力。

第三节 社会责任

近年来，随着职业教育发展进入新的历史阶段，职业学校的社会责任问题越来越多地受到社会各界的关注。职业学校作为社会组织的一个重要组成部分，必然要承担一定的社会责任。明确职业学校应承担的社会责任，探索职业学校承担社会责任的方式方法，有利于进一步提升职业学校培养人才和服务社会的能力，是职业学校领导引入卓越绩效管理模式，全面开展质量管理的基础支撑。

一、职业学校社会责任的概念与内涵

社会责任是指一个组织对社会应负的责任。职业学校本身是学校的一种类型，其中高等职业学校又是高校的其中一个类型，因此职业学校社会责任的概念，既包含了学校的社会责任，也包含了高校的社会责任，同时又体现出职业这个不同于其他学校类型的社会责任特征。

(一) 学校的社会责任

学校的社会责任，最主要的就是要做好学生的培养，从根本上来说就是"立德树人，培养社会主义建设者和接班人，培养一代又一代拥护

中国共产党领导和我国社会主义制度、立志为中国特色社会主义奋斗终身的有用人才"。习近平总书记的这个论断揭示了学校人才培养这个最大社会责任的内涵。学校也是一个社会组织，公办学校还是国家事业单位的组成部分，学校除承担人才培养责任外，还应对社会做出其他贡献，包括维护社会稳定、开展人文社会科学和基础科学研究、为国家治理提供咨询与智库服务、为研究和解决社会问题提供方案、开展社会服务、文化传承与创新、促进对外开放与交流等。

（二）高等学校的社会责任

习近平总书记指出："大学是立德树人、培养人才的地方，是青年人学习知识、增长才干、放飞梦想的地方。"高等学校肩负着人才培养、科学研究、社会服务、文化传承创新和国际交流合作的重要职能。高等学校是学校"培养人"、为社会供给人力资源的最后也是最重要的一道关卡，因此高等学校最重要的职能和最大的社会责任就是做好人才培养。

换言之，人才培养是高等学校作为一个组织对社会应负有的最重要的责任。"科学技术是人类社会的第一生产力。"高等学校开展科学研究，不仅是为校内人才培养服务，更重要的是通过科学研究成果转化，为全社会的经济发展服务，同时这也是高等学校社会责任的一大方面。社会服务更是高等学校社会责任的直接体现，其内涵集中体现为"四个服务"，即习近平总书记所强调的"为人民服务，为中国共产党治国理政服务，为巩固和发展中国特色社会主义制度服务，为改革开放和社会主义现代化建设服务。"高等学校是文化传承和文化创新的重要阵地，文化传承创新既是高等学校的重要职能，也是高等学校通过对中华优秀传统文化、革命文化、社会主义新文化等传承与创新，促进社会和谐稳定，建设社会主义精神文明的社会责任。当今社会是开放的社会，"一带一路"倡议与人类命运共同体理念的提出，表明中国正日益回到世界舞台的中心。实现中华民族伟大复兴，中国社会各界必定要加强国际交流合作，高等学校新增国际交流合作的重要职能正是顺应了这一社会需要。

(三) 职业学校的社会责任

职业学校是国家教育的重要类型和重要组成部分，在应当担负学校的所有社会责任的同时，职业学校凭借"职业"这个办学特点也需要承担自身特有的社会责任。职业学校培养的是以技术技能为主的应用型人才，承担着为社会输送行业一线的技能型和应用型毕业生的任务，在人才培养上，强调理论知识与实践操作相结合，知识学习与技能学习相结合，着重培养学生一线工作能力，包括团队合作、表达沟通、创新创造等能力，为中国工程师培养做出了重要贡献；在科学研究上，偏向于应用科学方面的研究，为社会研发工业生产的新产品、新材料和新工艺，改进制造流程，突出实践应用；在社会服务上，职业学校突出技术技能的优势，为社会提供各种类型的职业技术技能学习与培训，提高产业和企业员工的技术技能水平；在文化传承和创新上，职业学校偏向传承民间传统文化中的技术技能部分，以及传承宣传工业文化，在技术和工艺上做出创新；在国际交流合作上，职业学校承担着为走出去的企业开展培训，以及培养引进来的外国留学生的技术技能的任务；在国际上，宣传中国工业文明，为产业全球化服务。

二、职业学校社会责任的具体内容

从职业学校的社会职能看，职业学校社会责任的内容包括人才培养、科学研究、社会服务、文化传承创新和国际交流合作。从职业学校的服务对象上看，可以认为职业学校社会责任内容是职业学校对学生的责任、职业学校对教职工的责任、职业学校对政府的责任、职业学校对企业的责任、职业学校所在地社区的责任以及职业学校对市民的责任。

一般而言，职业学校社会责任的具体内容还是要以人才培养、科学研究、社会服务、文化传承创新和国际交流合作等五大职能为基础。一方面，这五大职能分别是学校教学、科研、社会服务、文化传承和交流功能的总结和凝练；另一方面，职业学校也要在这五大职能的基础上，凸显出职业、技术和应用等方面的特色，其最终的内容也有别于普通学校。

（一）人才培养责任

为社会经济发展培养高素质的应用型技术技能人才，是职业学校最大的社会责任，同时也是其他四大社会责任存在的基础。科学研究是在人才培养中的科学研究，其主体是广大教职工和学生，没有高质量的人才培养自然谈不上履行科学研究责任。学校培养高素质的毕业生进入社会本身就是最大的社会服务行为。学校师生员工为社会提供技术技能培训、公益服务、志愿服务等都取决于职业学校办学实力与人才培养质量。文化传承创新的基础在师生员工，高水平教师引领和高素质学生学习是职业学校开展文化传承创新的基本条件。在国际交流合作上，无论是走出去服务在国外的中资企业，还是引进来招收国际留学生，本质上都要以学校人才培养质量和办学水平作为基本衡量。

（二）科学研究责任

职业学校的科学研究遵循"产学研"结合的要求，结合校企合作、产教融合的人才培养模式，可以看到职业学校的科学研究更多的是以实际生产为目标的应用型为主，将企业生产的实际问题、学生学习实践和技术改进及技术研发三者相结合，专注于实际问题的解决和技术研发推广。新时代的"产学研"融合还要求职业学校要与企业共同建设技术研发中心、共同开展与生产相关的技术横向课题研究、共同开展新技术新方法的研发和技术推广，充分发挥职业学校服务企业技术研发的功能。职业学校要完善教科研管理体制机制，创新校企合作开展科学探究的方式方法，加强科研廉洁监督，调动广大师生员工开展科学研究的工作积极性，为企业和社会做出更大的贡献。

（三）社会服务责任

严格来说，职业学校的社会服务责任有两层含义：一是指学校师生员工为社会大众提供服务的责任,另一个是职业学校提升人才培养质量,提升学生为社会服务能力的责任。后一种类型的责任前面已有论述这里不再赘述。

学校师生员工为社会大众提供服务的责任一大重点就是为企业提供服务。除此之外,职业学校还有立足于地方,开展科研成果转化,服务工农业技术更新与技术应用,承担地方产业转型和现代产业体系建设的责任。职业学校要主动对接地方发展规划,关注地方经济产业发展,以此作为学校开设专业、开展专业群建设的依据,要开设技术技能学习培训基地,服务地方产业链。

同时,职业学校还承担着全民教育、职业教育推广等责任,如近年来每年都举办的"职业教育活动周"活动,要求各职业学校开放校内外实验实训基地,邀请广大市民进学校体验职业教育,接受技术技能培训。职业教育还承担着为退役军人、农民工、下岗工人和新型职业农民等"四类人员"开展学历及非学历教育的责任,对提升国民素质、稳定社会秩序起到重要作用。

(四) 文化传承与创新责任

职业学校的文化传承与创新责任同样含有两层内容。一是职业学校本身学校文化的传承与创新,另一个是对中华传统文化等社会文化的传承与创新。

职业学校的校园文化作为有自己独特特征的文化,本身就是在学校不断的发展中凝练而来的,也在不断的发展中代代传承,是与学校发展史并行的精神财富。在学校文化发展传承的过程中,不断融入新的文化内容,创新学校文化的内涵、载体和层次,是职业学校文化传承与创新的责任。

此外,对中华传统文化等社会文化的传承与创新也是职业学校的一大责任。对于传承中华传统文化,职业学校主要通过技术手段对文化载体进行技术支撑。在传承传统的同时,创新推动工业文化、质量文化等先进文化在社会的传播，促进社会责任文化的形成。

（五）国际交流合作责任

长期以来，高校的社会责任一般都归结为以上四种，近年来国际交流合作责任随着经济全球化发展以及中国"一带一路"倡议、中华民族伟大复兴事业而出现，并越来越重要。由于长期以来职业学校都不曾承担国际交流合作的职能和责任，所以当前国际交流合作责任是广大职业学校的一大短板。国际交流合作责任要求职业学校一方面要服务于走出去到国外开设工厂的中资企业，为中国制造走向世界保驾护航；另一方面要引进来，招收和培养国外留学生，让中国的文化优势、制度优势能随着留学生走向全世界。

三、职业学校社会责任的履行路径

（一）加强学生培养质量

由上文可以看出，职业学校的人才培养、校内科学研究、校内社会服务、学校文化传承与创新本质上都是通过强化学生人才培养质量来实现，校外社会服务、社会文化传承与创新、国际交流合作也都和学校学生人才培养有着莫大的关系。因此，要想让职业学校更好地履行社会责任，加强学生培养质量是第一要务。

职业学校对学生的培养，首先是培养学生如何做人。立德树人是学校人才培养的根本任务，培养社会主义建设者和接班人是人才培养的根本目的。其次要培养学生理论学习与实践操作相结合的学习方式，不断提升学生技术技能水平，这是职业学校学生培养的重要方面。此外，除了知识和技能的教育，还要强化学生工作相关能力的培养，如团队协作能力、沟通交流能力、理解执行能力、创新能力等。在思想上锻炼学生的抗压抗打击能力，培养学生吃苦耐劳、勤奋务实的品格，特别要加强对学生责任意识的塑造，培养学生良好的社会责任感，包括家庭责任感和社会集体责任感，对学生的责任教育也是职业学校履行社会责任的重要组成部分。

（二）建设优秀的教师队伍

要想加强学生培养质量，高质量的教师队伍是关键因素。作为人才培养的直接责任者，教师队伍水平的高低直接决定学校学生人才质量的高低。

职业学校要建设一支适应职业教育规律的、结构合理的高水平教师队伍。一是要重点关注教师队伍教育教学能力、教科研能力、技术技能水平、社会服务能力、文化传承与创新能力等关键能力的提高，提升学校履行社会责任的能力。二是要建立和完善教师培训制度，根据每位教师的客观情况和个人特点，完善教师培训计划，通过内部培养和外部送培等方式，不断加强教师尤其是新进教师的教育教学水平，提升教师队伍教育教学质量。三是要完善职称评聘制度，职称评聘直接关系到教师队伍的稳定与发展，完善合理的教师职称评聘制度可以给教师公平公正的价值导向，让教师主动地进行学习和提高，调动教师工作积极性。

（三）提升学校治理能力

除了教师队伍建设外，职业学校治理水平和治理能力也是制约人才培养质量的关键因素。要提升学校治理能力，首先就是要提升职业学校制度发展规划的能力。职业学校要对学校发展有清晰的认识，能够制定合理的学校发展目标和发展规划。在专业和专业群建设上，要体现出社会需求，将地区产业转型升级和地区产业链发展作为学校专业设置和专业调整的重要参考，从专业上匹配当地社会发展水平。同时在人才培养方案、课程建设、实习实训上针对地区社会经济发展要求进行调整。将学校发展规划融入地区社会经济发展规划中，做到专业课程提前谋划，确保学校人才培养始终能与当地社会经济需求相匹配，保证学校社会责任履行质量。

（四）深化校企合作与产教融合

校企合作与产教融合是职业学校深化教育教学改革，提升人才培养质量的重要原则和方法。职业学校探索多元化办学，吸引行业知名企业合作办学，校企共建产业学院或共建专业。与企业深度合作，推进高水平职业学校和高水平专业群建设，开展现代学徒制试点，探索构建校中企模式，让学生在学校里直接接触企业生产一线。

要加强与行业、企业以及社区的培训合作，为行业、企业和社区提供多样化的技术技能培训服务，提升职业教育在社会中的认可度。加强学校技能培训基地建设，提高职业学校服务社会培训的能力。

（五）打造学校责任文化

职业学校要努力打造责任文化，在学校内部和社会上推广，这是学校履行社会责任的重要方式。职业学校一是要倡导诚信教育，抵制学术不端等行为，在校内打造责任文化，形成诚信负责的文化氛围，这不仅要求教师队伍要对学生人才培养负起责任，同时也是对学生开展责任文化教育，让学生自觉地形成诚信负责的价值观，积极抵制不诚信不负责任的行为，勇于承担社会责任。

职业学校自身也要践行责任文化，积极投身地方社会公益活动，如无偿献血、学雷锋、志愿者、义务演出、公益宣传等活动，同时也要关注校园周边环境发展，主动与相关部门开展校园周边安全和周边环境整治工作，在社会上形成主动、积极承担社会责任的文化氛围。

（六）开展国际化建设

职业学校开展国际化建设首先要有国际化办学的意识，树立国际化办学的理念。其次要完善国际化办学所需的软硬件建设，包括留学生宿舍、专门负责留学生教育教学服务的教学团队和管理团队、国际化发展的相关制度规范、国际留学生的招生渠道建设、国外教材和课程的引进、国际化人才培养方案的制定等内容。在服务中资企业方面，职业学校要建设好服务团队，做好与企业的对接，调集学校教师及教学资源开展服务。

第四章 关注学生和利益相关方

第一节 聚焦学生

学生驱动是职业学校卓越绩效管理的核心理念之一,它要求职业学校了解、分辨和识别学生的类型,根据学校教育教学的需求,结合社会对毕业生的要求,坚持立德树人的教育理念,开展"全员、全过程、全方位"三全育人。要建立与学生保持顺畅沟通的渠道,重视学生权益保护,不断地改进教育教学方式方法,提高教育教学质量,进而提高教育教学绩效,提高学生对学校的好感度和忠诚度。

一、职业学校学生的概念与特点

学生的概念从广义上可以指一切正在学校、培训机构或其他任何地方学习受教育的人;从狭义上说学生一般指在学校或培训机构受教育的人,其中学校学生根据不同阶段可以分为幼儿园学生、小学生、中学生(初中生、高中生、中等职业学校学生)、高等院校学生,其中高等院校学生又可以分为普通高等专科学校学生、高等职业学校学生、普通高等学校本科生、硕士研究生、博士研究生等。职业学校学生是指在职业学校受教育的人,一般包括中等职业学校学生和高等职业学校学生。

职业学校学生的突出特点主要有五个方面:一是学生文化考试成绩普遍较低,学生质量差别很大,并且对学生的学习能力缺乏统一的评判标准;二是文化基础普遍不牢,对传统的文化课教学不适应,学习动力不足,学习效率较差,但是对动手操作的实训型课程接受度比较高,更有学习动力;三是学习目标不明,对自身的学习需求没有清晰的认识,缺乏主动学习的意愿,没有职业生涯的长远规划,也不习惯于制订学习计划;四是自信心普遍不足,对自己和学校的评价以及期待都不高,心理素质较差,意志力和抗压能力不强;五是独立自主能力和合作能力普遍不高,因为素质和心理承受能力都偏弱,学生对学校和老师有较强的依赖心理,独立性和团队合作能力都比较差,在实习和就业上表现出相当程度的不适应。

从上面的总结来看,文化基础和综合素质弱,心理素质不强,学习能力和学校效率差是目前职业学校学生的特点和普遍问题。但是这些特点和问题从本质上来说是中学后进生的特点和问题,并不是由职业教育和职业学校产生的。究其根源,就是教育资源分配不均和学生生源分配不公平的问题。在教育资源分配上,无论是中等职业学校还是高等职业学校,从政府财政上获得的资源都远远不如普通教育。资源分配不均导致职业学校无法获得更优秀的师资、更多的科研经费和更好的教学仪器设备,办学实力自然无法与普通学校相比。在学生生源分配上,虽然近年来国家开展了职业教育本科试点,出现了一批职业本科院校,但是从数量上看绝大多数高等职业学校还是专科,在招生顺序上始终要排在普通教育本科之后,在学习能力强,心理素质好的优秀生源基本被普通学校招完后才轮到职业学校招生,其生源必然含有大量的中学后进生。同时,目前国家正在实行高等职业学校扩招,要求将退役军人、农民工、下岗工人和新型职业农民四类人员也纳入招生计划,再加上已有的中高职学生衔接机制,职业学校学生来源更加复杂,教育教学压力进一步提高。因此,了解职业学校学生特点以及理解其产生的原因,可以更好地帮助职业学校对学生进行分类,分析各类学生的需求并加以满足。

二、职业学校学生的分类

多元智能理论认为,智能是解决某一问题或创造某种产品的能力,而这一问题或这种产品在某一特定文化或特定环境中是被认为有价值的。智能是多元的,每个人身上至少存在八项智能,即语言智能、数理逻辑智能、音乐智能、空间智能、身体运动智能、人际交往智能、自我认识智能和认识自然的智能。每一个人都是具有多种智能组合的个体,具有某种很高智能水平的人不一定具有相同程度的其他智能。

根据多元智能理论可知,职业学校学生每个人的类型都是不一样的,学校性质、学生来源、学生擅长的能力、学生学习阶段的不同都会对学生的类型产生影响,因而不同学生的需求也是不一样的,在探讨职业学校学生需求之前了解职业学校学生分类情况,有针对性地满足不同类型学生对教育教学的需要。

职业学校学生有不同的分类方式:一是根据学校级别和性质划分,可以分为中等职业学校学生和高等职业学校学生。其中又可以分成民办中等职业学校学生、公办中等职业学校学生、技工学校学生、公私混合中等职业学校学生、民办高等职业学校学生和公办高等职业学校学生。二是根据学生来源划分。通常中等职业学校学生来源较为单一,绝大部分为普通初级中学毕业生,极少数为社会人员。高等职业学校学生来源非常复杂,传统来源主要是普通高中毕业生以及中高职衔接的学生。近年来还出现了高等职业学校单独招生以及社会人员注册评价入学等方式。2019年,为响应国家高等职业学校两年内扩招200万人的号召,退役军人、农民工、下岗工人和新型职业农民等"四类人员"也被纳入高等职业学校招生范围。三是根据学生智能组合类型,可以划分为音乐智能、数理逻辑智能偏重的逻辑理论型学生,语言智能、人际交往智能、自我认识智能偏重的沟通协调型学生,空间智能、身体运动智能、自我认识智能偏重的技术技能型学生等类型。

三、职业学校学生的需求及其满足

(一)职业学校学生的共通需求与满足

职业学校学生作为社会的一分子,其需求具有共通性,也就是都具有人的一般需求。根据马斯洛需求层次理论，人的需求根据层次来划分，可分为生理需求、安全需求、社交需求、尊重需求和自我实现需求。实现这些需求恰恰要求人的多智能发展。

1. 生理需求。

生理需求也称为生存需求，是指为了维持生存而必需的各种物质或者非物质条件，如食物、水分、空气、睡眠、性的需求等。生理需求是人的需求中最基础也最重要的需求，其余需求的满足都要在满足生理需求的基础上才能达成。对于职业学校学生来说，学习最基础也最重要的一点就是获得社会生存的手段，最直接的表述就是为了毕业后能找到获取更多生存资源的方式，这种方式的实现大部分是通过找到一份好工作，也可以通过自己创业，但前提必须是学到谋生的本领。因此，对于职业学校来说，满足学生生存的需求，本质上就要求学校不断提高教育教学水平和人才培养质量，提高学生获取生存资料的能力，为学生发展提供坚实基础。

2. 安全需求。

安全需求主要指人需要稳定、安全的环境，受到保护，有秩序，能免除恐惧和焦虑等。这里的安全不仅仅是指身体的安全，更重要的是环境的安全以及人的内心感到安全。对于职业学校学生来说，安全需求不仅局限于人身安全，更需要构建一个能够安全发展的环境，如有能力找到一份稳定的工作，能够购买各种社会保险，购置房产，有稳定发展环境，这些都属于安全需求的范围。对于职业学校来说，满足学生安全需求，除了加强学校安全保卫，防止出现校园安全事件外，更重要的就是培育学生获取安全环境的能力，包括知识与技术技能的培养、社会风险的识别与规避能力的培养、身体健康与心理健康教育等。

3. 社交需求。

社交需求就是需要进行社会交往，一般是一个人要求与其他人建立感情的联系或关系。这种关系可以是朋友、同事的关系，也可以是恋人、爱人的关系。对于职业学校学生来说，语言智能和社会交往智能水平因为客观原因往往并不突出，其社交需求比起普通学校学生来说更不容易得到满足。社会交往能力的欠缺也是职业学校学生毕业后无法适应社会竞争的一个重要原因。因此，职业学校要在教育教学中重视对学生社会交往能力和语言表达能力的培养，通过设置相关课程和开展交际活动，充分锻炼学生语言表达能力，提高学生社会交往能力，使学生社交需求更容易得到满足。

4. 尊重需求。

尊重需求是指对自己自信，保持自尊以及渴望自己或自己的学习工作得到承认和尊重的需求。职业学校学生由于长期素质能力欠缺，自信心和自尊心都受到很大打击，因此就特别需要别人的承认和尊重。职业学校老师应该充分理解学生的客观能力缺陷，了解学生对尊重和承认的需求，在教育教学中以表扬激励为主，尽量减少否定与批评。在管理上推行人性化和质量管理，在管理目的、管理过程和管理人员上都要体现尊重学生的思想。让学生在学校感觉到自己获得了尊重，自己的学习成绩得到了别人的承认。同时，职业学校也要教育学生学会尊重和承认别人，要让学生明白尊重他人就是尊重自己。

5. 自我实现需求。

自我实现需求是指人们追求实现自己的能力或者潜能，并使之完善化。自我实现需求是马斯洛需求理论中的最高层次，代表人在某一领域的最高目的与最终需求。职业学校学生追求自我实现与自我认识智能有直接关系，要达到自我实现首先要求认识自己真正追求的是什么。对于学生来说，在校期间意识到自己自我实现是什么是比较困难的。职业学校要对学生进行适当的引导，让学生明白认识自我实现的需求要与国家前途、民族命运联系起来，要主动地在国家民族的框架下寻找自我实现的途径。

（二）职业学校学生的不同需求与满足

职业学校学生除了有马斯洛需求层次理论所指出的五个共通需求

外，根据学生分类的情况还存在着各自不同的需求。职业学校要根据学生的不同需求有针对性地制订和调整教学计划，完善教育教学资源供给，满足学生各种不同类型的需求。

1. 根据学校级别和性质划分为中等职业学校学生、技工学校学生和高等职业学校学生。

中等职业学校是培养与我国社会主义现代化建设要求相适应，德、智、体、美全面发展，具有综合职业能力，在生产、服务一线工作的高素质劳动者和技能型人才的学校；技工学校是为适应工业发展需要而培养合格中级技术工人的学校；高等职业学校是培养面向生产、建设、管理、服务第一线需要的下得去、留得住、用得上、实践能力强、具有良好职业道德的高技能人才的学校。不同类型的职业学校的人才培养目标都是结合学生需求和社会需求而制定的，职业学校要继续完善各专业人才培养方案，充分听取学生意见，满足学生对更高质量职业教育的需求。

2. 根据学生来源划分为经过中考和高考的初中、高中毕业生，中高职衔接学生、单独招生的学生，退役军人、农民工、下岗工人和新型职业农民等"四类人员"以及社会学生。

经过中考和高考的初中、高中毕业生以及单独招生的学生属于经过考试入学的学生，在数量上是职业学校学生的主要来源，占在校生数量的大部分。经过考试入学的学生经过了较为系统的学习和统一标准的考试，其素质能力有可参考的指标，其对教育教学的需求也比较正常，一般没有特殊的需求，职业学校只需要完善人才培养方案，提高教育教学水平就可以满足他们的要求。

中高职衔接的学生一般没有经过统一标准的考试，而是由中等职业学校直接升入高等职业学校。虽然没有经过统一标准的考试，但是也经过了职业学校的系统学习，所以其对新环境适应能力比其他类型的学生更强，能很快地融入新学校环境。由于是直接升入高等职业学校，这类学生容易把中等职业学校的不良习惯也带入高等职业学校，同时因为没有经过考核的考验，学习的压力和紧迫性进一步降低，学习主动性和学习效率较差。职业学校要理解中高职衔接学生的特点，完善人才培养方案，突出高等职业学校与中等职业学校的不同之处，提高学生的学习兴趣和主动性。

在退役军人、农民工、下岗工人和新型职业农民等"四类人员"中，退役军人年龄相对较小，工作和家庭负担不重，少部分学生可以做到全日制上课，大部分还是以线上学习、集中培训考试的方式为主。退役军人绝大部分都有固定的工作，对自我需求有清晰的认识，但是他们缺少系统的学习和专业的技术技能培养，因此在职业生涯发展上会遇到瓶颈。因此，职业学校应考虑退役军人的现实需要，灵活地安排上课时间，探索网络直播等线上教育渠道，利用集中培训考试系统性地强化他们的理论学习和实践操作，帮助他们更好地实现自身需求，同时这也是响应国家扩招号召，促使他们更好地为社会服务。

下岗职工、农民工、新型职业农民这三种类型的学生年龄相对较大，绝大部分不能全日制在校上课，需要采取更灵活的方式授课。这类学生社会成分复杂、社会经历丰富、家庭压力较大，因此对技术技能型课程以及技术技能资格证需求更为强烈，对文化知识教育兴趣不是很高。职业学校要针对这类学生的特点制定更人性化、更合理的教育教学时间安排，同时更要重视对学生的就业指导，让他们提升技术技能水平，找到更好的工作。

3. 根据学生智能组合类型来划分的音乐智能、数理逻辑智能偏重的逻辑理论型学生，语言智能、人际交往智能、自我认识智能偏重的沟通协调型学生，空间智能、身体运动智能偏重的技术技能型学生。

音乐智能、数理逻辑智能偏重的逻辑理论型学生更能接受文化课理论学习的传统教育方式，他们头脑逻辑清晰，接受能力强，理论方面的课程成绩往往名列前茅，但是对于职业教育非常重要的技术技能实践能力较弱，沟通交流和团队合作能力不够强，从特点上看这种类型的学生更接近于普通学校的要求。对这种学生，职业学校要尽量引导他们，满足他们对专业的需求，可以建议他们选择理论知识比例更高，对技术技能要求没有那么严格的专业。更接近其智能特点的专业可以使他们的优势进一步发挥，有利于实现人才培养目标。选择合适的专业扬长避短一样也可以让这种类型的学生成长为符合社会需求的技术技能型人才。同时，这种类型的学生还可以选择通过"专升本"等渠道继续到本科层次的学校深造，由技术技能型转到普通学校的知识研究型，充分发挥他们智能的特点，取得更好的成绩。

语言智能、人际交往智能、自我认识智能偏重的沟通协调型学生无论是在学校的适应性还是在毕业后的社会适应性都很优秀。自我认知保证了他们有清晰的自身定位和准确的能力判断力，人际交往和语言智能使他们可以胜任各种管理和组织职位。这类学生的短板是在理论学习和技术技能学习上表现得都不够突出，在成绩上可能没有太大亮点，但是在职位上班团干都是他们可以胜任的职位。职业学校对这类学生的培养在专业上可以建议选择技术管理类的专业，如工程管理、施工管理、信息管理等，既含有技术技能类课程也含有管理类课程，可以充分发挥学生管理沟通协调的优势。这类学生在学科上以管理学和工学为主，在校期间可以担任班团干锻炼自己的工作适应力，毕业后可以尝试从事管理、传媒等岗位。这种类型的学生同样可以通过"专升本"到更高一级的本科院校深造，选择适合自己发展的管理类或传媒专业。

空间智能、身体运动智能、自我认识智能偏重的技术技能型学生是符合职业学校人才培养的最佳对象。他们的智能使他们更好地适应技术技能学习的要求，同时也可以具备不错的自我认知和团队合作能力，在技能比赛上具有很大的优势，也非常适合社会化大生产的需求。同时本人可以明确自身职业生涯规划，可以保证能够持续、稳定、深入地参与技术技能专业的学习和训练。这类学生如果能够持续地进行技术技能学习和培训，可以很轻松地在毕业的时候找到专业对口的好工作，同时在技能比赛和职业资格证书上获证的概率更高。职业学校对这类学生的培养一是要帮助他们选好自己的专业，要努力让他们提高动手实践能力，学好专业理论知识，培养他们的创新创业能力，使他们拥有良好的职业道德；二是给他们实现自我的机会，如选拔他们参加技能竞赛培训和比赛，组织他们参加相关技能证书的考试等；三是可以考虑给他们留校学习或者"专升本"等更高层次的学习进修机会。

四、职业学校学生权益的维护

(一) 职业学校学生权益的概念

职业学校学生权益就是取得学校学籍的在校学生能够按照自己的意志以作为或不作为的方式，以及要求他人相应做出或不做出一定行为的方式，实现一定利益的许可和保障。

职业学校学生除了拥有一般公民的所有权利外，还因为学生的身份而拥有其他特殊的权利。

(二) 职业学校学生权益的具体内容

1. 受教育权。

根据《中华人民共和国教育法》《普通高等学校学生管理规定》，职业学校学生的受教育权包括教育平等权、入学升学权、教育选择权、听课权、参加权、建议权、考试权、学位权、学历权、择业权和获得公正评价权等。

受教育权是国家宪法赋予公民的一项基本权利，也是包括学生在内的全体公民享受教育的前提和基础。

2. 使用教学资源权。

《中华人民共和国教育法》第42条规定，学生享有"参加教育教学计划安排的各种活动，使用教育教学设施、设备、图书馆资料"的权利。学生使用教学资源权不仅通过学生直接使用教学资源来体现，也可以通过教师使用教学资源教育学生来体现。

3. 知情权。

《中华人民共和国教育法》规定，学校应当"以适当方式为受教育者及其监护人了解受教育者的学业成绩及其他有关情况提供便利"。知情权是指职业学校学生有权了解学校的战略规划、规章制度、师资水平、教育教学水平和学校办学基本情况等信息。职业学校应当主动公布这些信息,学生也有权要求学校公布这些信息。知情权是职业学校和学生建立互信的基石。

4. 监督权。

职业学校学生有监督学校办学是否合法合规、收费是否合理合规、教师教育教学质量是否符合要求、学校教育教学是否按照规定运行等权利。

5. 参与权。

职业学校学生的参与权主要是指民主管理的参与权。学生作为职业学校的重要组成部分,拥有与学校管理层以及教职工一样的民主管理学校的权利。尤其是与学生其他权利相关的事项,职业学校应该充分保障学生参与讨论、参与决策的权利。

6. 申诉权、起诉权。

职业学校学生的申诉权是学生针对自己受到的处分或者认为自己的合法权益受到侵害时,向学校内部以及学校上级部门提起申诉的权利,在申诉的时候学生同时拥有陈述权与申辩权。职业学校学生的起诉权是指学生认为自己的合法权益受到严重侵害,在申诉已经无法更改的情况下对学校或上级教育部门提起行政诉讼的权利。

7. 一般公民的其他权利。

除了学生特有的权利外,职业学校学生还拥有一般公民的其他权利,包括人身权、财产权、知识产权等。

(三)职业学校学生权益维护的渠道

1. 行政申诉。

申诉包括校内申诉和校外申诉,校外申诉也称为行政申诉。校内申诉是维护职业学校学生权益最普遍使用的,也是最重要的渠道。职业学校要建立健全学生校内申诉制度,一是要根据相关规定成立学生申诉处理委员会，委员会成员由学校领导、相关职能部门和二级学院（系部）负责人、教师代表和学生代表组成，负责受理和解决学生因为处分或利益受到侵害而提出的申诉。学生申诉处理委员会仍旧是学校内设机构的一部分，在管理和运作上受学校制约。如果学生认为学校学生申诉处理委员会不能公平处理自己的申诉，还可以向学校上级部门（教育厅或教育局）提起行政申诉。

2. 司法诉讼。

司法诉讼是指职业学校学生就特定的权益侵害行为向人民法院提起的行政、民事和刑事诉讼。

司法诉讼渠道是维护学生权益最强的也是最后的渠道，是解决权益侵害纠纷的最终解决方案。行政诉讼一般是学生针对学校对其毕业证、学位证及学籍管理方面权益的侵害提起的诉讼，如当年很有代表意义的英语四级证书与学位证挂钩引发的行政诉讼。民事诉讼主要是学生在人身权、财产权等权益受到侵害时提起的诉讼。刑事诉讼主要分为自诉和公诉，在学生诉讼中极为少见。

3. 法律援助。

法律援助是国家或政府通过法律援助中心给予经济困难或特殊案件的当事人予减、免收法律服务费用的法律帮助，以保障其合法权益得以实现的法律制度。职业学校学生是一个特殊群体，其合法权益受到侵害时理应申请法律援助；但是在实际运作中，学生大多是运用行政申诉等渠道维护权益的，极少涉及法律层面，法律援助就更为罕见。

五、职业学校学生满意度

（一）职业学校学生满意度的概念

从广义上来说，职业学校学生满意度应该包括以下四个层面。

1. 学校层面。

学校层面的满意度就是狭义上的学校学生满意度，它是指学生对职业学校的总体满意度，是集中反映学生对学校办学发展满意与否的评价维度。

2. 机构层面。

它是指学生对职业学校某个机构工作或者服务的满意程度。这个机构可以是二级学院等教学部门，也可以是教务处等职能部门。

3. 教学层面。

它是指学生对职业学校整体的教育教学或者某个教学单位在教学管理、教学组织等方面的满意度。其内容与评教评学有部分类似。

4. 教职工层面。

它是指学生对职业学校教职工工作业绩或者工作态度的满意度，对一线专任教师的满意度评价往往以学生评教的方式出现。

（二）职业学校学生满意度的意义

卓越绩效模式视学生驱动为核心理念之一，其根本就是要让学生对学校满意，因此学生满意度作为一个衡量学校办学质量和管理质量的指标有重要的意义。但是也要防止出现不顾教育的特殊实际，片面地将学生满意度等同于客户满意度的情况。学校和学生具有教与学的对立统一性，与企业与客户的关系并不完全一样，这就要求学校要正确看待学生满意度的指标，做到既重视学生，提高学生满意度，又要破除唯满意度论，将其视为反映学校办学质量的一个参考。

六、职业学校毕业生就业质量双反馈

2020 年至今，受到新冠疫情以及国际形势的影响，职业学校就业率日益成为社会关注的焦点。目前，职业学校就业率统计已经形成了学校统计、主管部门监督、第三方核查的良性机制，尤其是近年来引入的第三方核查确保了就业率统计的真实性和有效性。但是学校就业率并不等同于就业质量，只看就业率也无法完整反馈就业质量，因此职业学校要想通过对毕业生就业质量的统计来改进学校教育教学，促进学校办学绩效的提高，就必须建立健全毕业生质量双反馈机制。

（一）职业学校毕业生就业质量双反馈的内涵

简单来说，职业学校毕业生就业质量双反馈机制就是学校同时开展毕业生就业质量的反馈以及用人单位对学校毕业生就业质量的反馈。毕业生就业质量的反馈需要了解毕业生就业单位的信息、专业对口度、薪酬与福利情况以及学生对用人单位的评价；用人单位对学校毕业生就业质量的反馈需要了解用人单位对毕业生职业道德、专业素养、工作能力和工作态度的评价。毕业生和用人单位的双反馈机制可以使学校充分了解毕业生的就业质量，以及用人单位对毕业生的要求，为改进教育教学方法，确保培养出符合市场和企业需求的高质量毕业生提供了数据支持。

（二）职业学校毕业生就业质量双反馈机制的意义

1. 可以实现学校与用人单位在人才培养上的对接。

在以往的毕业生统计工作中，重点都放在毕业生就业率上，以毕业生就业率为第一要务，就业质量只是顺带统计，而且只统计毕业生对用人单位的评价。建立毕业生就业质量双反馈机制，可以使学校与用人单位之间对接，让学校了解用人单位对毕业生的要求，以此为依据调整专业和课程设置，使学校人才培养与社会需求同步。

2. 可以获得关于毕业生就业质量的可靠数据。

长期以来，社会、教育主管部门和学校都将关注重点放在了毕业生就业率上，为保证毕业生就业率的真实性设置了各类核查制度，但是对就业质量数据的统计核查主要还是依靠学校自身力量。对毕业生就业质量统计的不重视，也导致学生经常随意填报就业质量相关数据，用人单位对毕业生质量评价也没有形成统一的标准，有些职业学校甚至不做用人单位方面的统计。因此，建立职业学校毕业生就业质量双反馈机制，可以同时接收毕业生对用人单位的反馈以及用人单位对毕业生的反馈，可以使信息数据相互印证，提高毕业生就业质量数据的可靠性。

(三) 职业学校毕业生就业质量双反馈机制的构建

1. 职业学校要在思想上重视毕业生就业质量统计。

长期以来，社会、上级主管部门和学校重视毕业生就业率统计，忽视毕业生就业质量统计，这既是社会发展的客观要求，同时也是职业学校在规模发展阶段中的必然选择。但是随着近年来国家对职业教育和职业学校发展要求的改变，尤其是 2019 年《国务院关于印发国家职业教育改革实施方案的通知》中要求职业教育要由追求规模扩张向提高质量转变，职业学校也要随之从规模发展向质量发展转变。质量发展不只要求职业学校教育教学和行政管理要有质量，毕业生就业质量也是其中一个重要的考核指标。

2. 加强职业学校毕业生就业质量双反馈机制的制度以及机构建设。

一是职业学校要完善毕业生就业质量双反馈机制的机构建设。对学校来说，一般会设置就业处等类似的机构负责毕业生就业工作的相关信息统计，在以往重点关注就业率统计的情况下，职业学校就业部门由于有上级部门和第三方机构协助核查毕业生就业率，所以工作强度和工作压力并不是很大。但是要开展毕业生就业质量双反馈，就需要同时针对毕业生和就业单位开展就业质量统计，并且还要在经过分析后将分析结果和改进建议反馈给学校领导层，学校就业部门必须强化机构建设，增加工作人员，建立必要的数据库系统。二是毕业生就业质量双反馈机制不只是要求对毕业生就业质量的双统计，更是要求对就业质量结果的双反馈，即毕业生就业质量统计结果还需要就业部门向学校领导层反馈，学校各部门要依据就业质量反馈来指导教育教学的改进。因此这项工作就不是仅依靠学校就业部门就能独立完成的，还需要建立起学校关于毕业生就业质量反馈与整改的联络改进制度，各相关部门都要纳入这个制度之内，共同做好毕业生就业质量双反馈工作。

3. 探索开展职业学校毕业生就业质量双反馈统计的新方式和新

渠道。

职业学校传统上无论是开展毕业生就业率调查还是毕业生就业质量调查,都是以纸质调查问卷为主,成本高且效率低下,尤其是就业质量的数据无法电子化难以进行分析。职业学校可以充分利用学校信息化建设的成果,如建有校园大数据平台的,可以利用大数据的强大信息处理能力,对毕业生和就业单位开展电子化的信息收集,提供电子化的调查问卷,同时还可以快速分析毕业生就业质量反馈数据,形成改进教育教学质量等相关工作的意见和建议。还没有大数据中心等设备的职业学校还可以参照就业率统计方式,引入第三方调查机构开展毕业生就业质量调查。

第二节 关注利益相关方

合作共赢是职业学校导入卓越绩效管理的核心理念之一,它要求职业学校要关注学校利益相关方需求,形成系统的制度机制,与学校利益相关方建立合作共赢的关系,建立健全利益相关方双向沟通渠道和投诉处理机制,提高利益相关方对学校的满意度。

职业学校的利益相关方包括企业、人民政府、教育人社等相关部门以及合作学校、家长和行业协会等,其中企业是职业学校最大的也是最重要的利益相关方,人民政府和教育人社等相关部门是职业学校办学发展的重要利益相关方。职业学校与各利益相关方保持良好的合作关系,可以充分发挥合作各方的优势,形成优势互补,节约各方行动成本。同时也是学校获取办学资源、提升办学实力、优化办学环境、提升人才培养质量、获得卓越绩效的重要途径。

一、职业学校与企业的合作共赢

(一)校企合作的概念与内涵

校企合作首先应该是一种教育模式。一般认为校企合作是一种利用学校和行业、企业不同的教育资源和教育环境，以培养适合行业、企业需要的应用型人才为主要目的的教育模式。校企合作关注人才培养质量，关注学校理论学习与企业生产实践的融合，关注学校与企业在教育教学资源和信息上的共享。

经典的校企合作理念认为，校企合作包括学校和企业两大基础要素，学校是基础理论教学一方，企业是实践操作训练一方，双方互有联系又各有不同。经典的校企合作理念下学生的人才培养因为校企合作的存在而被分为两个组成部分，即学校理论知识的培养和企业实践操作的训练，两者是学生学习的不同阶段，校企合作中学校和企业也具有明显的边界。

随着职业教育的发展和校企合作实践的深入，人们逐渐发现经典的校企合作理念更接近于普通学校尤其是普通本科院校对校企合作的简单理解，与职业教育需求的校企合作模式有较大差距，于是学校和企业在新时代加强了校企合作的深度和广度，同时也赋予了校企合作新的内涵。这时候的校企合作理念认为，学校和企业应该围绕产教融合这个核心，以实现"八个共同"途径开展校企合作，即学校和企业共同制定培养标准、共同完善培养方案、共同构建课程体系、共同开发教材讲义、共同组建教学团队、共同建设实训基地、共同实施培养过程和共同评价培养质量。校企合作新的内涵意味着学校和企业不再是之前割裂的关系，而是围绕人才培养这个共同目标，从人才培养方案开始到人才培养质量评价全程开展合作，这无疑更能贴近职业教育和职业学校对校企合作的本质需求。

进入新时代，随着经济全球化与数字网络经济的迅猛发展，以2019年1月国务院印发的《国家职业教育改革实施方案》为标志，校企合作的内涵又在之前的基础上融入了新的元素，提出了学校和企业要建成命运共同体的总体要求；重新梳理了职业学校教授专业理论知识，企业开展技术技能培训这个传统的校企合作内容，将其重新定义为校企"二元制"合作模式，同时将"八个共同"的要求与"二元制"模式融合，提出了现代学徒制和企业新型学徒制试点的要求；在产教融合上，提出了要建设产教融合型企业认证制度，校企要共同建设高水平的产教融合实训基地，校企要共同培养"双师型"教师队伍；在办学上，支持企业举办高质量职业教育，支持企业加入职业教育集团建设。以上新要求的提出反映了国家以促进就业和适应产业发展需求为导向，深化职业学校办学体制改革和育人机制改革的目的和决心，同时也对新时代校企合作提出了更高的期待和要求。

（二）目前职业学校与企业合作存在的问题

1. 职业学校办学经费不足影响校企合作项目开展。

职业学校和普通学校相比，长期存在着不受重视的情况，其办学实力和经费拨款与普通学校相比存在着较大差距，同时职业学校对实训教学仪器设备和师资队伍的高要求也导致办学成本较高，较高的办学成本和较低的办学经费让职业学校无力承担太多校企合作项目的成本支出。在落实校企合作项目的时候往往变成职业学校单方面向企业要资金和设备支持的情况，影响企业开展校企合作的积极性。

2. 职业学校办学理念和师资水平的问题。

中国职业教育的发展在时间段上远远落后于普通教育，职业学校在成立之初由于普遍缺乏了解职业教育的专业人才，往往照搬普通学校的专业设置、教学计划，甚至人才培养方案，学校领导、管理层、教职工也几乎都是普通高校毕业，对职业教育没有很深的理解。因此，在办学理念和办学体制上，职业学校往往是用普通学校的理念和体制在办职业教育，用普通学校学生的培养方式培养职业学校的学生，对校企合作、产教融合的要求理解得不够深入，很多职业学校到现在还是只按照传统的校企合作理念，将企业视为学生实习的一个单位，而不是共同开展人才培养的合作伙伴，这样校企合作的执行力必然大打折扣。

职业学校在师资水平方面，无论是开展现代学徒制合作，还是根据

"八个共同"开展的校企合作,都需要大量符合职业教育要求,熟悉学校和企业运作方式,同时拥有扎实的理论知识和丰富的生产实践经验的"双师型"教师。但是近年来国家才刚刚开始规范"双师型"教师的标准,开展"双师型"教师培养和评定的时间太短,导致目前各职业学校"双师型"教师数量奇缺,中级职称以上的"双师型"教师更是稀有,无法承担与企业开展"八个共同"的校企合作项目。

以上原因的存在导致虽然目前几乎所有的职业学校都在规划上非常重视校企合作、产教融合,但是真正进行实践并收到良好效果的校企合作案例非常少见。

3. 企业缺乏激励,主动性不足。

职业学校是非营利机构,其投入的人力物力归根到底都是为了培养人才服务。校企合作、产教融合可以极大地提升人才培养质量,从这方面看职业学校不存在主动性不足的问题。但是企业的根本目的是进行生产并赚取利润,并不是协助职业学校开展人才培养,学校和企业运营的不同要求必须给予企业足够的激励,以提升企业对校企合作的主动性和积极性。

在传统的校企合作模式里,企业愿意接收职业学校的学生开展实习实训,本质上还是基于利益考虑。实习学生经过了系统的专业培训,人数众多且实习时间相对固定,可以为企业提供大量的优质员工同时又省去了招聘员工的高额成本。因此长期以来,学生到企业实习就成了维持职业学校与企业合作的重要因素,部分学校甚至变成了唯一因素。校企合作、产教融合也被简单地理解成职业学校派出学生到企业实习然后换回企业的设备或者资金支持。这就极大地违背了校企合作开展的初衷以及目的。

但是企业也不得不考虑成本和收入是否匹配的问题,企业参与校企合作必然付出大量的时间成本、人力成本和资源成本,这些成本的支出在得不到补偿的情况下势必会影响企业开展校企合作的主动性和积极性。

(三) 职业学校与企业合作的内容与方式

1. 校企"双元制"育人。

双元制起源于德国,是一种校企合作共同开展的职业培训模式。双元的内涵包括了学校和企业,其中一元是指职业学校要教授学生专业知识;另一元是指企业作为技术技能培训基地,要培养学生的实践动手能力,开展技术技能相关的培训。"双元制"本质上就是传统意义上的校企合作,虽然在国内已经实施了较长时间,但是到目前为止"双元制"育人依旧是校企合作的重要内容。

2. 校企联合开展现代学徒制育人。

校企合作开展现代学徒制育人是2014年由教育部提出的,目的在于深化产教融合、校企合作,探索校企共同合作育人的新模式和新方法。现代学徒制是通过校企深度合作,教师和专家师傅共同传授,对学生开展技术技能方面的培养的。相比传统校企合作的订单班和冠名班,现代学徒制培养具有更深刻的内涵。一是培养过程完全体现了校企合作育人"八个共同"的要求,即学校和企业共同制定培养标准、共同完善培养方案、共同构建课程体系、共同开发教材讲义、共同组建教学团队、共同建设实训基地、共同实施培养过程和共同评价培养质量。二是凸显学徒这个人才培养关键词。现代学徒制不是将学生的培养割裂成理论和技能分别放在学校和企业培养,而是将企业的员工培养功能引入学校,形成"校中企",参加现代学徒制学习的学生同时具有两种身份,在校学生和企业员工,为其授课的老师也具有两种身份,教师和企业师傅。因此现代学徒制真正融合了校企合作"八个共同"的全部要求,实现了企业与学校在人才培养上的全过程对接,更实现了学生从在校生到企业员工的无缝对接、毕业证与职业技能资格证对接等,既提高了学校的人才培养质量,又让企业获得了高适应性的技术技能人才,实现了校企合作的双赢。

3. 校企合作共建二级学院（系部）和专业。

对校企合作的方式来说，传统的订单班和冠名班合作已无法适应新时代关于产教融合"八个共同"的要求。根据《国家职业教育改革实施方案》的要求，要推动校企全面加强深度合作，其中就有鼓励企业参与举办各类职业教育。企业可以投入资金、人力和设备与职业学校共同建立二级学院（系部），机构管理、师资力量由职业学校和企业共同承担，学生根据"八个共同"的要求进行培养，二级学院（系部）内的专业由职业学校和企业共同设立，共同建设。真正达成"校中企"和"企中校"的校企深度融合。目前，校企共建二级学院（系部）和共建专业已经在部分职业学校实行，在这种合作模式下，学校得到了企业的资金、设备和师资的支持，确保了学生人才培养质量、就业率和就业质量；企业虽然付出了资金、设备和人力资源，但是得到了长期的用工资源，节省了招聘和员工培训的大量成本，为企业的持续健康发展提供了人力资源保障。

4. 校企合作开展员工和教师的双向培养。

职业学校的教师培养与企业员工的培养一样都是时间长、投入大、见效慢的投资，双方共同开展教师和员工双向培养有利于节约培养成本，提高培养效率。校企合作开展员工和教师的双向培养主要是指职业学校选派教师到企业开展企业实践学习，企业选派员工到职业学校开展系统的技术技能学习。对学校来说，目前师资队伍最为紧缺的是符合职业教育要求，熟悉学校和企业运作方式，同时拥有扎实的理论知识和丰富的生产实践经验的"双师型"教师，而"双师型"教师必须通过到企业开展生产实践活动来培养。对企业来说，企业员工系统的技术技能学习培训是提升员工素质，提高员工生产效率和企业效率的重要举措，而有大量专业的技术技能教育教学设备、专业的应用型师资队伍的职业学校是企业员工培训的绝佳选择。新时期随着我国产业转型升级，企业面临产业升级、技术升级的压力，这必然对员工技术技能培训产生更大的需求，这也间接性地要求职业学校加快培育"双师型"教师队伍，满足产业和企业的需求。因此实行校企合作开展员工和教师的双向培养不仅是校企合作的必然要求,同时也是国家在新时代产业发展的必然要求。

5. 校企合作共建研发中心和产教融合实训基地。

对于企业来说,获取利润的方式一是通过增加销售收入,二是通过减少生产成本。就成本而言,企业技术研发和员工培训占据企业支出相当一部分份额,能够与职业学校共建研发中心和产教融合实训基地可以极大地减少这个领域的支出,同时又可以获得职业学校专业科研人员的支持,企业有能力也有意愿开展这方面的合作。对职业学校来说,共建研发中心和产教融合实训基地可以节省学校单独建立的成本,同时也可以得到企业关于产品研发技术以及研发人员的支持,加强学校实训基地建设,为学校学生获取技术技能资格证提供支撑。因此,这种合作对校企双方都具有很大的好处,这也是近年来校企合作重点发展的领域。

(三) 职业学校与企业的双向沟通

双向沟通是沟通的一种类型,指信息发送者和信息接收者之间可以双向传递信息。相对于单向沟通而言双向沟通是一种更适合双方需要的互相交流信息的沟通方式。加强职业学校与企业的双向沟通一是要提高校企沟通质量,双向沟通是提高职业学校和企业合作效率与合作效益的重要手段,职业学校和企业要建立完善的双向沟通制度,有效化解校企合作中产生的各种问题。二是要重视信息沟通的质量,信息质量决定了校企沟通的准确性和有效性,进行高质量的信息沟通可以有效减少误会,提高校企的信任程度。三是重视信息共享,信息共享是校企合作中的一个重要方面,一般而言校企合作越深入,信息共享的作用就越大,因此学校和企业可以考虑在双向沟通机制上建立信息共享机制,让信息能够快速流通,提高信息传递效率,有利于提高校企合作的质量。四是学校和企业要广泛开展各种级别的沟通,校企人员的沟通级别会随着校企合作的深入而不断上升,校企人员的沟通不应当仅限于领导层或者一线执行层等部分级别，而应该是保持各种级别的广泛沟通，确保各层级出现的问题都能通过沟通得到及时有效的解决。

二、职业学校与人民政府的关系

（一）职业学校与人民政府关系的历史问题

1. 政府在职业教育中的角色定位还未明晰。

在计划经济体制下，政府是职业学校的举办者，也是管理者，同时因为学校教职工都是政府公务人员，相当于政府也是职业学校的办学者。长期以来包括职业学校在内的学校行政化是政府职能不明晰的一个重要表现。近年来，随着社会的发展，政府职能转变是一大趋势，但是在职业教育领域，对公办职业学校而言，政府事实上依旧是举办者、管理者和办学者。政府在公办学校财政拨款、人事管理和教育政策上拥有绝对话语权。

2. 职业学校办学自主权仍受政府很大的制约。

长期以来，我国职业学校都由政府举办，在学校办学过程中，国家往往通过行政命令来决定职业学校的重要人事任命、专业设置、招生就业、基础设施建设等，职业学校相当于政府的准下属机构，有强烈的行政部门属性。这种行政部门属性使部分职业学校领导层要么不思进取坐等行政指令，要么不顾学校教育教学的客观规律，片面地追求政绩，造成教育资源的浪费甚至出现腐败现象。同时，公办职业学校的行政化倾向还使学校习惯于依附政府办学，从办学经费、办学用地、校企合作再到校园建设，都需要政府的帮助与资助，而不是依靠自身办学实力获取。这种对政府的过度依赖不利于职业学校的自主办学，也不符合学校面向市场发展的历史要求。

3. 政府对职业学校投入不足。

职业教育与普通教育同为国家教育体系中重要的组成部分，职业学校承担了培育国家产业转型升级所需产业工人的大部分任务，办学成本高，办学压力大。然而在投入上，政府给予职业学校的投入与普通学校尤其是本科院校无法相比。同时，高等职业学校虽名为大学，但是职业本科试点数量极少，目前绝大部分都属于专科层次，办学层次上的不同造成职业学校只能排在普通高校之后招生，生源数量和质量与普通学校相比差距较大。

（二）职业学校与人民政府关系的调整

1. 推进职业学校去行政化。

职业学校与人民政府关系的调整从根本上来说就是扩大职业学校的办学自主权，政府保留举办者的角色，弱化管理者和办学者的角色。政府应该根据行政与学校分开的原则，推进职业学校去行政化，让职业学校不再是政府的准下属部门。政府要深化"放管服"改革，加快推进职能转变，主要负责战略规划、制定政策指引和依法依规监督学校办学。同时要引入企业等办学主体，支持民办职业学校的建立与发展，在政府投入上平等对待公办职业学校和民办职业学校，使公办职业学校摆脱对政府的依赖性，真正依靠自身实力办学。

2. 完善政府对职业学校的服务和保障功能。

政府要将对职业学校的直接控制转变为间接控制或者服务保障。一是要为职业学校的发展提供良好的政策环境，在舆论上强调职业教育和普通教育的同等重要性，继续开展职业本科试点，提升职业学校的地位与办学实力。二是为职业学校的发展提供信息和路线指导，根据国家和地区社会经济发展的要求，协调职业学校在专业设置、人才培养上做出调整，服务社会经济发展。三是政府要认识到职业教育和职业学校在国民教育体系中的重要作用，在政策与资金支持上平等对待职业教育与普通教育，为职业学校的发展提供良好的贷款融资环境，为职业学校提供公平竞争的市场环境。

3. 建立职业学校与政府的沟通协调机制。

无论是公办还是民办，职业学校要更好地服务国家社会经济发展，必须紧贴时代的需求，在政府的指导下完成。因此，职业学校必须与政府构建良好的沟通协调机制。职业学校应当根据市场和地方社会经济需要调整自己的办学思想，设置专业，调整人才培养方案，开展校企合作、产教融合。同时，要加强与政府的沟通协调，在办学方向、服务地方社会经济上与政府保持高度一致，寻求政府帮助协调解决办学困难。对于地方性职业学校来说，职业学校办学的公益性要求其办学目的必须与当地社会经济发展要求相一致，地方政府的需求与满足是关乎地方职业学校存在与发展的最优先考虑事项。因此，加强与地方政府的沟通，了解地方政府对职业学校的要求，服务地方社会经济发展是地方职业学校应尽的责任。

三、职业学校与政府工作部门的关系

政府工作部门是指按照一定标准对政府工作进行分解和分类，并以此为依据建立的负责政府某一方面事务的机构。地方人民政府工作部门在接受同级政府领导的同时，在业务上接受上级政府工作部门对口或对应机构的指导。政府各工作部门在同级政府的统一领导下工作，相互间具有配合、协调关系及一定的制约关系，具体包括了发展和改革委员会、教育局、科学技术局、工业和信息化局、民族事务委员会、公安局、民政局、司法局、财政局、人事局、劳动和社会保障局、国土资源局、建设委员会、交通局等部门。

职业学校与政府工作部门的关系非常密切而且重要，具体体现在如下几方面。

1. 政府工作部门是职业学校的直接举办者与直接管理者。

对于公办职业学校而言，政府举办者这个角色通常由具体的政府工作部门承担，如工业和信息类高等职业学校通常由工业和信息化委员会（厅）举办，并同时受到工业和信息化委员会（厅）和教育厅的管理，这时候工业和信息化委员会（厅）就成了这个学校的直接举办者与直接管理者。对于民办职业学校而言，虽然举办者不是政府，但是一样也

要受到教育厅（局）的管理。在这种管理体制下，政府的管理权有部分由政府工作部门来实现，从而形成职业学校、政府和政府工作部门三方的复杂关系。

2. 政府工作部门是职业学校各项事务的重要责任者。

除了教育厅（局）和直接举办、管理职业学校的政府工作部门外，其他政府工作部门也是职业学校各项事务的重要责任者。如职业学校的重要规划和重要建设任务需要经过发展和改革委员会审批，学校建设用地需要国土资源局审批，学校的教师队伍要接受人事局、劳动和社会保障局管理，等等，职业学校的各项事务在工作中都离不开政府工作部门的管理和指导，因此职业学校要与政府工作部门保持良好的关系，主动配合这些部门对学校的管理与指导，为学校各项事务的正常开展提供良好的环境。

3. 政府工作部门是职业学校的重要合作者。

从隶属关系上看，除了教育厅（局）和直接举办、管理职业学校的政府工作部门外，其他部门与职业学校之间并不存在隶属关系。因此，政府工作部门除了是职业学校各项事务的重要责任者外，也可以成为职业学校的重要合作者。从定义上可以看出，政府工作部门是负责政府某一方面事务的机构，职业学校要开展人才培养，服务地方社会经济，实际上就是要求职业学校要与地方政府工作部门合作。如职业学校可以与劳动和社会保障局合作开展地方企业员工培训、举办技术技能竞赛，与科学技术局合作共同开展科学研究、技术研发和科普活动，与司法局合作开展普法活动，等等。

与地方政府工作部门合作是职业学校履行社会责任，服务地方社会经济发展的重要渠道。职业学校要从实际出发，建立健全双向沟通机制或联席会议制度，及时了解地方社会经济发展的趋势和要求，探索更深入的合作模式与合作内容。同时，在合作中积极争取获得政府工作部门的政策、项目和资金支持。

四、职业学校与其他利益相关方的关系

除了企业、政府和政府工作部门外，学生家长、行业协会等也是学校重要的利益相关方。

对于学生家长，职业学校要建立双向沟通渠道，如定期召开线上家长会，建立家长沟通QQ群或微信群等。由于学生家长在出现问题的时候习惯于向学校上级部门投诉，因此学校要完善针对家长投诉的受理与处理机制，公开投诉受理的方式和处理时限，及时反馈投诉处理结果，最大限度减少投诉对学校满意度的损害。同时要将学生家长投诉的信息做好分析和整理，确定投诉的原因和学校的改进方式，对不足之处进行整改，不断改进学校的工作方式和工作方法，提高各方对学校的满意度。

行业协会是指介于政府、企业之间，商品生产者与经营者之间，并为其服务、咨询、沟通、监督、公正、自律、协调的社会中介组织。行业协会是一种民间性组织，它不属于政府的管理机构系列，而是政府与企业的桥梁和纽带。对于行业协会，由于其与行业、企业的特殊关系，职业学校可以将行业协会加入校企合作、产教融合之中，形成学校、行业协会和企业三者的互联互通，一起开展人才培养和技能实训基地建设。学校也可以根据国家开展职业教育改革的要求，与兄弟院校、企业、行业协会一起组建职业教育集团，充分发挥行业协会的沟通协调作用，整合行业企业的办学资源，共同开展职业教育集团化办学探索。职业学校要建立与行业协会的双向沟通机制，双方共享职业教育和行业企业信息，学校可以通过行业协会了解行业发展趋势，作为专业设置、课程改革和人才培养的参考。

五、利益相关方对学校的满意度

利益相关方对学校的满意度是判断学校利益相关方与学校合作沟通情况以及学校教育教学质量的重要指标，同时也是学校改进各项工作，促进整体有质量发展的重要依据，包括企业对学校满意度、政府对学校

满意度、政府工作部门对学校满意度、学生家长对学校满意度和行业协会对学校满意度等。

职业学校要重视对利益相关方满意度的调查，一是在实行卓越绩效模式指导下成立学校满意度调查工作机构，负责定期开展利益相关方对学校满意度的调查，收集和整理调查结果并形成相应的分析报告，按要求向学校领导层和相关职能部门进行反馈，形成具体的改进办法并做出相应回应。二是要科学地开展学校满意度测评。学校利益相关方对学校的需求内容不同，学校满足这些期待的具体情况也不同，因此在进行学校满意度测评的时候不能根据固定模式生搬硬套，应该根据各利益相关方的特定需求制定不同的评测内容，科学开展满意度测评。三是探索形式多样的学校满意度测评方式。传统的满意度测评一般是纸质调查问卷，近年来随着网络技术的发展普遍推行网络电子调查问卷，提升了测评效率和测评质量。职业学校要在此基础上探索形式更为多样的测评方式和方法，如引入大数据技术，依托学校建设的大数据中心等设施，对学校满意度相关指标进行监控分析，得出更为详尽的分析报告；混合采用座谈加问卷的方式，提高满意度测评的针对性和时效性；借鉴企业"神秘人暗访"制度，对学校满意度的关键指标开展有针对性的暗访，提升满意度测评的真实性。四是职业学校还可以引入第三方测评机构，由学校和第三方测评机构同时开展学校满意度测评，提高测评数据的有效性和真实性，为学校持续改进教育教学质量提供依据。

第五章 以教职工为本

第一节 教职工绩效管理

近年来,随着经济全球化的深入推进、国家"一带一路"倡议的提出,我国综合国力日益增长,正越来越接近中华民族伟大复兴的目标。同时,我国也面临着国际大国竞争日益激烈,产业转型升级压力日益增大等问题,尤其是2020年新冠疫情的爆发使世界发展陷入巨大的不确定性之中。在这种历史背景下,职业学校逐渐成为经济社会发展的重要助推器,在培育优秀产业工程师、产业工人,推进产业转型升级上起到了重要作用。

职业学校在2008年后取得了突飞猛进的发展,无论是中等职业学校还是高等职业学校,在校生人数和办学规模都得到了不同程度的扩张,为国家培养了大量适应企业需要的技术应用型人才。职业学校在取得大发展的同时也产生了重办学规模轻办学质量的问题,部分职业学校开始探索引入卓越绩效质量管理模式,以提升学校的教育教学质量。要提升学校教育教学质量,最重要的一环就是提升教师队伍质量,因此,职业学校以教职工为本,做好教职工人力资源的管理与开发,开展教职工绩效管理是提升教师队伍质量,进而提升学校教育教学质量的重要方面。

一、教职工绩效的相关概念

(一)绩效的概念与意义

绩效的概念一直以来都存在争议,众多专家和学者根据不同的角度和标准对绩效的概念给出了不同的定义,如从词义上看,绩效就是成绩和效益两个词的组合体;从经济活动上看,绩效就是指社会经济活动的成绩和效果;从人力资源角度看,绩效就是指行为主体与资源的投入产出比;从组成结构上看,绩效由工作行为、工作能力、工作过程、工作效果等几个方面组成。目前认可度比较高的解释就是绩效是组织中个人(群体)在特定时间内可描述的工作行为和可衡量的工作结果,以及组织结合个人(群体)在过去工作中的素质和能力,指导其改进完善,从而预计该人(群体)在未来特定时间内所能取得的工作成效的总和。

由定义可以看出,绩效其实可以分为组织绩效、个人绩效和群体绩效三个部分,这三者有一定的关系但又不能等同。我们知道组织和群体绩效的达成依赖于个人绩效的达成,但是组织绩效达成并不意味着群体绩效或个人绩效一定达成,因为组织绩效达成的指标与群体绩效或个人绩效达成的指标并不一样。

具体到教职工绩效来说,教职工绩效对于学校这个组织绩效而言既可以是群体绩效(教职工这个群体),也可以指个人绩效(单个教职工),因此,如何在保证学校绩效达成的同时做好教职工绩效管理是职业学校需要考虑的重要方面。

关于绩效的意义,绩效既是行动(有行动才可能出现可观测的结果),也是结果(存在结果才可能被测量与评价),所以绩效可以反映出个人或者群体在组织中的作用和价值。

关于绩效与薪酬关系的问题,从薪酬的概念上看,薪酬是组织内的员工给组织提供劳动所获得的酬劳,这种酬劳既包含货币酬劳,也包含非货币酬劳;从作用上看,确定员工的薪酬是组织开展绩效管理的一个重要目的,薪酬水平也是体现员工或群体绩效的最明显标志。根据员工或群体绩效来确定薪酬的制度也就是绩效薪酬制度。绩效薪酬制度是绩效管理的一部分,是绩效管理考核评价结果之一,简单来说就是将绩效评价结果与薪酬水平联系起来,通过对薪酬发放的控制来促使员工或群体自觉地提升自己的工作绩效。

(二) 教职工绩效管理的概念与目的

通过以上对绩效概念的探讨，我们一般认为，绩效管理是指组织的管理者为了达到组织目标，对员工个人或群体开展的包括绩效计划制订、绩效辅导沟通、绩效考核评价、绩效结果应用、绩效目标提升在内的绩效管理。绩效管理的目的是持续提升个人、群体和组织的绩效。根据这个通用概念，我们要讨论的教职工绩效管理就可以理解为，职业学校的领导者为了达成学校发展的目标，对学校教职工个人或部门开展的包括绩效目标制定、绩效沟通、绩效考核评价、绩效薪酬制定等在内的一系列管理活动。职业学校教职工绩效管理的目的就是持续提升教职工、部门和职业学校的绩效。

(三) 职业学校教职工绩效的特点

1. 职业学校教师工作任务的创新性。

职业学校承担着人才培养、科学研究、社会服务、文化传承创新和国际交流合作的重要职能，作为职业学校的教师，其工作任务主要围绕着这五个重要职能展开。与普通企业员工不同，无论是进行人才培养、科学研究还是文化传承，职业学校教师在工作中始终需要融入创新的要求，创新精神不仅仅是对学生培养的要求，更是对广大教师在进行教育教学时的要求。教师只有不断地在人才培养、科学研究、文化传承等方面创新方式方法，才能更好地履行教书育人的职责。

因此，在对职业学校教师设定绩效指标和开展绩效考核的时候，不能把职业学校教师的工作单纯地进行量化，而不考虑其创新的部分。同时，也应该对绩效指标和考核方式做动态调整，以适应教师工作任务创新性的特点。

2. 职业学校教职工工作任务的复杂性。

教职工是学校教师、职员、教学辅助人员和工勤人员的简称。教师是学校中负责学生教育教学工作的专业技术人员，职员是负责学校管理工作的人员，教学辅助人员是负责学校实验实训、思政辅导等教学辅助的人员，工勤人员是负责学校后勤保卫等服务的人员。虽然从广义上来说以上人员绝大部分都一并称为学校教师，但是从定义上就可以很明显地看出学校教职工工作任务的复杂性。因此，对于绩效管理来说，根据教职工的具体分类和工作任务确定绩效指标和绩效考核是必然的要求。

即使是职业学校教师，也可以继续分为科研型和教学科研并重型两种类型。科研型教师还可以继续分为基础科学研究和应用科学研究两种类型，教学科研并重型教师还可以根据负责教学的学科、专业、课程的不同而做出工作任务区分，因为负责的学科、专业和课程不同，面对的学生和所需承担的工作任务往往差别很大。这就要求职业学校在给教职工设定绩效指标和绩效考核的时候，要尊重教职工工作岗位要求复杂这个客观事实，不能和企业员工一样单纯地以岗位为依据区分，而是要综合考虑教职工的岗位、类型和具体工作任务做出详细的区分，确保教职工绩效管理的公平公正。

3. 职业学校教师工作成果的不确定性。

企业无论是组织绩效、群体绩效还是员工绩效，在设定绩效指标和绩效考核的时候，考核时间与成果绝大多数和实际工作时间段呈现对应的关系。如企业生产经营以年、季度、月来计算，其绩效指标和绩效考核就可以对应为年、季度和月，但是对于职业学校教师来说这种对应就往往存在不确定性。无论是从事教学还是从事科研工作，教师工作产生成果的时间都是不确定的。对于从事教学工作的教师而言，虽然给学生上课的时间是可以确定的，但是教育教学效果并不仅仅是通过期末考试等校内测试而确定的，而更应该交给社会也就是毕业生就业质量来确定，如此就不能以学期或者学年为时间段考核教师工作绩效。对于从事科研和教学并重的教师而言，科研成果的不确定性就更为突出，首先是科研成果研究时间的不确定，即使是制定了详细的科研规划，也无法保证研究成果就一定可以按时得到；其次是科研成果产生的市场和社会效益的不确定，一项科研成果尤其是基础研究成果很难在短期内对其市场效益和社会效益进行评判，有些科研成果产生效益的时间可以拖得很长。因此，职业学校对教职工的绩效管理不能简单地以年、季、月的工作任务和工作成果来判定，而应该更多地考虑教师工作成果的不确定性，公平合理的设定教师绩效指标和绩效考核。

二、职业学校教职工绩效管理中存在的问题

（一）教学方面的绩效评价问题

教学是职业学校教育教学的中心工作，也是教师的首要职责，但是在开展教学绩效评价上，职业学校往往过于偏重根据教师工作量和学生评教情况进行教学绩效评价，片面地将教师在单位时间（一般是学年或者自然年）的教学工作量和学生评价视为教师教学绩效的全部内容，对教师的工作积极性、参与专业建设、教育教学改革、实习实践活动等方面重视不足。

在教学质量评价中，强调学生评教情况固然可以体现出尊重学生教育教学主体地位，维护学生评教的民主权利，但是因为教师对学生培养的成果最终是要放到社会中去检验的，有明显的滞后性，所以学生对教师教学的评价也会出现滞后的情况。也就是说，学生往往要到毕业进入社会后才能真正准确地判断哪位教师真正对他们的成长起到了帮助作用，哪位教师的教学水平更高。但是如果在刚刚结束课程的时候就让学生进行评教，学生对教师的评价可能会出现偏差，对教师来说并不公平。比如某位教师对学生要求很高，在学生评教中很可能得到的分数和评价就比较低，当整个学校因为这种不公平的评价形成一个恶性导向后，教师们为了在评教中得到高分，就会主动降低对学生的要求，甚至讨好学生。这种行为固然可能获得短时间的好评，但是对学生培养其实起到了消极作用，到学生毕业可以真正公平地评价教师时，其对学校和教师的评价就会大为降低，因而影响整个学校的教育教学质量和社会声誉。

另外，与科研相比，职业学校对教师教学绩效重视程度仍显不足。

究其原因，一是科研业绩更容易量化考核，成果指标明确，对教师来说在科研上投入精力比在教学上投入精力更容易出成果，也更容易得到学校绩效的肯定。而教学的各项指标量化较为困难，且存在滞后性，容易造成教师将精力投入教学工作但是又难以公平评价其工作成果和工作价值的情况。二是科研业绩往往是明确的而且具有权威性，如科研课题、科研论文、专利等成果都是需要经过国家部门或者上级部门的认证的，具有确定性和权威性，社会认可度高。教学业绩和成果往往难以量化，也难以形成明确的和权威的判定，社会只能根据少数指标判断教师教学能力。三是科研项目（包括科研课题、科研论文、专利等）在大多数情况下都有明确的经费支持，因而相比正常的教学工作更能得到学校和教师的重视，这就产生教师尤其是高学历高职称教师不关心常规教学活动，而扎堆申报科研项目的情况，对职业学校教学起到不好的导向作用。

职业学校的教学绩效评价还有一个重要问题，就是经常把指导学生技能竞赛的业绩与常规教学业绩一同归入教学业绩进行绩效考核。虽然对职业学校而言，学生技能竞赛成绩是检验职业学校教育教学成果，体现学校办学实力的重要途径，但是学生技能竞赛本质上还是职业学校举全校之力，调动各种资源支持的比赛，参加人数只占全体学生人数很小的一部分。将竞赛业绩与常规教学业绩一同考核就造成教师重比赛而轻常规教学的倾向，指导学生技能竞赛可获得的资源多，得到的社会肯定也更大，绩效评价也更容易获得。因此，如果职业学校的教师将本已有限的精力放在指导学生技能竞赛上，就势必会影响常规教学工作。一个学校如果这种倾向得不到扭转，就会变成学校教学上绩效优秀，但实际上对大部分学生而言教学质量并没有得到提高，甚至因为教学资源过多集中于技能竞赛上而出现某种程度的降低的状况。

（二）科研方面的绩效评价问题

职业学校的科研工作主要服务于企业技术技能革新以及各类技术的

应用等，对企业、产业乃至社会经济发展起到重要的推动作用。对职业学校教师来说，科研也是与教学一样重要的工作，是职业学校教师两大基础职责之一，因此对教师开展科研方面的绩效评价是判断教师的绩效水平，引导教师主动地投身科研工作的必要手段。

虽然大多数职业学校都能制定符合自身需要的科研绩效评价体系，但是在具体实施过程中也出现了一些问题。

1. 重形式轻结果。

职业学校在对教师科研工作开展绩效评价时往往只看重教师科研的形式，比如获得课题的级别和经费，发表论文的平台和数量，取得专利的类别和数量，而对科研结果也就是通过课题、论文和专利等科研项目所产生的社会效益和社会价值缺乏公平的判断。这就造成教师往往只关注所取得的科研成绩形式，至于是否能够产生社会效益以及如何产生社会效益则漠不关心，这违背了教师通过科研服务社会的初心。

2. 经费资源支持不同容易使科研项目出现两极分化。

如科研课题因为获得经费支持较多，在绩效评价上更容易获得重视，这就造成教师扎堆涌入科研课题申报，而像发明专利、高水平论文和无经费或者少经费支持的课题等项目因投入与产出不对等的关系就受到教师的冷遇。由于高水平高价值的课题数量少，能参与的人数也少，因而往往出现高收益的科研项目抢着做，低收益甚至无收益的科研项目没人做的情况，这不利于职业学校科研工作的开展。

（三）绩效考核制度的问题

1. 职业学校绩效考核制度大部分都是按照时间段进行考核的，如按照年、学期、季度来划分进行考核的。

时间段考核有利于统一标准、量化绩效数据，但是对日常考核和工作过程考核的关注不够，容易出现部分教师投机取巧紧盯绩效考核时段和重点绩效获取高评价，而部分教师勤勤恳恳工作反而绩效评价不高的情况，因而影响教师工作积极性。

2. 对新进教师绩效考核的保护不足。

新进教师由于教学科研经验不足，积累的科研资源也不足，在进行科研项目申报、开展教学改革研究和日常教学上都会有不同程度的限制，如果对新进教师仍然一视同仁的进行绩效考核，对新进教师来说是不公平的，也很容易给他们造成过度的压力，影响新进教师的发展。

3. 绩效考核制度不够全面。

绝大部分职业学校都会将绩效考核的重点放在教学和科研这两大职责上，对学生管理、学生工作、社团指导、学生社会实践、实习实训、师德师风等问题关注不够，这容易造成部分教师在完成教学和科研任务后对其他工作漠不关心，没有集体意识。

4. 绩效考核制度的制定没有建立双向沟通。

很多职业学校认为，绩效考核就是由学校制定好标准，然后在一定时间范围内对教师的工作业绩对照标准的完成情况进行评价，在制定标准和考核过程中没有也不需要听取教师的意见和建议，这种想法和做法是不符合绩效考核的要求的，很容易造成教师对绩效考核结果的不理解，也影响绩效考核制度的公正公平。

5. 绩效考核的结果没有得到明显体现。

部分职业学校在进行绩效考核并得出考核结果后，缺乏对结果的合理运用，往往只强调绩效考核结果是职务聘任、职称评审、绩效薪酬的参考依据，却并没有说清楚具体如何参考以及参考的比例是多少，也没有针对考核结果对教师的发展给出意见和建议，这种为了考核而考核的行为会影响教师工作的积极性。

三、职业学校教师绩效管理问题的对策

（一）完善职业学校教师绩效评价体系

1. 科学地制定绩效目标和绩效考核评价指标体系。

职业学校要认识到学校、部门群体和教师三者在绩效目标和绩效考

核指标上的不一致性,要根据三者的不同特点,科学地制定学校、部门群体和教师个人的绩效目标和绩效考核指标,使三者有机地结合在一起,让教师个人和部门在达成自己绩效目标的同时也帮助学校达成绩效目标,实现三者目标的统一。

2. 完善绩效考核评价指标的覆盖范围。

职业学校在制定绩效考核评价指标体系的时候,要提高指标体系对教师教学和科研工作的覆盖范围。如教学工作的评价指标要增加毕业生质量的评价,科研工作的评价指标要增加社会效益和学术价值的评价等,确保评价指标体系能够较为完整地反映教师在教学和科研上的工作状态。

3. 调整部分指标权重,维护绩效考核评价指标体系的公平。

职业学校要充分考虑教师教学和科研工作中部分难以量化的指标权重。可尝试采用量化和非量化的方式共同制定评价指标,在某些无法量化的领域可采用定性评价,充分考虑教师教学和科研工作业绩的特殊性。

4. 区分教师教学工作中学生技能竞赛指导与常规教学指标。

针对部分职业学校将学生技能竞赛指导与常规教学用同一种评价指标的情况,职业学校要明确教师在技能竞赛指导与常规教学上的不同指标内容,区分考核,遏制将技能竞赛指导业绩等同于常规教学业绩的情况,促进学校公平合理地分配教育教学资源,实现学校层面绩效的整体提高。

(二) 完善职业学校教职工绩效考核制度

1. 完善教职工绩效的过程考核。

针对部分职业学校在绩效考核过程中重结果轻过程的情况,职业学校要完善教职工绩效考核的内容。职业学校教职工包含教师、职员、教学辅助人员和工勤人员,虽然广义上我们都称为职业学校教师,但是在制定教职工绩效考核内容的时候要根据岗位的特点与具体分工来确定。

职业学校不应该只关注教职工在业绩上的表现，而应该综合考虑教职工在师德师风、专业素养、技术技能水平、工作态度、生活作风和廉洁自律上的各种表现，以此来完善教职工绩效的过程考核。充分考虑教职工岗位特点和整体表现也是实现绩效考核公平公正的必然要求。

2. 建立多维度教师绩效考核制度。

针对在教师教学绩效评价时在学生评教上可能出现的评价不公平的情况，在教师绩效评价的时候这种主观评价偏差普遍存在，因此职业学校在开展教师绩效考核的时候需要探索构建多维度多主体的绩效评价制度，在学生评价的基础上可以尝试加入自我评价、同事评价（包括同部门和不同部门）、部门领导评价、学校领导评价、学生干部评价等多个评价视角，降低绩效评价的主观性，提高绩效考核制度的客观性和公平性。

3. 建立健全教学评价、责任约束与激励体系。

职业学校要切实落实教学在学校各项工作中的中心地位，要认识到教师的教学能力、教学质量、教学工作积极性和教学工作责任心在教育教学过程中处于同等重要的地位，因此教师的绩效考核指标评价应当包含教师教育教学全过程，以及所有过程中所取得的全部绩效成果，其中起到核心作用的是教学工作量与学生培养质量。全过程评价也有利于对教师形成责任约束，防止某些教师利用考核机制的漏洞，只在某个环节履行责任。针对教师的教学评价体系应该被视为教师绩效考核的关键标准，应当确保教学方面绩效评价高的教师更容易获得总体绩效考核的高评价，激励教师自觉提高教学水平和教学质量。

4. 完善绩效考核的组织架构。

部分职业学校对二级学院（系部）、职能部门和教职工个人的绩效考核都由学校人力部门进行，这样既增加了人力部门的工作压力，又因为人力部门无法深入了解一线教职工的工作业绩和工作情况，导致由学校直接对教职工开展绩效考核不能真实反映教职工的工作成绩，通过绩效考核激励教师的目的无法实现。为解决这种问题，职业学校可以考虑改革绩效考核的组织架构,将教职工个人的绩效考核交由二级学院(系部)或职能部门来执行,形成学校—二级学院(系部)、职能部门、教师个人的三级绩效考核组织体系。

这种三级体系可以缓解学校人力部门的工作压力,也可以充分调动二级学院(系部)和职能部门的力量,提高他们的工作积极性。同时教职工在日常工作上主要是由二级学院(系部)、职能部门直接管理的,这些部门对教职工日常工作情况和工作业绩的了解显然比学校层面更为清楚,因此由二级学院(系部)、职能部门开展绩效考核,既有利于更好地考核教职工的工作业绩,同时也有利于二级学院(系部)、职能部门更好地组织教职工开展教学科研等工作。

5. 确保绩效考核制度的公平公正。

教职工绩效考核制度是职业学校开展卓越绩效管理模式,进行人力资源质量管理的关键。绩效考核的结果直接影响教职工的切身利益,如果无法保证绩效考核的公平公正,不仅会严重挫伤教职工的工作积极性,损害教职工对学校的信任度,更会使教职工教育教学工作质量受到严重影响,对职业学校治理管理目标的达成造成严重的消极影响。因此,职业学校必须设置绩效考核监督保障机制,配备专门的人员,负责监督检查学校绩效考核的实施,确保绩效考核制度的公平公正。

(三) 完善绩效考核教职工参与和反馈机制

职业学校的领导层首先应该明白教职工参与学校绩效考核评价指标制定与做好绩效考核结果的反馈的重要性。学校对教职工的绩效考核过程并不能简单理解成学校管理层根据自己制定的考核指标对教职工开展考核,而应该理解成学校与教职工共同审视一段时间内的工作业绩并做出评价,然后共同发展的过程,这个共同首先应该体现在绩效考核指标制定的共同参与上。职业学校绩效考核负责部门应完善绩效考核指标教职工参与机制,在制定绩效考核指标时通过问卷、座谈会、意见征集稿等形式广泛征求教职工的意见和建议,力求在标准制定上做到民主、公平与公开，为之后考核的顺利进行打下良好基础。同时，不仅在制定标准时需要教职工参与，在考核过程中也应该充分听取教职工的意见，及时改正绩效考核过程中的不足，提升教职工对学校绩效考核工作的信任度，让教职工能够主动地投入和配合绩效考核。

职业学校绩效考核负责机构还应当建立考核结果反馈提升机制。应当认识到得出绩效考核结果并不是开展绩效考核的最终目的，不能认为将绩效考核结果进行公布就等同于考核结果反馈。教职工绩效考核结果除了作为确定教职工工资等待遇的主要依据外，更重要的是可以揭示教职工在教学、科研等工作上存在的不足之处。学校绩效考核负责机构应根据绩效考核结果详细分析教职工在工作上的短板，结合教职工的岗位和职业生涯规划，形成教职工能力提升的意见和建议，通过沟通渠道及时反馈给教职工，形成工作—考核—提升的良性循环，有效提升教职工参与绩效考核的积极性。

另外，学校要重视对教职工绩效考核结果的分析。绩效考核结果并不是简单地对教职工工作优劣的判定，而是能揭示出教职工工作的具体状态。同时，因为绩效考核时间段固定的局限性，通过对教职工绩效考核结果的分析还能知道哪些教职工是确实存在工作短板，哪些教职工是因为绩效考核制度的缺陷而受到影响，这有利于学校管理层了解教职工的实际工作业绩与能力潜力，从而更好地对更有能力和潜力的教职工加以培养。

（四）完善人性化的教职工绩效管理体系

职业学校开展教职工绩效考核的本质目的是让领导层了解教职工的工作状态和工作业绩，也是让教职工了解自己的工作状态和工作业绩，激励和指导教职工自觉地改进和提升自己的教学科研水平。归根到底，教职工绩效管理就是对人的管理，关注的是人的发展，因此完善人性化的教职工绩效管理体系是职业学校开展教职工绩效管理的必然要求。

完善人性化的教职工绩效管理体系一是要建立新进青年教师绩效考

核保护制度。由于职业学校对教师在实践技能上有更高的要求,对新进青年教师在还没适应职业学校能力素质要求的情况下,仍然按照老教师的标准进行考核,是不公平而且也无法反映教师真正的工作业绩的,会严重打击新进青年教师的工作积极性。根据人性化管理的原则,职业学校可以设置3年左右的新进青年教师绩效考核保护期,在这个时间段内弱化教学科研指标,仅设置与新进青年教师发展相关的考核指标,如获取教师职业资格证、担任班主任、到企业开展企业实践时间等,力求让新进青年教师在3年时间内适应职业学校教育教学要求,获得基础的教育教学资格和经验,为接下来的教育科研工作打下良好的基础。同时这也可以极大地减轻新进青年教师的绩效考核压力,对稳定新进教师队伍,提高他们的工作积极性具有重要意义。

二是要完善差异化的绩效考核奖惩制度。教职工绩效管理除了要促进教职工发展外,另一个重要作用就是激励作用,一般通过绩效考核奖惩制度来实现。部分职业学校在绩效考核结果公布后,奖惩措施落实不到位,这会挫伤教职工的工作积极性。职业学校应当根据绩效考核结果来判定教师的绩效,并落实教职工的奖惩措施。

第二节 教职工的培训与发展

近年来,随着全面推进实施制造强国"中国制造2025"战略,国家工业尤其是制造业面临产业转型跨越发展的重大历史挑战和历史机遇。推进"中国制造2025"的实施,关键是提高人才供给的数量和质量,国务院总理李克强在2019年《政府工作报告》中要求,2019年和2020年两年职业技能培训要达到3 500万人次以上,高等职业学校扩招200万人。因此,加速培养大量的具有较高理论知识和较强实践能力的应用型技术技能人才,是职业学校在新时代新的历史责任和历史使命。

要培养大量面向生产一线的应用型技术技能人才,职业学校必须建设一支适应职业教育要求、有较高专业技能、结构合理的高水平师资队伍。但是面对职业教育的迅猛发展以及扩招带来的生源压力，职业学校普遍面临师资紧缺的情况，尤其是同时具有丰富的理论知识和实践经验的"双师型"教师普通缺乏，影响了职业学校的人才培养质量。因此，加强职业学校教职工尤其是一线教师的培训，不断提高他们的理论水平和实践操作水平，促进师资队伍整体发展，是培养新时代应用型技术技能人才，支撑国家产业转型升级的迫切需要。

一、教职工培训的概念

教职工培训从时间上来说可以分为入职前培训、入职培训以及入职后培训。从性质上来说又可以分为入职培训和在岗培训。两者的区别就在于入职前培训的性质问题，入职前培训是指在没有工作单位时接受的学历和非学历教育，如高校学生接受的本科教育、在入职前考取的各种资格证等。由于入职前培训内容广泛，且均为个人行为，所以一般认为入职前培训不应包含在教职工培训的范围内，教职工培训仅包含教职工入职培训与在岗培训两个部分，其中重点是教职工在岗培训。

因此，职业学校教职工培训的概念可以理解为对职业学校在职在岗的教职工开展的旨在进一步提高教职工专业知识水平、专业技术能力、专业管理能力等方面的再教育。其中包括了入职培训与在职培训，也包括了学历培训和非学历培训。它是职业学校教职工在职更新提高专业知识水平、技术技能水平、学历水平的主要渠道，对职业学校教职工的学习与发展具有决定性意义。

二、职业学校教职工培训存在的问题

（一）学校方面

1. 职业学校对教职工培训不够重视。

目前，我国职业学校教职工绝大部分都是普通高等学校毕业后到职业学校任职，尤其是以拥有本科以上学历的教职工为主，几乎为

100%。因为目前开设了职业教育教师培养专业的学校极少，即使有少数本科开设这样的专业，但是因为绝大多数本科也都是普通高等学校，能否有效开展职业教育师资培养尚存疑问。在这种情况下，部分职业学校仍旧以普通学校的眼光看待教师队伍建设，片面地认为高学历、高职称的教师就一定可以教好学生。往往将大量精力和经费花在招聘高学历高职称教师上，而忽略教职工的在岗培训。但是普通高校毕业的教师的培养模式与职业教育有很大区别，这些教师不仅缺少对职业教育的了解，更是长期脱离社会实践，缺乏实验实习指导经验，实践操作能力较差，无法适应职业学校培养技术技能型人才的需求。

2. 职业学校培训经费投入不足。

职业教育是培养理论知识与实践操作能力兼具的技术技能型人才，对动手能力与技术操作能力要求很高，因此与普通学校教师以知识理论为主的培训相比，职业学校教职工的培训需要更高的成本，对培训效果有更高的要求。然而职业学校的办学实力和办学经费却远远不及普通学校，这就要求职业学校要以更低的经费预算承担更高的教职工培训成本，这势必会加重培训经费投入不足的情况。

3. 职业学校教职工有较高流动性。

职业学校无论是办学实力还是办学经费，都无法与普通学校相比，教职工待遇较差，待遇的差距和生存的压力使职业学校的教职工更愿意跳槽到普通学校。在社会认可上职业教育长期以来都是教育领域的"二等人"，社会认可度远远不及普通教育。在学习经历上绝大部分职业学校教职工都来自普通学校，从内心里更愿意接受普通学校的教学和管理方式。以上种种原因造成职业学校教职工具有高流动性的特征，学校投入资金给教职工参加培训，往往出现送培一个离职一个的情况。长此以往，职业学校便在教职工培训上持谨慎态度，不愿意花费有限资金投入到教职工培训上。

4. 职业学校对培训的考核激励机制欠缺。

部分职业学校对培训的激励作用理解不够充分，把给教职工的培训机会认为是对教职工的奖励和激励，培训机会往往变成少数优秀教师的特权，造成培训机会分配不均。少数优秀教师垄断培训机会还会影响教职工总体水平的提升，没有得到培训机会的教职工还很容易出现消极情绪，影响教师队伍的团结。同时，即使是有机会参加培训的教职工往往也没有从培训中得到足够的激励，教职工在培训中取得的成绩或技能证书等一般都不列入工资待遇和职称评定等考虑范围，教职工参加培训无法得到明显的利益，影响了教职工主动参加培训的积极性。

5. 职业学校教职工培训的资源不足。

从学历培训上来说，职业学校一般需要与更高一级的普通本科院校合作，其合作难度显然不如普通学校互相合作顺畅，同时学历培训大多需要教职工脱岗培训，大部分职业学校无法承担教职工 2~3 年的脱岗培训。在非学历教育层面，由于职业教育的特殊性，能够承担职业学校教职工技术技能培训任务的学校和机构相较普通学校来说就更为少见，培训资源的不足严重限制了职业学校教职工的培训名额。

(二) 个人层面

1. 职业学校教职工参加培训的意愿不足。

相比普通学校教职工较高的教学科研以及学历职称等压力，职业学校教职工在学历职称竞争压力上更弱，同时对科研要求也没有那么高，因此无论是开展学历培训还是非学历培训，职业学校教职工的参加意愿都不足。

2. 职业学校教职工对职业教育认同不够。

目前，职业教育教职工大多毕业于普通学校，没有受过专业的职业教育熏陶，不清楚职业教育的特点，对职业教育认同不够。职业学校教职工普遍缺乏对职业学校组织目标、组织文化及管理理念等方面的认同，能够长期在职业学校稳定工作的教职工比例一直不高。职业学校师资队伍稳定一直是职业学校治理管理的一大难题，职业学校教职工离职率较高，部分教职工将培训视为自己跳槽的良好跳板，培训一个流失一个对职业学校来说是常见的情况，在这种情况下职业学校对教职工开展培训自然也得不到好的回报。

三、做好职业学校教职工培训与发展的测量

（一）学校层面

1. 职业学校要重视对教职工的培训。

职业学校领导层首先要树立质量意识，认识到在推进卓越绩效管理体系建设的背景下，通过培训促进学校教职工发展的重要性。要深刻地认识到教职工的培训对教职工职业生涯的发展、对学校教育教学质量的提高、对整个职业教育的提高都具有重要意义。随着职业教育重要性在不断增加，以及受近两年职业教育扩招政策的影响，职业学校间的竞争越来越激烈。如何更好地适应社会对职业学校的更高要求，迅速提升学校的办学水平和办学质量，重视和加强教职工培训是职业学校领导层的必然选择。

2. 职业学校要制订完善的教职工培训计划。

完善的教职工培训计划一般包括以时间为标准的年度培训计划、学期培训计划、中期培训计划以及长期培训计划，以及岗位划分的各岗位教职工培训计划。完善的培训计划是落实职业学校教职工培训的重要保障，计划中一是要明确教职工各岗位的培训目标，要以培养适应现代职业教育要求的，拥有较高知识水平和较高技能水平的"双师双能型"教师为目标，不断提高教职工的专业知识水平、技术技能水平和职业道德水平。二是要明确各岗位教职工的培训方式，要根据教职工的岗位和实际要求，灵活选择培训方式。一般而言，教职工培训方式包括了校内培训、政府企业培训、学校委托培训、上级教育部门组织的校外培训等。校内培训是最常用的培训方式，用于教职工的一般性培训或者校外培训后回校开展的转培训，培训成本低。政府企业培训主要是政府或者企业给职业学校提供培训机会，比如政府的培训项目、企业与学校合作

开展教师挂职锻炼等。学校委托培训一般用于学历培训或者短期集中进修。比如委托其他高校为学校培养硕士、博士等脱岗培训，或者选派教职工参加其他学校举办的研修班等。上级教育部门组织的校外培训主要是上级教育主管部门组织到其他学校开展的各类技术技能等专业培训，是学校教职工技术技能培训的主要方式。三是根据教职工的工作岗位调整培训项目。职业学校教职工并不全是一线专任教师，还有辅导员、行政人员、实验实训员等教学辅助人员，在制订培训计划时要充分考虑教职工不同岗位的不同需求，同时也要考虑同岗位教职工的个体差异，灵活调整培训项目，力求达到最佳的培训效果。四是制订教师梯队培训计划。职业学校要制订中层管理岗位和学科带头人、专业带头人、技能大师、骨干教师等关键岗位的梯队培训计划，通过形成老中青等年龄梯队，形成师资梯队和管理人才梯队，提高师资队伍抗风险能力，保障师资队伍的持续健康发展。

3. 职业学校要建设一支高水平的校内培训师资队伍。

从上文我们知道教职工培训方式包括了校内培训、政府企业培训、学校委托培训、上级教育部门组织的校外培训等，其中除了校内培训外，其他几种方式要么是培训成本低但是名额稀缺，要么是名额不少但是培训成本高，培训名额和培训成本高度统一的仅有校内培训这一种方式。校内培训包括了由本校组织的校内培训和参加政府企业培训、学校委托培训、上级教育部门组织的校外培训后回校开展的转培训。因此职业学校组建一支高水平的校内培训师资队伍，是扩大教职工培训面，降低培训成本，提高培训总体质量的重要手段。

高水平的校内培训师资队伍要求有高水平的专业理论知识、技术技能实力以及丰富的培训经验，是职业学校内教育教学水平最高的一批教师，同时也应当接受过政府企业培训、学校委托培训、上级教育部门组织的校外培训等，拥有丰富的转培训组织经验，能够很好地将外部培训的知识经验传达给校内教职工。校内培训师资队伍不仅包括本校教职工等固定师资，而且可以邀请高水平专家、学者，或者企业高管、工程师等作为校内培训师资队伍的兼职教师。

4. 职业学校要完善教职工培训激励机制。

职业学校要合理地利用各种类型的激励方式和激励方法，激发教职工参加培训的积极性和主动性。一是完善教职工培训激励体系。教职工培训激励体系根据层次不同可以分为学校激励、二级学院（系部、职能部门）激励以及个人激励。学校激励一般指职业学校领导层制定的有激励作用的薪酬制度、福利制度、补贴制度以及职务晋升制度等。二级学院（系部、职能部门）激励主要是直接管理教职工的二级学院（系部、职能部门）内部制定的关于支持和鼓励教职工参加培训的各种措施，如优先使用各类教学资源、优先考虑职称评定、提高绩效考核评价等。个人激励主要来自教职工自身对培训的认识，教职工通过自我认知意识到参加培训是提高教学水平和技术技能水平的有效方式，这样促使其根据自身职业生涯规划主动地参加培训。二是合理运用各种激励方法。职业学校可以以利益为导向，将教职工参加培训的成绩与其薪酬、职称评定、评优评先、职务晋升等利益挂钩，调动教职工参与培训的主动性和积极性。学校也可以根据教职工参加培训的效果，调整教职工培训费用，主要是学历培训费用的报销比例，如按时获取相应学历或学位学校将承担一定比例的培训费用，减轻教职工参加培训的经济负担，极大提升教职工参加培训的积极性。学校还可以设立优秀培训奖等奖项，授予在培训中表现突出的教职工，激励其他教职工主动地寻求培训，自我提高。学校最好针对重要的培训目标设定薪酬，如近年来职业学校非常重视的"双师型"教师建设需要对教职工进行大量的培训。学校可以规定没有得到"双师型"教师认证的教职工课酬将会减少，以此激发教职工的危机感和紧迫感，让教职工自觉地寻求培训，实现自我提高。

5. 职业学校要加强教职工师德师风培训。

职业学校不但要加强教职工知识水平和技能水平的培训，更要加强教职工师德师风的培训。所谓师德，就是教师的职业道德，是教师应该具备的最基本的道德素养，包括爱岗敬业、教书育人、为人师表、诲人不倦，等等；师风，即教师的行为作风，包括热爱学生、尊重学生、关心学生，等等。加强教职工师德师风培训，可以提高教职工对学校、对职业教育的认同感，同时也可以提高教职工立德树人的使命感，促使教职工自觉地遵循立德树人的根本要求，主动学习专业知识，提高专业技术能力。

（二）教职工个人层面

1. 教职工要提高对培训的认识。

教职工应该认识到终身学习的重要性，尤其是在学校这个特殊环境中，不断学习专业知识，提高专业技术能力，完善知识技能结构，是作为职业学校一分子应尽的义务和责任。为了让教职工提高对培训的认识，职业学校首先要做好新进教职工的入职培训，在入职培训上明确教职工在学校期间的职业生涯规划，以及达到规划目标所应当付出的努力，强调培训对教职工发展的决定性作用，让教职工树立终身学习、终身提高的观念。

2. 教职工要做好自身的培训规划。

虽然职业学校应当为每一位教职工制订相应的培训计划，但是教职工自己的培训规划更为重要。教职工应当根据自身的条件以及职业生涯规划，有针对性地选择学历培训、理论知识培训或者技术技能培训，从被动地适应学校培训机制变成主动地选择自己受培训的方向。

3. 教职工要提高职业学校的归属感。教职工要认识到职业教育在今后相当长一段时间内面临的重大发展机遇，主动了解和认识职业教育的客观发展规律，坚定在职业学校发展的信心和动力，调整工作心态，主动参加培训，提升自身职业教育教学水平。

第三节　教职工的权益与满意度

随着经济社会的发展，尤其是近年来国家深入推进全面依法治国，

《中华人民共和国教师法》得到逐步落实，职业学校教职工的权益越来越能够得到切实保障，职业学校教师的社会地位逐步提高。但是与社会对教师的要求以及与普通高等教育相比，职业教育投入不足、职业学校教职工待遇偏低、侵害教职工权益的情况依旧存在。因此，如何在法律的框架下更好地维护教职工的权益，提高教职工对学校的满意度和忠诚度，是职业学校必须关注的一个重要问题。

一、教职工权益的相关概念

要探讨什么是教职工权益，首先要理解权利与权益的关系。权利一般是指法律赋予人实现其利益的一种力量。而权益指公民受法律保护的权利和利益。虽然两个词看起来很相似，但两者其实说的并不是同一种东西，权利更偏向于"权"，权益更偏向于"益"，详细来比较，权利是由法律赋予的，实现利益的力量，权益就是这种力量要实现的利益。一般而言，权益在实际应用中可以理解为合法的利益。因而，教职工权益我们可以理解为教职工受法律保护的权利和利益，或者可以简要地称之为教职工的合法利益。

教职工权利为法律赋予，教职工权益受法律保护，在社会实践中教职工的权益一般体现为三个部分：一是教职工的主动行为权，比如教学、科研、管理等权利；二是教职工工作取得回报的权利，包括社会认可、工资报酬、社会福利待遇等；三是教职工权利受到侵害时进行申诉或诉诸法律的权利，如通过教职工申诉渠道反映问题、到法院起诉等。

教职工权益的实现与保护与教职工对职业学校的满意度与忠诚度有直接关系，舒适的工作环境、优渥的福利待遇、较高的社会认可、完善的民主管理都是提升教职工满意度和忠诚度的重要手段。因此，职业学校必须重视对教职工权益的维护，不断地提高教职工的满意度和忠诚度。

二、教职工权益维护的四个层面

由于教职工权益本质上是法律赋予的,而职业学校又是社会的一部分,因此教职工权益维护并不只是靠职业学校本身来完成的,而是应该包含法律、社会、组织(学校)和个人四个层面。

(一)法律层面

法律层面是维护教职工权益的理论起点与根本力量。教职工权益的法律保障一般指法律对教职工的权益做出明确的界定,如出现损害教职工权益的情况,加害方将承担相应责任。教职工权益的法律保障根据性质不同可以分为条文保障和行动保障。条文保障一般指明确教职工权益和责任的法律条文,最直接的法律条文就是明确教师行为规范、权利权益和教师责任的《中华人民共和国教师法》,其明确规定了"国家保障教师的合法权益",该法律在条文中还明确了保护教师合法权益的相关措施,规定了各级政府、社会各界以及社会个人在维护教师合法权益上的责任,在侵犯教师合法权益后所应当承担的法律责任。《中华人民共和国教师法》不仅规定了教师的责任,更赋予了教师维护自身合法权益的权利,因此这部法律是维护教职工合法权益的主要法律依据和重要支撑。

教职工权益的行动保障是指教职工权益受到侵害时,有权采取实际行动申请相关执法部门介入,获得执法部门的行动支持。如果教职工出现违法犯罪的情况,也需要根据法律的相关规定严格按照程序进行处分或处罚。

(二)社会层面

社会层面的教职工权益保障是指社会力量为维护教职工合法权益所制定的各项规定与采取的各项措施。这里的社会力量包括各级政府部门的力量,也包括社会各界的力量。

各级政府部门对教职工权益的保障主要体现在贯彻落实《中华人民

共和国教师法》等法律法规，制定相应的地方性法规上。

推动社会各界以及学校切实保障教职工合法权益，对职业学校等各类学校维护教职工合法权益情况进行监督检查，保证教职工各项权利的实现。各级政府还可以根据《中华人民共和国教师法》的要求出台相关规定，明确给予教职工免费或者优先使用社会资源的权益，如博物馆、公园、文化体育设施等免费向学校教职工开放，车站可以让学校教职工优先购票，医院可以让学校教职工优先挂号等，充分体现社会对教职工权益的维护。此外，政府部门和社会力量还可以影响社会舆论，一方面是加强宣传教职工对社会所做的贡献，提升社会大众对教职工的认可度，提升教职工的社会地位，如近年来职业学校与媒体合作开展的"职业教育活动周"，就起到了宣传职业教育、宣传职业教育教师的作用。另一方面还可以形成强大的社会舆论监督。新闻媒体关注教职工权益的保护，对侵害教职工合法权益的行为、个人或群体持续曝光，呼吁查处，对社会增强维护教职工权益的法律意识，震慑侵害行为具有重要意义。

（三）组织层面

组织层面的教职工权益保障一般可以分为工会组织和教职工所在学校两个方面。工会组织主要是可以对民办学校与教职工的劳动合同、劳动争议等进行仲裁，调解学校教职工与学校之间的劳动纠纷，维护教职工的合法权益。

而教职工所在的学校则是维护教职工合法权益最重要的直接责任人。教职工的聘任关系、教育教学、绩效考核、人事调动、福利待遇、申诉反馈等等行为都是与所在学校有直接关系的。在侵害教职工权益方面其行为主体也往往是所在学校，所以学校的态度和行为对教职工权益的维护具有决定性意义。

对职业学校而言，维护教职工合法权益一是成立教职工代表大会维护教职工参与学校民主管理，提出改革意见和建议的权利；二是建立教职工申诉委员会等投诉处理机制，负责接收关于教职工权益侵害、行政处分等行为的申诉和处理；三是完善绩效考核管理制度，保障教职工公平公正地获取劳动报酬的权利；四是建立学术委员会制度，保障教职工学术自由，以及合法开展学术研究的权利。

（四）个人层面

教职工个人既是受到保障的主体，又是受到侵害的主体，要保障教职工权益，教职工个人的思想和行为起着非常重要的作用。首先，教职工个人应该了解和熟悉与教职工权益相关的法律法规，培养自身的法律意识，掌握基础的法律知识和运用手段。其次，教职工个人要有运用法律手段维护自身权益的意识和决心，要自觉地与侵害自身合法权益的行为作斗争。

三、职业学校教职工权益保障的不足

虽然对职业学校教职工权益保障形成了法律、社会、组织和个人四个层面，但目前对职业学校教职工权益的保障还是存在种种问题，教职工权益的落实并未得到根本执行，而民办教育和公办教育的共同存在又让职业学校教职工权益的维护变得更加复杂，这主要表现在以下几个方面。

（一）不同的合同性质造成教职工取得劳动报酬和福利待遇的不公平

目前，我国职业学校按性质划分，主要有公办职业学校和民办职业学校。公办职业学校教职工的福利待遇主要由政府财政拨付，民办职业学校教职工的福利待遇主要靠学校学费、住宿费等收入，几乎没有财政拨款。由于公办职业学校在财政拨款、办学实力、办学条件积累等方面与民办职业学校相比有绝对优势，两者的教职工福利待遇也明显呈现出不同。即使在公办职业学校，目前也存在着国家正式实名编制教职工（也就是俗称的入编）和学校聘用的非实名编制教职工（俗称的合同工），两者合同性质不一样，往往福利待遇也不一样。这就造成同样条

件的教职工，所在学校性质不一样，签订的合同性质不一样，拿到的福利待遇差别很大的不公平情况。同时《中华人民共和国教师法》中关于"教师的平均工资水平应当不低于或者高于国家公务员的平均工资水平，并逐步提高"的规定，目前仅部分公办职业学校有正式实名编制的教职工能享受到，而民办职业学校和公办职业学校非实名编制的教职工就成了这项规定的灰色地带。这种因为合同性质不同造成的待遇不公平的情况，除了影响民办职业学校的发展外，在公办职业学校里也非常影响教职工之间的团结，对教师队伍稳定造成消极影响。

（二）福利待遇与法律政策规定不匹配

《中华人民共和国教师法》中规定，"教师的平均工资水平应当不低于或者高于国家公务员的平均工资水平，并逐步提高。"但是在实际工作中，即使是公办职业学校教职工的福利待遇也很少符合这个规定。有些地方无法为教职工匹配相应待遇但是为了规避违规风险，就曲解条文，如将工资理解为基本工资而不是收入，或者将工资和福利剥离，只匹配工资，福利缩水等，造成这项法律规定形同虚设。同时在教育资源分配上，长期偏向普通本科学校，职业学校无论在财政拨款、生均经费还是科研建设经费上，都无法与普通本科学校相比。这就使职业学校的教职工福利待遇增长速度远远低于公务员和普通本科学校教职工。

（三）社会责任与社会承认不匹配

园丁、灵魂工程师、蜡烛，社会赋予了教师诸多崇高称谓的同时，也束缚了教师群体追求责权统一和自身合法权益的手脚。来自学生和家长的压力与日俱增，一方面学生越来越难以管理，另一方面由于社会压力教职工管理学生所能采用的约束手段越来越少，逐渐演变成一个无解的难题——如何在没有管理手段的情况下做好学生管理。所以近年来，职业学校班主任越来越没有教师愿意担任，以至于有些职业学校将职称评审与班主任工作挂钩，或者干脆实行轮岗或通过抽签等来选择。

与此同时，职业学校教职工的社会承认却没有得到明显改善，甚至由于某些媒体的选择性报道，教师这个职业的社会声誉反而出现了某种程度的下降，连带职业学校的教职工的社会声誉也受到了一定程度的影响。

（四）职业学校对教职工合法权益的侵害

教职工是职业学校教育教学的主体，是学校赖以生存和发展的基础，职业学校本应最重视教职工权益的保障，但是少部分职业学校领导层忽视教职工的权益，以行政命令代替民主管理。同时教职工代表大会制度和教职工申诉制度越来越形式化，没有起到维护教职工合法权益的作用。

四、职业学校教职工权益受到侵害的原因

（一）法律法规无法得到有效落实

《中华人民共和国教师法》作为规定教职工权益的根本大法于1994年1月1日起施行，至今已经有27年，其间虽然经过修订但从实践上看还是存在着不少问题。一是在内容上偏向教师义务、教师责任和教师资格等对教师有约束作用的内容占比很高，教师权利、培训奖励等事关教师权益的内容占比较少。二是部分用词有模糊空间，如关于教师权利、培训奖励等教师权益的条款，所用的词几乎都是应当，而不是必须。最关键的第25条"教师的平均工资水平应当不低于或者高于国家公务员的平均工资水平"里面所用词也是"应当"，并且平均工资水平词义表述不清，没有详细解释平均工资如何测算，这就给教职工工资的测算留下了模糊的操作空间。三是对不落实教师权益条款甚至侵害教师权益行为的处理描述不清。法律条款对违反法规行为并没有明确的惩戒措施，给人的感觉是这些条款仅仅是指导意见而没有强制执行力，可执行力和可操作性比较弱。四是法规规定的教师申诉制度表述不清，既没有明确的申诉渠道也没有明确的申诉机构，更没有赋予教职工法律诉讼的权利。

（二）来自社会舆论的不公平待遇

长期以来，社会舆论在给予教师群体崇高赞美的同时，也对教师存在着非常高的社会期待。社会各界对教师只谈奉献，不谈回报的情况日益严重，将教师正常的权益诉求当作大逆不道来加以批判，严重影响了社会舆论对教师追求合法权益行为的容忍度。同时，由于网络时代的到来，教师群体因为广受社会各界关注但是又没有实质的社会权力，特别容易受到媒体尤其是网络媒体的关注，媒体对个别教师不当行为的持续报道加大了社会各界对教师群体的不信任感，这给教师教育教学和学生管理工作带来了更大的压力。

（三）缺乏代表教职工利益的组织

根据《中华人民共和国教师法》关于教职工申诉的第39条"教师对学校或者其他教育机构侵犯其合法权益的，或者对学校或者其他教育机构做出的处理不服的，可以向教育行政部门提出申诉"之规定，教职工只能向教育系统内的教育行政部门申诉，而不能提出诉讼，也不能向工会等组织申诉。学校教职工代表大会和工会作为学校内部机构，面对教职工的申诉也很难做到客观公正，这就造成教职工权益受侵害后没有第三方代表教职工权益的组织可以申诉。由于教育行政部门同时也是职业学校的管理部门，很容易出现"堂下何人状告本官"的情况，对于职业学校的普通教职工来说，通过这样的渠道申诉成功难度很大。

（四）教职工维权意识被压制

教职工维权意识长期受到压制，除了前面说的受社会长期以来对教师固有印象的影响外，教职工对教师法和劳动法等法律法规知识的欠缺也是重要原因。职业学校的教职工在工作之余很少有人会去关注自身权益的保护，大多数教职工的态度都是多一事不如少一事，忍一忍就过去了，缺乏主动维权的意识。

五、维护职业学校教职工合法权益的策略

(一) 完善相关法律

职业学校教职工的合法权益由法律赋予,因此维护合法权益的权利同样也需要从法律而来。在推进依法治国和依法治校的背景下,完善相关法律是维护职业学校教职工权益的根本保障。要推动《中华人民共和国教师法》等相关法律的修订,根据权责利对等的原则,细化教职工权益的相关条例,尤其在教职工工资待遇等相关表述上要明确而且可操作,增加维护教职工权益的相关内容,明确损害教职工权益的组织或个人应承担的责任。

(二) 推进依法治校

职业学校要深入推进依法治校工作,严格根据法律法规切实维护教职工权益。一是要完善决策机制,坚持将教职工代表大会和工会会员代表大会制度作为学校决策机制的一部分,所有学校重大事项决策、重要干部任免、重大项目投资决策、大额资金使用等"三重一大"决策以及与教职工切身权益相关的决定必须经教职工代表大会审议通过后方能执行。二是要完善相关制度,对于与教职工权益相关的教育教学、人事管理、绩效考核、岗位职责等制度都要教职工全程参与修订,公布前要广泛征求教职工的意见和建议,公布后要监控执行情况,通过召开座谈会等方式倾听教职工的意见。

职业学校还要依法执行校务公开、党务公开,严格按照学校信息公开实施办法的规定事项,就学校规划、招生就业、职称评定、人事聘任、奖惩情况、财务管理以及重大事项实施情况进行全网公开,确保决策透明、信息透明。

(三) 探索建设教师工会

职业学校教职工代表大会是保障教职工参与民主管理的机构,但教职工代表大会不是学校的常设机构,每年开会时间有限,而且这个机构

只是审议提案，并不受理教职工权益损害相关的申诉。而一般承担处理教职工申诉责任的学校教职工申诉委员会本身就是学校的机构，在出现较大争议的情况下对教职工权益的保护优先。因此探索建设教师工会，由教师工会统一组织教职工参与学校的管理，处理教职工的申诉，是目前在校内维护教职工权益行之有效的办法。

（四）获取舆论支持

近年来，教职工权益维护举步维艰，社会舆论环境的不断恶化是原因之一。要创造鼓励教职工维护自身权益的社会环境，必须要先获取舆论的支持，尤其是媒体的支持。媒体在进行相关报道时，不应只关注教师的付出，更不应该为了吸引眼球和网络流量一味地盯住师生冲突、教师行为不当等事件，而应当关心教师的生活情况、权益保护情况。同时还应该向社会大众普及教师法、教育法等相关法律知识，激起全社会对教职工权益保护的关注，改善教职工维护权益的社会环境。

（五）提升教职工维护权益的意识

职业学校的教职工要主动地学习教师法、教育法、合同法等法律法规，了解自身应享有的权利和利益。在自身权益受到侵害时，要自觉地收集好相关证据，要懂得运用法律武器与侵害行为作斗争。

六、教职工权益的维护与教职工满意度

（一）教职工权益的维护与满意度的关系

根据《中华人民共和国教师法》，教师享有下列权利：进行教育教学活动的权利、开展科学研究和学术交流的权利、指导和评定学生学习的权利、获得工资报酬和福利的权利、参与学校民主管理的权利以及参加进修培训的权利。教职工的权益就是围绕以上权利所产生的所有利益。以上权益基本代表教职工在学校工作中关心的所有方面，因此维护教职工权益对提高教职工对学校的满意度有决定性影响。

(二) 教职工满意度的调查

教职工对学校的满意度是职业学校卓越绩效管理中非常重要的一个指标，是影响教职工工作积极性、工作效率和离职率的重要因素，对学校教育教学质量、师资队伍稳定有重要意义。职业学校开展教职工满意度调查主要是采用问卷调查法。问卷调查法是目前各类学校开展项目调查中常使用的一种方法。问卷一般是与调查话题相关的、以问题和答案选择为表现形式的表格，问卷调查法就是学校用这种表格搜集与调查话题相关的反馈并将其作为今后工作指导的一种方法。调查问卷一般涉及教职工对学校民主管理、制度建设、工资福利、工作环境、教育培训、领导能力、职称晋升的评价，可以有效地分析出教职工对学校的满意度。

第六章 教育教学过程管理

教育是一种提高人的综合素质的实践活动,可将一种最客观的理解教予他人。教学是教师的教和学生的学所组成的一种人类特有的人才培养活动。通过这种活动,教师有目的、有计划、有组织地引导学生学习和掌握科学文化知识和技能,促进学生素质的提高,使他们成为社会所需要的人。教学是教育的手段和方式,具有效果呈现的即时性、内容的计划性、目标的针对性等特征。教育则是教学的最终目的,具有效果呈现的长期性、内容的阶段性和目标的长远性等特征。

第一节 教育教学价值创造

教育的价值在于全方位地塑造人,助力其从自然人向社会人的转变。过程是一组输入转化为输出的活动,并可依据活动的复杂程度划分为若干个子过程,活动的质量则在各个相互衔接的子过程中完成传递与转化(见图 6-1)。

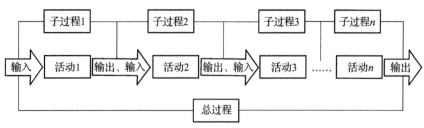

图 6-1 活动质量传递过程模型

一、教育教学过程识别

教育教学的质量是按教育教学的运行过程来传递的。基于质量形成的基本规律，人从出生而为自然人，在向社会人转变的过程中，呈现出不同质量在各个教育教学子过程的传递。识别教育教学过程，是对不同教育教学子过程的质量予以科学合理规划和设计的基础。

(一) 教育过程的识别

1. 以终身教育的视角。

基于我国教育体制，以终身教育的视角看，人的一生所经历的教育总过程分为学前教育、义务教育、初等教育、高等教育、继续教育等若干个子过程（见图 6-2）。

图 6-2　终身学习的过程模式

职业教育作为一种独立的教育类型，目前我国仅有中、高、本三个层次，并在初等教育、高等教育两个层次与普通教育可能产生交差或融合。学生在完成义务教育阶段以后，出现了中职与普通高中的分流；初等教育进入高等教育领域则再次出现普通高等教育和高等职业教育的二元选择。

2. 以社会人的视角。

马克思主义的观点认为，社会是人们通过交往形成的社会关系的总和，是人类生活的共同体。社会组织之间相互对立，相互制约，相互竞争，相互关联，相互融合。家庭是社会的细胞，个人是组成家庭的最基本的单元。自然人转化为社会人的过程既融合了家庭教育与学校教育，也融合了学校教育与社会教育，而且家庭教育、学校教育和社会教育是相互交织、相互影响、相互制约的，不能按过程和子过程的模式予以划分（见图 6-3）。

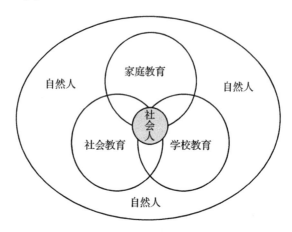

图 6-3　自然人向社会人的转化模式

3. 以人才培养的视角。

人才是指具有一定的专业知识或专门技能，进行创造性劳动并对社会做出贡献的人，是人力资源中能力和素质较高的劳动者。人才是我国经济社会发展的第一资源。由此可见，人才是社会人的一种类型，与其他类型的社会人的本质区别在于是否对社会做出贡献，而专业知识与专门技能是其是否能够对社会做出贡献的基础，这种基础的获得过程，也是识别教育过程的一种方式和途径。

显然，学习是获得知识与技能的唯一途径，但学习可以根据学习的目标、时间、地点、内容、方式、环境、渠道等要素进行细分。这些要素的不同组合构成了人才不同的成长模式。在不同的阶段，人才学习的模式有所区别。绝大多数的人才在学校学习阶段完成知识与技能的初步积累，从学校毕业后进入社会、职场，并在职业岗位的工作实践中完成知识与技能的提升、调整和完善。因此，以人才培养的视角来看，教育的过程是在不同场合为实现阶段性目标对个人已习得的知识与技能结构进行调整、完善和提升的过程，而每一个子过程所习得的知识与技能都有可能对下一个子过程的学习带来深刻的影响（见图6-4）。

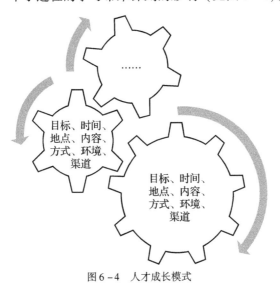

图6-4 人才成长模式

（二）教学过程的识别

相比于教育过程，教学过程具有明显的阶段性，而且每一个阶段都有显著的目标、内容载体，并通过教师与学生的共同作用才能完成。在不同的教学阶段，教学目标的关系可以是递进关系（见图6-5），如过程3和过程4；也可以是平行关系，如过程1和过程2；抑或是分离的关系，如过程2和过程3；

这种结构关系颠覆了传统认知的课程的概念，将课与程作为教学过程的两个要求予以区别，课是内容，程是路径。因此，课程就是根据预设的目标，以特定内容为载体所设计的达标路径或渠道。根据这一定义，教学过程本质上是教师与学生共同努力达成预设目标的过程。为完成这一过程，需要六个方面的要素按一定的模式予以组合（见图6-6）。一个教学过程的单位根据其预设目标的复杂程度和运行发展的周期、时

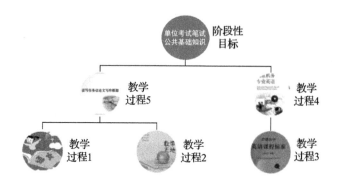

图 6-5　不同教学过程的结构关系

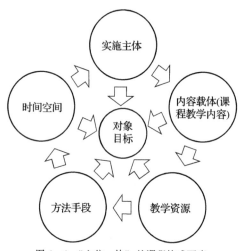

图 6-6　"六位一体"的课程构成要素

长,可以是一个专业、一门课、一个单元或者一次(节)课,甚至可以是一个任务的实施过程(见图 6-7)。

(三) 教育过程与教学过程的相互关系

教育是一个长期的过程,关系到把受教育者培养成为什么样的社会角色和使受教育者具有什么样的素质的根本性质问题。教育的目的是教育实践活动的出发点,根据一定社会的生产力、生产关系的需要和人自身发展的需要来确定,在历史上,因社会制度、民族文化传统、教育思

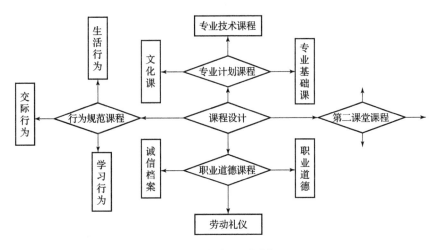

图 6-7 教学过程的分解

想不同而异。在阶级社会教育具有阶级性,例如,古希腊雅典教育要求培养身心和谐发展的人,斯巴达教育要求培养骁勇善战的人,中国封建社会要求培养明人伦的士大夫。

如果按时间予以划分,教育是无数个教学过程的累积。教学可以作为教育的最小的子过程,通过无数个子过程的运行,最终完成教学质量的传递,达成教育的最终目的。每一个教学子过程的输出目标是否达成都会影响下一个教学过程的运行模式。如果某个教学过程的输出没有达成预期目标,从质量控制的要求来说,教学的运行应予以中止,不能进入下一个教学过程。但由于教育的复杂性以及人才成长过程的复杂性,有时某些教学过程的预期目标并未达成,但却在通过后一阶段的教学中得以纠正,或者某一阶段习得的知识与技能存在缺陷,但对其下一阶段的成长并没有产生明显的阻碍作用。从而提示:教学的每一个过程都必须为达成教育目标服务,但教育目标的建立是分阶段、多方位的,某一阶段的教学目标的达成是教学实施的目的,但并不是教育的全部目的;另一方面,由于教学过程对教育最终目标的指向性要求,因此当发现某个教学过程未能达成预期目标时，应对教学过程予以调整，使教学质量得以改进和提升，从而有助于教育教学质量的有效传递。

二、教育教学过程设计

教育教学设计是围绕人才培养目标，对特定对象所开展的一系列活动。培养目标是指依据国家的教育目的和各级各类学校的性质、任务提出的具体培养要求。不同层次和不同类型的教育，对人才培养的要求是不一样的。职业教育（Vocational Education）是指让受教育者获得某种职业或生产劳动所需要的职业知识、技能和职业道德的教育，其目的是培养应用人才和具有一定文化水平和专业知识技能的劳动者，与普通教育和成人教育相比，职业教育侧重于实践技能和实际工作能力的培养。

教育教学过程的设计由上到下分为专业设计、课程设计、教学设计三个基本过程，而教学设计则通常以一次课为单位，分为教学目标的选择与定位、学情分析、教学策略选择确定、评价方法建立等四个阶段。

（一）专业设计

由于不同职业所需要的知识、技能和职业道德有显著的差异，因此职业教育所传授的知识、技能和职业道德是按一定的职业岗位分布规律进行设置的，某个或数个具有内在联系的职业岗位所需要的素质成为职业教育专业设置的基本依据。

1. 专业宽度。

一个专业的教学内容能够覆盖的职业岗位数量，称为专业宽度。根据职业岗位工作任务的复杂程度以及职业岗位之间的相互关系，一般的专业宽度控制在1~4个为宜，且这些职业岗位应有一定的关联性。这种关联性可能是工作流程的先后顺序，也可能是具有共同的工作场所，或者是对在履行岗位职责时所依托的人员素质有共同的要求，等等。例如，物流服务与管理专业主要培养仓管员、配送员、运输员、信息员、叉车员。这些岗位通常是同一企业中不同的职位分工，各个岗位所需要的工作知识与技能不完全相同。按这种岗位关系定位专业人才培养目标，有助于毕业生在同类职场中的不同岗位上轮转。又如城市轨道交通车辆运用与检修专业主要培养的是机修钳工和电工，但因就业场所的不同，可能对机修钳工和电工的知识与技能素质有所差别，故城市轨道交通车辆运用与检修专业根据职业岗位再次拆分为城轨车辆检修维护和城轨车辆装配两个专业化方向，城轨车辆检修维护方向主要培养机械检修工、电器检修工，而城轨车辆装配方向则培养车辆装配工。

2. 专业深度。

专业的深度特指该专业对某个职业岗位层级的覆盖程度。我国的职业标准，大多数分为初、中、高、师、高师五个等级，一般情况下，中等职业教育的专业深度对应的是中级，覆盖初级，而高职教育的专业深度对应的是高级，覆盖初、中级。专业人才培养目标就是以相应层级的职业岗位人才的素质要求为标准建立的。例如，学前教育专业，主要面向幼儿园、托幼机构和其他学前教育机构能够胜任保教相关工作的学前教育人才，要求毕业生具有普通话合格证、保育员资格证，但普通话合格证只需要达到二级乙等标准，而保育员资格证则需要达到四级（中级）等级标准。

(二) **课程设计**

专业的宽度与深度是设置课程门类及课程内容的基本依据。每一个专业都有其相应的教学内容，这些教学内容的归并、整合，形成具有不同地位和功能的课程，在人才培养中发挥不同教育作用。不同门类的课程按照一定的结构模式组合，就形成了该专业的课程体系。课程组合的理念与方法不同，就可能形成不同的课程结构。

1. 课程体系结构。

课程最常见的课程体系结构为三段式，即文化基础课程、专业基础课程、技术核心课程。其三类课程构成了层次递进的关系并在职业教育中承担不同的育人功能（见图6-8）。

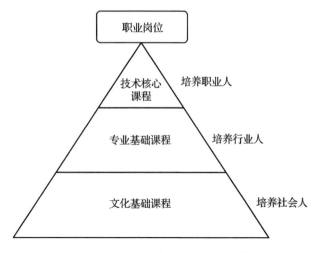

图 6-8 层次递进式专业课程体系结构模式

这种课程功能定位结构模式置于职业教育专业课程体系构建实践中难免广受诟病。一方面,是因为这种结构模式具有以学科知识内容为主线的普通教育类型的特点,更主要的原因在于这种结构的递进式关系在实际的教学实践中难以呈现,有些专业基础课程的内容是否必须在完成文化基础课程的学习后才能实施是一个颇有争议的问题。另一方面,这种递进式关系应有的质量传导过程受到某些因素的影响,使下一层级的教学质量在没有达到输出要求的前提下,因系统运行的惯性推动就直接进入了上一层级,对上一层级的教学质量形成了负面影响,容易形成相互指责、抱怨的局面。这种现在最典型的例子莫过于义务教育没有达标的学生进入了中职学校,造成中职学校的学生在学力水平上与普通高中的学生学力水平不对等的客观现状,使中职学校的文化基础课程的设置不失为义务教育"补课"的意味。

解决这个问题的方法有三个方面,一是理念上的认知到位,二是心理上对现状的平和认识,三是技术上的结构调整。以学生成长的视角来看,教育的目标是助力学生的成长,因材施教是教育的基本原则之一,针对中职生的学力水平开设与之匹配的学习课程,是保证专业设计质量的基本要求。因此,需要从心理上接受学生学力水平偏低的现实,以积极的心态去发现学生的"生长点",并施加教育教学的影响,这是履行教育职责的根本。此外,改变三段递进式课程体系结构为**渗透式课程体系结构**(见图6-9),在此体系中,课程与课程之间的层级关系被淡化,质量的传递主要在同一课程中完成,模糊了文化基础、专业基础与专业技术课程之间的层级关系,从而推动课程对就业岗位需求的指向性。而且这种课程结构有助于解决中职学校学生在普通初等教育中学力水平偏低造成文化基础课程学习难度偏大的问题。

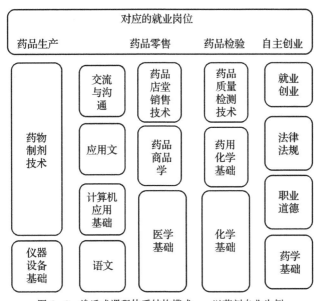

图6-9 渗透式课程体系结构模式——以药剂专业为例

事实上,在职业教育的专业课程体系中,不同课程虽然都会指向职业人才的素质要求,但课程与课程之间不一定完全对应着这种递进关系。以中职学前教育专业为例,或许公共基础课程的学习有助于提升学生的文化素养,从而提高其艺术表现力和鉴赏力,但这些公共基础课程与专业技能课程之间似乎并没有内在、必然的递进关系(见图6-10)。是否必须完成通用性的公共基础课程才能进入专业技能课程的学习,是值得探讨的问题。

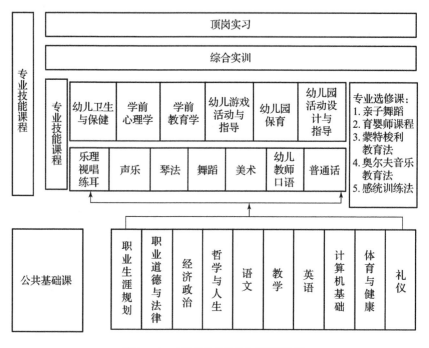

图 6-10 中职学前教育专业的课程体系

对课程体系结构的审视与理解,能够帮助教师准确把握课程在人才培养中的地位和作用,从课程应有的功能定位出发,对课程内容予以有效地筛选和设计,并对学生不同学习阶段的学习内容进行科学、合理的安排,从而规范教学过程的运行。

2. 课程目标。

课程目标即课程要达到的预期结果,是课程设计的出发点与归宿。不同课程的目标都应聚焦于人才培养目标。因此,从专业人才培养的视角看,不同的课程可以理解成为实现专业人才培养的最终目标所设计的不同路径,不同课程目标实质上则是人才培养目标的分解。

对人才培养有明确的职业指向性,是职业教育的基本特性。这种特殊性决定了专业人才培养方案中所选择设置的课程有统一的目标指向。

三、标准明确的要求

课程目标是教学设计的起点与归宿,其设计的关键点在于可识读性。课程目标对教师的提示在于需要教什么,教到什么程度;对学生的提示则是完成课程学习后可以有怎样的收获。如果用隐晦的陈述方式表达课程目标,则有可能因课程目标的定位产生歧义而最终导致后续一系列教学活动的失败。因此,主张采用易于识读的动词来描述课程目标,例如"能说出……""知道……""会做……",等等。如果需要在动词"做"的程度上予以说明,可以添加适当的状语,如"能熟练地完成……""能独立地完成……",等等。例如,药剂专业中"药物制剂技术"课程"片剂"模块的课程目标是"掌握片剂中常用赋形剂的种类,掌握湿颗粒制备片剂的工艺流程,熟悉片剂的质量检查项目,熟悉片剂包衣的目的、种类及包糖衣的方法,了解制备片剂过程中的常用设备操作,了解片剂的特点和分类"。这种表述方式在教学中常常因不知什么叫了解,什么叫掌握,在教学的标准尺度上难以识读,因而对教与学的导向性不足。按下列方式描述,则教师与学生都比较容易判断达标的要求:"能说出片剂5种赋形剂、3种包衣类型和5项片剂质量检查项目;能用给出的处方和设备做出片剂,并能够自行检查、判断该片剂是否合格"。显然,后一种表述方式不仅教师可以判断学生的学习成果,学生也能够对自己和同学的学习成果进行判断。

3. 课程类型与内容。

课程内容的选择是教学设计的关键,在一定程度上影响学生的学习方式和预期的学习成果。影响课程内容选择的因素,一是培养目标,二是培养对象。职业教育的独特属性决定了职业教育课程更多关注于工作过程知识和基本工作经验。但这种工作过程知识与工作经验的学习,应与职业人才培养的目标岗位及学习者的学业智力水平相适应。职业目标的针对性和学力水平的适配性成为选择课程内容的重要依据。

课程内容的选择与课程的类型密切相关,一般情况下,课程类型常分为理论课与实践课。教材是课程内容的载体,其编排形式会形成一门课程的基本的内容结构。理论课的教材内容常常呈现为"绪论、第一章、第一节、一、(一)、1……";实践课的教材内容则常呈现为"实验一、实验目标、实验材料、实验方法、注意事项……"。这种课程内容的载体形式目前正逐渐被理实一体的项目模块化活页式教材所取代。

项目模块化活页式教材的设计的基本思路如表6-1所示。

表6-1 项目模块化活页式教材设计的基本思路

课程	项目一	项目二	项目三	……	项目 n
	模块1.1	模块2.1	模块3.1	……	模块 $n.1$
	模块1.2	模块2.2	模块3.2	……	模块 $n.2$
	模块1.3	模块2.3	模块3.3	……	模块 $n.3$
	……	……	……	……	……
	模块 $1.n$	模块 $2.n$	模块 $3.n$	……	模块 $n.n$

项目模块化活页式教材是否能够呈现出"活页"的特征,取决于所设计的项目与模块之间有没有必需的递进关系而保持相对的平行关系,即在教学上不需要对项目一与项目二的先后顺序进行界定。但同一项目的模块与模块之间也应该是平行关系,存在递进关系的内容应编制在同一个模块中。同一项目中编制不同模块的目的是建立可灵活选择的课程内容,从而适应不同的教学资源,同时学生也通过同类模块的学习,达到复习、巩固的目的。

(三)教学设计

从过程模式模型的视角来看,教学设计是一种活动,这种活动需要输入的显性信息是教学目标、教学对象的特征特点,通过教师的思考、分析、决策等活动,最终输出教学方案。狭义的教学设计是基于一次教学活动的安排,时长一般是2~3个课时。广义的教学课程是基于一门课程的教学安排,通过设计活动输出的是课程教学方案。如果是基于一个专业的教学设计，则输出的是该专业的人才培养方案。因此教学设计活动按层次由低到高，由简单到复杂的输出成果是教案、课程教学方案和人才培养方案。

不同层次的教学设计所需要输入的信息以及设计活动的复杂程度也有所不同。教学设计所涉及的基本要素包括课型、内容布局、运行过程、教学资源、时间分配、检测方法等。这些要素的不同组合方式，则形成了不同的教学模式。

1. 理论课常见教学模式。

传统的理论课教学模式是讲授模式，其形态特征以教师的讲和学生的听为主要行为特征。其特点是知识信息的传输量大。讲授教学模式对受众的学力水平要求相对较高，且以理论知识的传递为主。为提高教学的有效性，常常穿插提问、讨论、角色扮演、案例分析等活动，使讲授教学模式转化为问题导向教学模式、情境教学模式、案例分析教学模式。且通过课堂上信息化教学资源的引入和应用，可演化为线上线下相结合的教学模式。

2. 实践课常见教学模式。

实践课程是与学生肢体行为密切相关的课程。根据实践目的、实践场所等要素分为实验课、实训课、实习课三种类型。实验课与实训课的区别在于实验的目的是验证知识、原理，它以获得预期的结果为目标；而实训则是为了训练完成某一工作任务的行为能力，目标定位于行为的熟练性和流程的规范性。实训课与实习课的区别则在于教学的场地环境有所不同，且对实践结果的要求有所区分。实训可以在校内完成，每一次实训的产出不一定要求达到标准；但实习通常在实体环境中完成，工作的产出需要达到实际规定的标准。从职业教育的特性来看，实训是实习的准备，实习是实训的延伸，也是学生从学校走向社会的过渡。一般情况下，完成实习以后，学生则毕业走向社会，学习者的角色转化为社会人或职业人的角色。

当实践课以具体的工作任务（项目）指令下达，并规定了具体的工作流程与工作要求,以完成工作流程且最终形成可视化实体、文本成果为结束标志,则被称为任务(项目)导向教学模式,它是职业教育领域倡导并广泛应用的实践教学模式。如果没有固定的工作流程,而是以最终的实体或文本成果为结束标准的实践,也可以称为成果导向教学模式。任务导向教学模式与成果导向教学模式的区别在于对工作过程的要求不同,任务导向教学模式更关注工作过程的规范化,兼顾对成果标准的要求;而成果导向教学模式更强调工作结果的标准化,相对忽略取得最终成果的方法和路径。

3. 理实一体的教学模式。

这种教学模式是在同一次课中,把理论知识的讲解和工作技能的训练交替进行的一种教学模式。这种教学模式可能是任务导向教学模式的一种演变。在理论性较强的课程中,案例教学也可以归类为这种模式。

理实一体教学模式改变了理论与实践分离的教学运行形式,突出了教学内容与教学应用性、综合性、实践性,其操作的基本要领是把理论知识套嵌在实训任务中,通过即时讲解、操作示范和即时的操练,强化教、学、做的相互融合,促进教师与学生的双向互动,通过提升学生的学习兴趣和促进学生对理论知识的理解,提升教学的效率。借助信息技术与信息化教学资源的支持,可以多次操作示范、反复呈现,便于学生即时查询,解决现场即时解惑的难题,使实训课程演变为线上线下混合教学模式。

四、教育教学过程实施

教学过程的实施实质上是教学活动的计划安排,在不同的时间范围内呈现为专业教育教学计划、课程的教学计划和课堂教学实施方案。

(一)专业教育教学计划

常规的专业教育教学计划安排通常分三个子过程,即入学教育、专业课程学习、专业实习(见表6-2)。将每一门课设置具体的授课学时和授课时间,则形成了专业授课计划(见表6-3)。

表6-2 专业教育教学计划

项目\周数\学期\学年	一		二		三		合 计
	1	2	3	4	5	6	
入学教育	1						1
军训	1						1
课堂教学	17	18	18	17			70
复习考试	1	1	1	1			4
顶岗生产实习					20	20	40
机动		1	1	2			4
合计	20	20	20	20	20	20	120

表6-3 专业授课计划

课程类别	序号	课程名称	各学期周数、学时分配						
			总学时	一 18周	二 18周	三 18周	四 18周	五 18周	六 18周
公共基础课程	1	德育教育	144	2	2	2	2		
	2	职业生涯规划	36	2					
	3	职业道德与法律	36		2				
	4	经济政治与社会	36			2			
	5	哲学与人生	36				2		
	6	语文	144	2	2	2	2		
	7	数学	72	2	2				
	8	英语	72	2	2				
	9	礼仪	36	2	2				

续表

课程类别	序号	课程名称	各学期周数、学时分配						
			总学时	一 18周	二 18周	三 18周	四 18周	五 18周	六 18周
公共基础课程	10	计算机应用基础	36			2			
	11	体育	144	2	2	2	2		
		合计	792	14	14	10	8		
专业技能课程	13	幼儿卫生与保育	36	2					
	14	幼儿心理学	72			2	2		
	15	幼儿教育学	72		2	2			
	16	幼儿游戏活动入门	72			2	2		
	17	幼儿教师口语	72			2	2		
	18	幼儿园教育活动设计与指导	108			2	4		
	19	保育员考证指导	72		2	2			
	20	普通话	72	2	2				
	21	书法	36	2					
	22	自然科学基础	36		2				
		小计	648	6	8	12	10		
	23	乐理视唱练耳	72	2	2				
	24	琴法	72	2	2				
	25	伴奏编配弹唱	72			2	2		
	26	舞蹈	72	2	2				
	27	幼儿舞蹈	72			2	2		

续表

课程类别	序号	课程名称		各学期周数、学时分配					
			总学时	一 18周	二 18周	三 18周	四 18周	五 18周	六 18周
专业技能课程	28	专业技能课	声乐	144	2	2	2	2		
	29		美术	144	2	2	2	2		
	30		幼儿园课件制作	36				2		
		小计		684	10	10	8	10		
	31	选修课	亲子舞蹈							
	32		奥尔夫音乐教育法							
	33		蒙特梭利教育法							
	34		感统训练法							
	35		育婴师课程							
		小计		72			2	2		
	36	综合实训课程	阶段实习	60			60			
		小计		60			60			
		顶岗实习		1 000					500	500
		总计		3 256	30	32	92	30	500	500

理论上专业课程的学习与专业实训是可以交替实施的，工学交替的教育教学运行模式是德国职业教育双元制的特征之一。但在中国现有体制框架下，工学交替教学模式在实际的运行中会带来管理的高成本和高

风险,故近年来已鲜有提及。但某些课程为强化学习内容与实际工作的契合,会在课程教学实施过程中安排一定的时间组织学生到社会机构学习实践,这种安排通常称为见习。见习与实习的根本区别在于:见习持续的时间通常比较短,见习的内容也比较单一,而且以某一课程的运行计划为依托;实习持续时间相对较长,内容涉及多个岗位,以专业课程的运行计划为依托。

五、教育教学过程改进

(一) 时间进程的调整

在专业教学计划的基本框架下,对具体课程教学时间进行安排以及对具体某一课程学时数进行调整,是教育教学改进最常见也是最简单的变动。调整的动因在于教学运行中总体学时资源的变动以及学校其他相关工作的整体协调性要求。一般情况下,每个学期的实际教学时间为19周,但因春节等国家法定节假日及其他客观因素,可能实际教学的时间有1~2周的变化,从而对每个学期各门课程授课的课时数略有微调。这是教学计划运行的常态,通常由学校教学管理人员实施,并以教学开工指令的形式下达给相关的部门及教学人员。但从教学管理的规范性来看,课程的实际授课时数调整幅度过大会有质量风险,应有调整教学时数变动的预警机制,建立审批的流程与审批权限。

不同课程授课的先后顺序调整也是教学计划运行的常态。课程与课程之间保持独立、平行的关系时,课程教学实施顺序的改变比较简单。但如果课程与课程之间存在知识与能力的递进关系,教学顺序的调整则存在重大质量风险,应由教学管理人员与承担相关课程教学的教师共同协商,对调整的必要性和可行性予以充分论证。

(二) 课程体系的调整

课程体系的调整涉及整门课程的增删,属于教学运行计划的重大变动,必须由教学管理人员、专业带头人、相关课程教师甚至是行业、企业的专家组成专门的团队,对课程门类调整的必要性和可行性进行论证。

课程体系的调整动因主要是本专业人才培养目标随行业、企业的变动,使目标岗位所需要的人才素质发生变化,需要增加或减少相应课程来适应人才培养目标变动的要求。需要强调的是职业院校对课程的设置并非有全部的权限,某些课程的设置是国家政策规定的,必须在教学运行过程中保障这些课程的教学时数。例如,中职学校中的军训、顶岗实习等课程以及职业生涯规划、职业道德与法规、体育、经济政治、语文、数学、英语、计算机应用基础等文化基础课程及相应的教学学时数,原则上都只能增不能减。不同学校、不同专业设置与调整空间较大的是综合实训课程,因其内容分散渗透到具体的课程门类中,也有不设综合实训课程的情况。

另一类可任意调整的课程是选修课。选修课程的门类、数量,在不违背意识形态管理的前提下,可以由学校根据校内学生的实际需要进行增减,从而为学生自主提升创造一定的渠道和空间。

(三) 课程内容的调整

教学内容的调整由承担本课程的教师团队协商解决。课程内容的调整应基于正确的教学理念:一是课程内容的载体观,即课程内容是育人的载体,这种载体是可以根据教学目标的需要予以选择和变更的;二是课程内容的适配观,即课程内容是与课程的运行密切相关的要素,但在取舍时应以与学情相适配为原则,这种适配性不仅要对实现教学目标具备有效的支持,而且要与学生的学力水平相适应;三是课程内容的整体观,即作为载体的课程内容可以通过拆分或整合,与学生的学力水平和教学目标实现对接。例如,当实践课程中的任务过于复杂,学生难以一次完成时,可以将任务拆分为若干个子任务让学生分阶段完成;或者当某种工具的使用随着行业、企业的发展已经淘汰时,使用这种工具的课程内容应予以删减,同时及时用新工具的使用课程予以替代。

(四) 课堂教学策略的调整

教学策略是教师为有效实现教学计划，采用教学程序、方法、形式、媒体的方略。其主要内容有：了解学生，有针对性地教；确定教学程序，研究如何根据学习内容的规律，合理安排教学行为过程；选择教学方法，研究达到教学目标实行有效转化的教、学双方应采取的活动方式；选择教学的组织，研究为达到教学目标，师、生在时间上有效组合的方式；确定教学媒体，主要研究为有效进行教学信息的传输、接收与加工，师生双方应采取的载体或手段。

从教学实施的过程可知，教学策略是教学设计阶段的核心任务，其基本原则是有效规划教学内容，有效运用教学资源和选择适宜的教学模式与教学方法，以期获得最佳的教学效果。教案作为教学策略的载体是课堂教学运行前预设的，在实际的课堂教学实施过程中，教师需要根据学生学习的实际情况，对预设的方案及时予以调整，这称为课堂教学调控。这种课堂的适时调控能力，是教师在长期的教学实践中逐渐总结积累形成的。

教学策略的调整不仅是对同一组对象在某一课堂教学过程中的适时调整，也体现在同一内容面向不同对象时的教学设计阶段。但无论是何种阶段的调整，其调动的动因都取决于学情与目标两个基本点，目的都是提高教学的有效性与效率。

(五) 满意度监测

教育教学服务的质量是在服务主体与客体的互动过程中形成的，具有载体的无形性、过程的依赖性、主客体的协同性和评价者的主观感受性等特征。教育教学服务首先是面向学生实施的，且学情因素是教学策略选择设计的重要因素。因此，学生作为第一客体，理应成为教育教学质量评价的第一主体。课堂教学过程中适时采集的学生满意率以及课程结束后采集的学生满意率，常常作为评价教育教学质量的重要指标，并且理应成为课堂教学质量改进的重要依据。

然而，从满意度评价模型（见图6-11）来看，基于学生的学力水平，在课程实施过程中，学生作为质量评价的主体未必能够对课程的价值与质量有准确的感知，并对课程服务的结果有恰当的期望。因此，学生的课程教学满意度评价对教育教学质量的反馈能力是有局限性的。

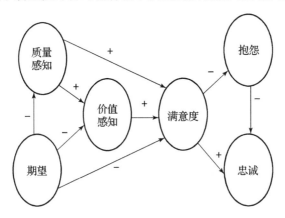

图6-11 满意度评价模型

能够对课程价值有理念判断能力的人员应是教师、行业从业人员以及课程专家。这些人员是游离于教育教学服务主体与客体的第三方，能够对课程的价值和质量从专业的视角予以评判，从而对课程运行的结果予以理性的期待。因此，这类群体虽然不是教育教学服务的对象，但具有评价教育教学质量的专业能力，这类群体的满意度能够为教育教学质量改进提供理性的、权威的依据。

第二节 教育教学支持

现代教育教学活动是一项群体的协作劳动。一个学校的整体动作主要基于三个体系（见图6-12）。

显然，支持系统是为业务系统的运行服务的。就职业学校而言，教育的产品是专业、课程与服务，教育教学过程是指实现教育产品的过

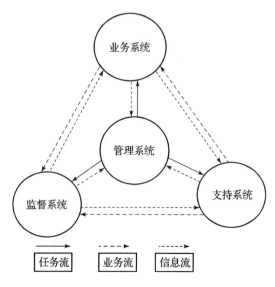

图 6-12 学校管理体系基本架构

程。因此教育教学业务应包含教学服务、生活与安全保障服务两大业务系统，支持系统则是围绕这两大业务系统正常运行的要求提供人力、财务、信息、技术、设施与设备等的支持。

一、人力资源支持

教育教学过程所涉及的人力资源不仅仅是教师，还包括为教学和学生服务的所有人员。从体系运行的流程来看，人力资源支持包括岗位设置、人员配置、培养培训、考核评价和激励等五个子过程。

（一）岗位设置

为保障学校日常业务的正常运行，职业院校的岗位主要包括教学人员岗位、行政管理岗位和工勤人员岗位三个大类（见图 6-13）。

传统的组织管理理念会把教学岗位作为学校的一线岗位，强调教学部门以及教学管理部门的重要性，突出行政管理部门在管理层次上的高层级性，而把服务岗位置于教学岗位之后，归类为后勤服务岗位。这种

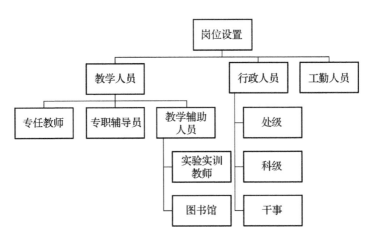

图 6-13 职业学校常用岗位设置

行政化岗位设置模式引藏着很多问题。把同类工作的人员划分在不同的层级进行管理，制约组织团队的合力的构建与提升。例如，教育教学所呈现的效果与质量，往往是服务于同一对象的不同群体综合、协作的结果，很难与专任教师、教学辅助人员、专职辅导员等角色的业绩形成直接的对应关系。而在同一个部门按行政级别设置多个层次，按行政级别实施上下级管理，只会延长工作流程而降低管理的效率，增加信息传递偏差的风险。

以服务的视角来看，教学岗位和服务岗位都是面向第一客体的岗位，只因服务的内容不同、面向学生的范围大小不同、对服务人员的素质要求不同而已，而管理岗位却后移到支持系统，使学校的组织结构呈现出扁平化特征（见图6-14），也为学校实

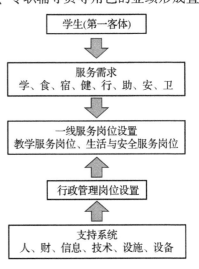

图 6-14 扁平化组织结构

施以团队绩效为核心的绩效管理模式提供了基本的思路模式。

管理成熟度高的职业院校会借鉴企业管理的岗位设置模式，减少部门内部的岗位层级，只设负责人和干事两级，用以区分并突出部门管理者的职能，促进岗位设置的扁平化。这种岗位设置模式是对所有的部门实施平行化的管理，不关注哪个部门的业务更重要，而是引导所有的部门都聚焦于服务客体需求的目标上，高度关注的是部门的业绩而不是个人的得失，从而推进不同岗位的分工与协同。

（二）人员配置

职业院校的人员配置需要关注的是两个关键：一是从业资格，二是规模结构。

1. 从业资格。

教师资格是国家对专门从事教育教学工作人员的基本要求，是公民获得教师职位、从事教师工作的前提条件。教师资格制度是国家实行的教师职业许可制度。《中华人民共和国教育法》和《中华人民共和国教师法》明确规定，凡在各级各类学校和其他教育机构中从事教育教学工作的教师，必须具备相应教师资格，没有相应教师资格的人员不能聘为教师。教师资格法定凭证为《教师资格认定申请表》和教师资格证书，在全国范围内适用。

在生活与安全服务岗位上的人员也有部分岗位有从业资格的要求，例如，从事电路与电器维修服务的人员需要持有电工证，提供餐饮服务的人员需要有健康证等。

2. 规模结构。

根据教育部对职业学校办学标准的要求，教师队伍的数量应与在校生规模相适应，通常要求师生比为1∶16。2019年10月，教育部、国家发展改革委、财政部、人力资源和社会保障部四部委印发《深化新时代职业教育"双师型"教师队伍建设改革实施方案》，提出"到2022年，职业院校'双师型'教师占专业课教师的比例超过一半"。2020年

1月,教育部公布实施《新时代高等学校思想政治理论课教师队伍建设规定》,要求思想政治理论课教师队伍规模按师生比不低于1∶350的比例。这些文件对职业学校教师队伍的规模及结构提出了明确的标准要求。

(三) 培养培训

以过程管理的视角看,人员的培养培训可以按两种思路进行策划和实施:一是以个体为单位的培养和培训,二是以团队为单位的培养和培训。其中以个体为单位的培养和培训主要有两个方向:一是以职业生涯发展为路径,二是以岗位能力提升为目标导向。具体内容如下。

1. 以个体为单位的培养和培训。

(1) 以职业生涯发展为基本线路。教师的职业生涯发展主要分为入职、在职、轮(转)岗、离职等四个不同的时段。入职培训的目的在于使新入职人员熟悉岗位职责与工作任务,在尽量短的时间内完成从事本职工作所需能力的习得过程。在职培训则是在人员已经能够完成本职工作的基础上,通过继续学习获得完成更复杂、更具挑战性的任务的能力。轮(转)岗培训则在为人员轮换到另一个岗位,使人员获得更多、更宽的岗位业务适应性所实施的培训。而离职培训与轮(转)岗培训的区别在于培训的重点是对即将离职的人员因离职可能带来的潜在的不良心理予以疏导。

职业教育的人员配置,其特殊点在于专业的动态性对教师职业生涯发展的影响,而且最集中体现在教学服务岗位人员上。因学校外部环境的变动导致专业的设、转、并,会彻底打破教师原有岗位业务的"舒适圈",迫使教师处于被轮(转)状态而导致职业心理的剧烈反应。管理成熟度高的组织应充分、全面考虑这一特殊时段的人员需求,予以适当方式的引导与疏导。

(2) 以能力提升为目标导向。以能力提升为目标导向的人员培训主要集中在人员的在职阶段。显然不同岗位的人员所需的职业能力有所不同。一般情况下,职业院校都会高度关注教师的能力提升。但一个管理成熟度高的组织,会从服务人员能力整体提升的视角,使人员培训工作以教师为重点,向全体员工辐射,并关注不同人员能力提升的需要,对培训的频率、培训内容、培训形式等要素进行有效的策略规划和设计,从而提升全员的获得感与满意度。

2. 团队建设。

团队建设是指为了实现团队绩效及产出最大化而进行的一系列结构设计及人员激励等团队优化行为。影响团队建设有效性的因素主要是目标的同一性、成员的信任度和文化的凝聚力。

在多数职业院校中,比较成熟的管理理念将教学岗位定义为一线岗位,行政管理部门与教学岗位形成服务与被服务的关系。团队是根据岗位设置及"自然"形成的工作团队,如财务部、教务部或系(部)、教研室等。不同的团队之间根据行政管理的层级形成直线制(见图6-15)。这种团队组织结构模式对教育教学常规业务的支持极其有效,特别是为维护日常的教学秩序、保证教育教学业务系统的规范运行提供了强大的支撑力。

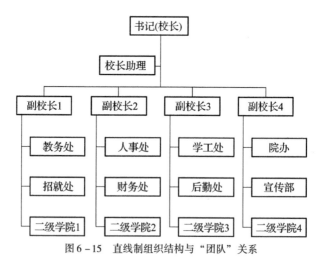

图6-15 直线制组织结构与"团队"关系

但是这种直线制的团队关系因极其明确的职责边界和团队专业背景的相对一致,导致在重大的、非常规的、创新性强的任务上常常显现出沟通效率低、团队整体能力不足、执行力薄弱等问题,事业部制的"跨界团队"建设可能是解决这一问题的有效路径(见图6-16)。

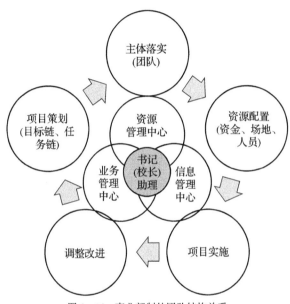

图6-16 事业部制的团队结构关系

跨界团队组合实际上是以任务目标为导向、以能力互补为原则,汇集业务流、信息流、资源流于一体的项目团队构建模式。在工作实践中,这种模式有不同深度层次的体现。例如,为了提高学习的效果,期望于通过讨论促进不同人的思想碰撞,从而产生创新性的理念和方法,把不同部门、不同岗位的人员编制在同一个学习小组,令其对指定的任务展开讨论,这是在课堂教学过程中常常采用的方法。再如,组建一个课题的研究团队时,充分考虑研究目标与研究内容的需求,跨教研室、跨系(部)地吸纳不同岗位的人员,按研究计划与任务进行合理分工,从而有效发挥课题研究团队的工作实力,为课题的可行性提供能力保障。当某一重大项目下达时,或者组织在特殊的时间节点、面临重大组织变革时，跨界团队成员的构成不仅需要打破本组织内部的行政管理结构，甚至需要打破行业、专业的障碍，以寻求更为宽广的人力资源的有效支持，从而将岗位配置与人员培训两个环节的工作融为一体。

（四）考核评价

对人员的考核评价是对组织内部员工的工作绩效的测评。在实施考核评价过程中，应注意保障样本数据的有效性和评价结论的合理应用。

考核的目的是为激励提供有效的依据。样本数据的有效性与数据规模、采样对象、采样方法、采样范围、采样频度等因素密切相关，且直接影响评价结论的有效性。以制度形式固化考核评价数据的征集方案，有助于营造公平、和谐的组织文化，提升组织的凝聚力。反之临时性、隐秘性的考核信息采集方式，极易导致员工的反感，甚至可能导致考核结论失去应有的公信力。将评价结论予以公示，并建立申诉机制，是防止考核评价过程质量风险的有效手段。

（五）激励

激励的过程就是激发人的动力，使人产生一种内在的力量，朝着所期望的目标努力的活动过程。考核评价并不是最终的目的，而是为有效激励提供可靠依据。

1. 激励理论。

按马斯洛的需求层次理论，需求有五类，由低层次到高层次依次为生理需求、安全需求、社交需求、尊重需求和自我实现需求。根据人的不同需求，有针对性地采取不同的激励措施，容易取得应有的效果。

当前，在人员流动的障碍基本消除的社会发展阶段，工作环境因素可能是推动人员流动的重要因素，但在组织内部，工作环境因素相对稳定，且维持在一个可接受的水平之上，则工作环境的优化不会对成员工作的主动性和创造性产生激励作用，单调的、简单的重复性劳动极易消耗员工的情感，诱发员工的职业倦怠。适度地提升目标任务难度，或提供具有多样性、丰富性和挑战性的工作任务，则能有效激发员工的"斗志"，提升员工的工作热情。

满意度评价模型同样有助于对员工行为的分析。当员工不能准确理解目标任务的价值时，会对完成目标任务的结果满意度形成制约，继而降低对组织的忠诚度，或对组织产生抱怨。同理，在现实生活中，对同一目标，因各人的需求不同、所处的环境不同，他们对目标的价值理解和期望也会有很大差异，因此在参与此项工作中所付出的努力也应各不相同。而且根据归因理论，有成就需要的人会把成就归因于自己的努力，而把失败归因于别人努力不够。反之，成就需要不高的人则归因相反。当员工把行为的结果与周围的人进行"横向"对比时，就可能对激励的公平性提出质疑。

因此，新行为主义认为：人类的许多行为都是具有操作性和工具性的。人由于某种需要而引起的探索或自发的活动，在探索的过程中，若一种反应成为达到目标的一种工具，人就学习利用这种反应去操纵环境，从而达到目的和满足需要。

2. 激励模式与组织发展周期。

组织的发展周期常分为上升期、平台期和衰退期三个阶段。根据激励原理，通过调节和作用于某些激励要素，以有效激励员工保持良好的工作业绩，促进组织持续发展，上升期提高成长速度、平台期延长平衡发展时间、衰退期延缓速度是激励理论应用于教育教学管理的基本动因。

常用的激励模式有目标激励模式、利益激励模式、参与激励模式、情感激励模式和文化激励模式。这些激励模式在组织发展的不同阶段或对不同的团队成员将产生不同的效果，并且在一定程度上也反映出组织管理的成熟度。在发展的起步阶段，目标激励模式与利益激励模式可能起关键性作用，通过绩效分配制度的改革，形成奖优罚劣的激励机制，组织管理逐渐走向成熟，理解、尊重、信任等人际关系相对稳定，组织的凝聚力也会明显提升，员工满意度提高，组织发展轨迹呈持续、快速上升趋势。但随着管理成熟度的提升，也可能造成组织管理僵化、形成新的组织团队壁垒以及因组织创新力不足而造成组织在外界市场的竞争力不足的风险。

值得注意的是，不同的激励模式的有效性都有其边界，超出其边界则很难呈现激励模式应有的效果。同时，各种激励模式也不是相互隔离甚至对立的关系，而是相互作用、相互渗透的关系。在何时、何地，何人选择采用何种激励模式，关键在于管理者对需求的准确识别。

二、财务资源支持

学校作为社会的一个独立的法人组织，在教育教学运行过程中，与其他的社会机构之间发生经济利益关系。账务管理要研究学校的资金运行及财务关系，这是职业学校财务管理与其他企业财务管理所具有的共性。但职业教育作为一种公益性的服务，财务管理理念与企业有着本质的区别，企业的财务管理追求的是利润的最大化，而学校的财务管理强调的是收支平衡。

（一）学校资金结构

学校的资金来源分为非税收入、财政收入及其他三个部分，其中非税收入主要是指从学生中收取的学费、教材费、住宿费、水电费等，财政收入是指政府按学校办学规模投入的课题研究、专项建设等经费，其他收入部分各校不尽相同，主要是学校依托自身的办学资源面向社会开展租赁、培训等业务的创收，还包括学校为发展向银行申请的贷款等。资金的使用则主要包括教学运行经费、专项建设经费及人员经费，有贷款还有还贷支出等（见图 6-17）。

（二）资金的预算、决算

1. 资金预算。

学校的资金预算要根据上级财政管理部门下达的年度有关各项财政预算定额参数和经政府批准的学校办学收费项目及标准，结合年度招生计划进行测算编制。既需考虑事业发展的需要，又必须充分考虑财力的

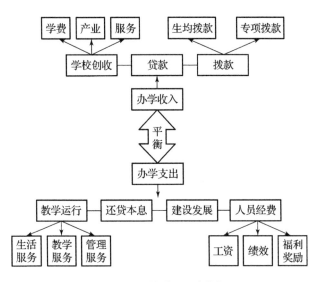

图 6-17　学校资金基本结构

可能，确保学校发展建设规划符合法定支出和重点支出需要。不同时期的资金预算投入的侧重点可能有所不同。财务部门要按"轻重缓急、保证重点、兼顾一般、积极稳妥、实事求是和收支平衡"的原则对每一年的资金进行预算。一般情况下，特别是在八项规定实施以后，财政拨款支出安排的出国（境）费、车辆购置及运行费、公务接待费这三项经费大幅缩减；行政公用经费严格控制，人员绩效按编制与学校在校生规模予以核定；重大建设项目投资占比加大。

2. 资金决算。

财务决算是对资金的实际支付情况所进行的统计与总结。其作用主要是总结一年来的收支情况、年度预算完成情况，或某一建设项目的进展情况、预算执行情况，以便做到心中有数，为做好下一步工作准备有关资料。资金决算要做到数据真实、准确、完整，各项指标口径衔接一致。通过资金决算表，可以反映学校财务状况、办学能力、发展潜力，并有效实现财务监督监控，为评价学校办学绩效和宏观决策提供科学依据。

（三）账务审计

审计部门应围绕为学校领导决策服务、为教育教学服务、为广大教职工服务的原则开展工作，在维护财经纪律、优化育人环境、促进精神文明建设、改善经营管理、提高办学效益等方面发挥监督管理及保驾护航的作用。

1. 财务审计的职责范围。

根据《教育系统内部审计工作规定》（教育部令第47号）第20条内部审计机构应当按照国家有关规定和本单位的要求，对本单位及所属单位以下事项进行审计：贯彻落实国家重大政策措施情况；发展规划、战略决策、重大措施和年度业务计划执行情况；财政财务收支和预算管理情况；固定资产投资项目情况；内部控制及风险管理情况；资金、资产、资源的管理和效益情况；办学、科研、后勤保障等主要业务活动的管理和效益情况；本单位管理的领导人员履行经济责任情况；自然资源资产管理和生态环境保护责任的履行情况；境外机构、境外资产和境外经济活动情况；国家有关规定和本单位要求办理的其他事项。

2. 财务审计的方法。

财务审计通过按审计的项目类别分为设备采购项目审计、基建修缮工程项目审计和经费使用效益审计。对设备采购项目审计应检查设备选型论证是否充分，确保采购是从专业建设需求出发、充分了解市场供给情况、通过货比三家来选择意向设备厂家和型号等参数，并且价格合理，这样能提高办学的社会效益和经济效益。对基建修缮工程项目审计应跟基建管理部门联合，通过查看图纸和造价情况，避免设计超标准造成的设计浪费；内审外审结合，共同完成基建修缮工程项目的预结算审计；加强施工过程的审计跟踪，要对外审完成的预算和结算进行复核；对小额修缮项目独立完成审计。教育经费的使用效益应加强对国有资产管理和使用审计，摸清家底，优化配置，避免资产闲置不用的浪费，通过使用情况登记表记录设备使用情况，新设备长期不用的，适当追究设备申购责任人的责任。

三、信息资源支持

(一) 信息、数据、知识的关系

不同时期的各国学者对信息的内涵有不同的定义。有人把信息称为情报和消息，有人把信息视为数据，或者称为资料。不同的定义源自对信息不同角度与侧重的理解。通信的本质是传输信息，为了解决通信中的各种问题，需要深入研究本质及其度量的方法。因此，通信领域最早把信息作为科学对象加以研究，并逐渐应用到生命科学以及经济领域。随着互联网的普及和利用，网络世界把信息带到了人类社会生活的每一个角落，使信息具有普遍性和不可或缺性。人们对信息的理解包括在网络上的一切数据、符号、信息、资料，是一个无所不包的庞大的集合体。

根据近年来人们对信息的研究成果，信息比较公认的概念可以概括为：信息是客观世界中各种事物的运动状态和变化的反映，是客观事物之间相互联系和相互作用的表征，是客观事物运动状态和变化的实质内容。

信息是可依附于文字、声像、实物等媒体的客观存在，由于人的感知能力、理解能力和目的性，使信息有了效用性价值的判断与取舍。因人对信息的存储、传递、加工、共享，使信息在时间、空间以及组合等维度上发生变化，形成新的信息形态。因此，信息的特征表现为客观性、普遍性、不完全性、依附性、时效性以及可传递、可存储、可扩散、可共享、可加工等。信息按空间状态分为宏观信息、中观信息、微观信息；按信源类型分为内源性和外源性信息；按时间分为历史、现时、未来信息；按价值分为有用、无害、有害信息；按载体分为文字、声像、实物信息；按性质分为语法信息、语义信息和语用信息；等等。

按信息性质分类形成的三个类别也被称为信息的三个层次：语法涉

及"事物运动的状态和状态改变的方式"的本身,是信息最基本的层次。语义语用信息都是基于语法信息,借助于语法传输的(见图6-18)。

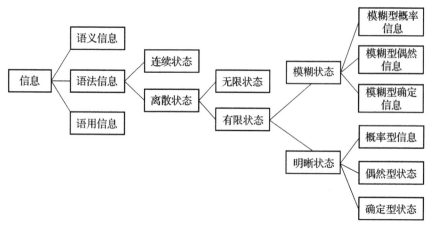

图6-18 按信息性质分类

数据是承载或记录信息并按照一定规则排列组合的物理符号,可以是数字、文字、图像或者声音、计算机代码。信息是数据承载的内容,对同一信息,其数据表现形式可以多种多样。知识是信息接收者对信息提炼和推理而获得的结论,即传输者的知识—数据—信息—接收者的知识。

教育教学过程是一个知识传递的过程。在此过程中,存在两个数据信息的转换:一是教师依据自己的学识将已有的知识转换为教育教学的信息向学生传递;二是学生依据自己的学力对教师传递的信息进行接收与解码,最终沉淀、内化为自己的学识与素养。由此可见,人的认识能力和理解能力为数据转化为信息、信息转化为知识、知识的有效融合和新知识的创造提供了必不可少的条件。

(二)互联网时代背景下教育教学信息的规范管理

在人类社会中,当信息产生后便要流向特定的利用者,使信息的生产者和利用者之间形成不断的流,这称为"信息流"(见图6-19)。

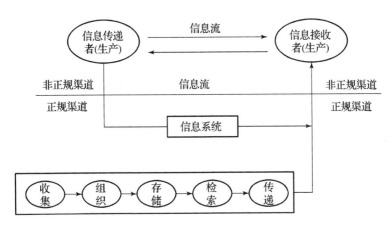

图 6-19 人类社会信息过程

信息管理的狭义定义是指对信息本身的管理,即采用各种技术方法和手段(如分类、主题、代码、计算机处理)等对信息进行组织、控制、存储、检索和规划,并将其引向预定目标。而广义的信息管理是指对涉及信息活动的各种要素(信息、人、机器、机构等)进行合理的组织和控制,以实现信息有关资源的合理配置,从而有效地满足社会的信息要求。信息化社会的特征之一就是信息量的指数级增长。如果不对信息流予以控制,就不能有效地利用信息,甚至危害人类的生存和发展。因此,对学校教育教学信息的管理,本质上是对学校信息流的管理,形成信息生产与有效利用的工作机制,提升信息有效传递的效率和防范不良信息危害教育教学质量的风险。

1. 信息管理流程。

根据信息生命周期,信息管理分为创建、采集、组织、存储、利用、清理六个阶段(见图6-20)

信息管理是对信息生命周期中各个阶段的管理。在信息创建阶段,信息的产生和发布有很大的自由度与随意性,需要从组织的视角对信息来源与信息内容实施价值判断,同时对信息的标

图 6-20 信息生命周期

准格式予以规范。信息采集是信息开发利用的起点，常见的信息采集方式有自动获取和手工采集两种。面对增长速度快、多载体、多格式、多渠道的信息内容，通过制度确定信息采集的政策，明确信息采集的内容与范围，是对采集过程的管理。信息组织阶段的任务是将采集到的大量、分散、杂乱的信息进行进一步的筛选、分析、标引、著录、整序、优化，使之形成一个易于用户有效利用的系统的过程。将信息存储在相应的载体和介质上，是将不可得转化为可得，继而从可得转化为可用的管理过程。借助专业搜索引擎使用户能够按自己的需求检索和提取信息，就是利用阶段。随着时间的推移，信息逐渐老化而失去其原有价值，没有再继续保存的必要，即可按相应的政策、制度对信息进行清除，这样就完成了信息全生命周期的管理。

2. 信息管理制度体系的建立。

结绳记事是古人管理信息的原始形式。图书馆是文字产生以后，人类以文字形式存储信息而产生的信息管理组织。因文献收藏内容基本上是社会生活中的各种文字记录，是各类文书档案，因此早期的管理图书与档案的社会机构是"同源"的。随着社会的发展，图书馆和档案馆出现了分流，实质上是不同组织对信息类别的选择性采集。

信息管理制度需要解决的是"管理什么、谁来管、怎么管"的问题。管理什么是对信息内容的选择，谁来管是要明确管理的责任者，怎么管则涉及信息采集的对象、时间、范围、传递渠道、传递方式、信息的标准格式以及存储载体、介质、存储位置等要求。在大多数情况下，学校的信息管理分为宣传信息、档案信息、工作运行相关信息三个大类。其中宣传信息是主要是新闻、报道方面的内容，信息形成的主体有校内、校外的人员，故管理的风险点在审核，审核的关键要素是信息的真实性和是否有害的价值判断，并根据这些价值判断把控信息发布的对象、渠道、范围，从而提升信息利用的效益。以是否有害为判断标准的信息管理还延伸到意识形态管理领域，使审核工作前移到信息产生的源头。同时，通过对信息发布后的舆情监测，使审核工作后移以防范潜在的舆论风险。工作运行信息是在日常工作中形成的，从质量管理的视角也可以称为记录凭证性文件。但并非所有的记录凭证性文件都能够或应该转化为档案材料。一般情况下，与学校资产、经费、成果等或与学校办学历史相关的材料，教师个人的党员发展信息以及学历、学位、职称信息，学生的学籍信息等是应该作为档案材料保存的，并且有相对长期的保存期限，甚至要求永久保存。但在办学过程中形成的各种动态调整的运行材料，如调课单、考试卷等则可以由业务部门自行管理，适当缩短保存期并按时、按规销毁。

信息管理中还需要注意信息保密机制的建立。根据信息安全的等级划分，信息可以分为 A、B、C、D 四级，其中，A 级为密级信息，含绝密、机密、秘密三个等级；B 级为敏感信息；C 级为内部管理信息；D 级为公共信息。根据信息的级别可以同时确定信息发布的等级，即 C 级以上信息不得发布，C 级以下信息（含 C 级）可以在外网发布，但必须严格执行信息发布审批制度。任何人不得制作、复制、发布、传播含有有害内容的信息，如反党、反宪法的信息；泄露国家秘密，危害国家安全，损害国家利益，破坏民族团结，破坏国家统一的信息；宣扬邪教和封建迷信的信息；散播谣言，扰乱社会秩序，破坏社会稳定的信息；散播淫秽、色情、赌博、暴力、凶杀、恐怖、教唆犯罪的信息；其他法律、法规禁止发布的信息。

3. 传统信息服务模式的当代审视。

传统的信息管理以信息源为核心，管理的重心在"藏"。由于信息量的剧增，在实地馆藏容量有限的情况下，出现了各种信息载体的开发应用，并借助计算机系统，不仅创设了极大的信息虚拟存储空间，也建立了快速高效的信息检索路径。但是，随着社会的发展，信息呈现碎片化、爆炸式增长，而信息的时效性也随之缩短，在顾及高效处理、传播的同时，也出现了如何有效利用、共享的矛盾以及信息安全和信息利益等问题。需要从经济学资源高层决策战略需求的角度对信息活动进行资源性质的管理。因此，把技术、经济、人文三种手段结合起来，对网络信息资源进行管理显得十分迫切。

(三) 智慧校园建设

"互联网+"打破了权威对知识的垄断,让教育从封闭走向开放,人人能够共享知识、人人能够获取和使用知识成为常态。教师与学生的界限不再泾渭分明,教育组织与非教育组织的界限已经模糊不清。与此同时,"互联网+"也加速了教育自我进化的能力。在"互联网+"的冲击下,教育资源需要重新配置。

1. 智慧校园的内涵与特征。

智慧校园的提出源于 IBM 于 2008 年提出的"智慧地球",是信息技术视野下的新理念、新管理模式和具有系统化思维以及数字化、数据化、网络化、智能化特征的外延系统,其目的在于变革人与人、人造系统与自然的交互方式。智慧校园的发展经历了网络化、数字化、信息化三个不同阶段。在网络化校园时代,信息对教学的作用以互联互通为目标,并以扩充校园网带宽为基础,以多媒体教学、一卡通、视频监控等资源建设为主要目的,促成了学校教学、办公、科研等各项管理能力的提高。随着信息资源异常丰富及各类信息不断整合,校园网络也进入了成熟应用和持续运行的数字化阶段。数字化阶段的特征体现于校园网的"超高速"和信息的"泛载"性,在一套统一的网络基础设施平台上,通过虚拟化技术形成各类资源池(如网络、计算、存储及安全等),然后根据业务或用户的需要进行分配,达到校园网络的泛载。但存在资源利用率低和基础设备投入成本高的缺点,信息孤岛的形成是此阶段的普遍问题。相互割据的网络使建设成本高、维护烦琐、资源利用率低、能耗高、占用空间大。随着大数据、云计算、移动互联等信息技术的引入,学校的信息系统可以通过虚拟化技术让校园网满足各种业务需要,实现网络带宽、服务器、存储资源的有效分配而呈现"智能化"。而这种智能化的具体体现就在于信息的采集、存储、处理、推送等环节的信息管理实现了自动化。数字校园与智慧校园的根本性区别在于:数字化时代信息更多地表现为方便"施者"控制和管理外部世界,而在智慧校园中,数据将更加充分地流动与更加透明,数据的利用过程更加注重责任和体验,更加注重利他和激发包括"施者"和"受者"在内每一个人的活力。

2. 智慧校园建设的关键技术。

大数据、云计算、移动互联是智慧校园建设的三大关键技术。大数据技术是指从各种类型的巨量数据中,快速获得有价值信息的技术。

大数据不仅指数据规模的巨大,同时也包括采集数据的工具、平台和数据分析系统等软、硬件,大数据意味着体量大、多样性、价值密度低、速度快。学校师生在校期间甚至在离校后的一定时期内产生大量的学习、教学、科研、奖惩数据,这些海量数据中包含了学校常规管理的业务,如人事、教学、财务工作等。将这些数据应用无缝集成技术进行采集,并根据消息源、接收方、消息正文、消息类别和消息传播媒介等五个方面的要素将数据进行结构化分类处理,则为数据的推送和利用奠定了基础。

云计算是一个可容纳大量数据信息的集合体,其作用就是为网络用户提供一个虚拟的、抽象的、具有较大存储能力和分析能力的平台。云计算为学校师生在日常中产生的巨量数据提供存储空间,同时通过数据安全、信息管理、存储等方面的分析,找出师生的服务需求、行为习惯,从而整合、总结出对不同用户有价值的信息,实现信息的共享,并为不同需求的用户改变行为、做出决策提供可靠依据。

移动互联是指互联网技术、平台、商业应用与移动通信技术结合并实践的活动的总称,它是桌面互联网的补充和延伸,具有终端移动性、业务使用的私密性、终端和网络的局限性、业务与终端及网络的强关联性等特点。移动互联是智慧校园用于构建信息来源与分享的渠道。

3. 智慧校园助推教育方式变革。

课程的构成要素包括主体、对象、内容、方法路径、时间、空间等六个方面。"慕课"是大规模的网络开放课程,是为了传播知识而由具有分享和协作精神的个人组织发布的，散布于互联网上的开放课程。与传统的课程相比，慕课打破了传统课程中时间、空间要素的局限，突出了学习者内生动力对提升学习质量的作用；慕课的课程资源呈现碎片化，能降低学习难度；课程内容可随时暂停和反复回放，以适应学习者的学习节奏。这些特性都使传统课程从群体性学习向个性化学习转变。同时，这些特性也将改变课程载体的形态、结构、技术条件。以纸质媒体承载课程内容的传统教材，因其固化的、缺乏弹性的内容形态已难以适应个性化学习的需要，因而将逐渐被立体化、活页式的新形态教材所替代，课程内容则需要融合专业性与校本性。线下的授课也将逐渐演变成线上或线上线下相结合的教学模式，这对课程资源的丰富性、开放性提出了新的要求，推动了课程开发的协作性与共享性、教学体验的交互性与参与性。

四、技术支持

（一）教育技术的内涵和定义

人们对教育技术的认识是逐渐深入的。广义的教育技术是人类在教育活动中所采用的方法、工具与所要求教育参与者的技能之和，是为了促进学习，运用教与学的规律，设计教学过程，开发、使用和管理教学资源所采用的技能、工具和方法的综合体。狭义的教育技术是指在解决教育教学问题中所运用的媒体技术和系统技术。

1. 教育技术的本质特征。

教育教学是一个信息沟通与传递的过程。在这一过程中，不仅有各种技术硬件对信息传递的有效性与效率所提供的支撑，同时也离不开人对传输信息的有效开发、选取、整合以及信息推送时间、空间、速度、频率等要素的组合、集成的方法策略的设计。因此，教育技术的本质特征有三个方面：一是对各种教学资源的开发，包括人、财、物、信息等；二是用系统方法设计和组织教学过程，有效、高效地利用教学资源；三是追求教育的最优化，通过对教育过程的控制，为提高教育质量、实现教育过程最佳效果服务。

2. 教育技术的分类。

教育技术分为有形（物化形态）和无形（智能形态）两大类。物化形态的技术是凝固和体现在有形的物体中的科学知识，包括从黑板、粉笔等传统教具到电子计算机等一切可用于教育的器材、设施、设备等系统软件；智能形态的技术是指那些以抽象形式表现出来的，以功能形式作用于教育实践的科学知识，如系统方法等。

3. 教育技术的发展趋势。

传统的教学手段主要通过语言媒体、文字与印刷媒体，使用黑板、粉笔、挂图、模型、教科书等实施教学，是视觉信息与语言信息相结合的一种教学模式。教育的技术支持主要体现教学主体——教师的个人素质以及教学内容的系统化设置，并通过教具应用以强化信息传递的效率。随着信息技术的不断发展，物化的信息技术与教师智能化的教学素养深入整合，使教学技术从以口头语言、文字和书籍、印刷教材、电子视听设备为依托的视听教学转向集成多种媒体信息的网络化教学（见图 6-21），并依托互联网技术而呈现出自动化、微型化、多样化、网络化、交互化、大众化、综合化、系统化和科学化的趋势。

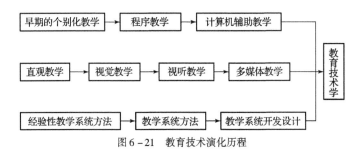

图 6-21 教育技术演化历程

（二）教育技术的原理

教学过程是传播教育过程，也是教与学双方有意识地进行沟通的过程。

1. 信息传播模式。

传播理论对教育技术的贡献是它对教学传播过程所涉及的要求、教学传播过程的基本阶段及教学传播基本规律的归纳。基于现代传播学的奠基人之一拉斯维尔的 5W 模式（见图 6-22），布雷多克提出了教育传播过程的规律，影响教学信息传播效果的因素如图 6-23 所示。

图 6-22　拉斯维尔 5W 模式

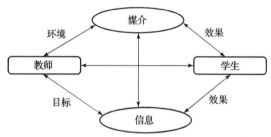

图 6-23　影响教学信息传播效果的因素

信息论的创始人香农及其同事韦弗在研究信息流通过程时，提出了香农—韦弗模式。在这一模式中，传播被描述为一种直线性的意向过程，包括了信源、编码、信道、译码、信宿、干扰六个因素，后来在该模式中又加了反馈因素，形成了双向传播模式（见图 6-24）。

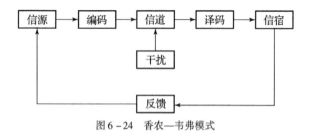

图 6-24　香农—韦弗模式

2. 系统科学理论。

所谓系统是指由相互联系、相互作用的要素组成的，具有一定结构和功能的有机整体。如果说传播模式为教育技术的选择与应用提供了分析模型,支持教师从各个不同的环节要素对课堂教学予以优化,那么,系统科学理论则为教师提供了科学的思维模式。

整体性是系统的本质特征,提示系统中各要素的自身状态及相互关系的形式决定了整个系统的总的功能和效用。以合格率为例,某系统中每个子过程的合格率(或满意率)都达到99.5%,好似为一个比较优质的运行结果,但经过五个相互衔接的子过程的传递,系统的总体合格率仅为 95%×95%×95%×95%×95% = 77.4%。显然,一个学校整体的教育教学质量的传递也符合这一规律,从而提示整体的质量取决于每个环节的100%合格(或满意)。

没有反馈不成系统。反馈是把已给定的信息作用于对象后所产生的结果再输送回来,并对信息的再输入发生影响的一种过程,它使过程形成一个闭合的回路,即 PDCA 循环(见图6-25)。

所谓有序,是指系统由低级的结构变为较高级的结构。由于每一个 PDCA 特征中的"P"都是在经过改进以后重新优化的输入,从而使系统的运行状态呈现有序的螺旋上升的轨迹。

(三) 现代教育技术的地位与作用

现代教育技术是指有别于传统的口耳相传技术的当代多媒体、互联网乃至虚拟现实的信息化教育技术,是在教育中运用的电子技术、信息技术等现代教育媒体及其相应的应用方法、策略、技巧和经验。从物化形态技术来说,现代教育技术更多地注意探讨现代信息技术的教

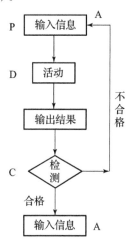

图6-25 信息反馈模式

育应用,它主要以多媒体和网络技术应用为核心,目的在于形成以多媒体和网络技术为基础的教学环境和学习环境;从智能技术的角度来说,现代教育技术的应用必须以先进的教育理论为指导,为提高教学质量、实现教育过程最优化服务。

现代教育技术对教育教学的作用体现在四个方面：一是扩大教育规模。利用现代教育技术，能够突破课堂教学的时空限制，使更多人受到教育，使更多人享受优质的教育资源，从而推进教育公平。二是提高教育教学质量。现代教育技术融合了多种类型的信息资源，以其生动、形象、感染力强、易于激发学生学习兴趣和内部动机的特征提高了信息传递的有效性。三是提高教育效率。现代教育技术能够利用各种信息载体对学生的各种感觉器官形成多渠道、全方位的刺激，激发人体多种感官对信息接收与处理的协同机制，从而强化信息的存储、记忆的潜能，提升信息传递的有效性。四是促进教师的专业化。教师专业化的实质是教师个体专业素养与专业技能的发展过程。现代教育技术带动了教师课堂教学模式的变革，对教师的专业能力提出了新的要求。信息化素养成为教师专业素养的重要组成部分。现代教育技术为教育人力资源的开发与质量提升提供了新的空间与方法路径。

五、设施与设备支持

职业学校日常运行的需求有生活、学习两个方面，都需要系统设施与设备的支持。

（一）基于有效运行的设施设备支持模式

1. 管理的边界。

及时有效的服务不仅包含固定资产的配置，也包含日常运行耗材的及时供应保障（见图 6-26）。

在通常情况下，对"硬件"的认知主要是对实体物化资产的认识。随着学校信息化程度的发展，各类软件系统、AR（增强现实）、VR 设施与设备也在不断增多，对教育教学支持的力度也在不断加大，虚拟现实的设施与设备也必然被纳入学校资产管理的范畴。

2. 以保障有效使用的设施设备管理模式。

设施设备的使用是其支持教育教学的具体体现，保障设施设备有

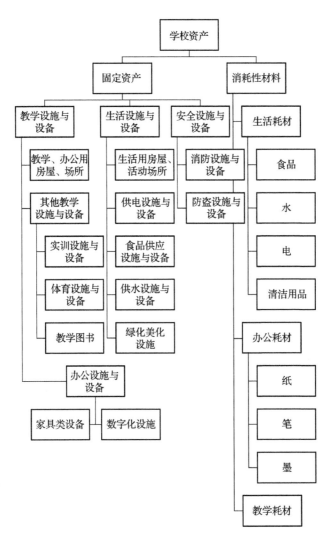

图6-26 职业学校的资产分类

效、高效地使用,是设施设备管理的目标要求。这种管理理念所定位的设施设备支持模式突出的是设施设备运行性能的保障。由于不同设施与设备的运行寿命不同,性能的稳定性以及运行环境的要求均有差异,故通常按维护、检修的频率、难度划分管理类别,建立运行故障风险评估与监测体系。同时配置适当的维修人员，以报修应答时限评价其支持教学的服务质量水平。

由于设备的多样性、复杂性以及管理规模的不断扩大，硬件设备的维护业务所需求的人员队伍能力结构将发生根本改变，使设施设备支持的主要矛盾转向人员技术能力不足，这最终可能对学校的管理机制提出挑战。

（二）基于生命周期设施设备支持模式

必需、够用是设施设备支持教育教学的必要条件。在实际工作中由于各种因素的作用，某些设施设备的使用率低下甚至长期闲置。另一种比较常见的现象是忽视"老"设施设备的价值评估，从而降低了这些设施设备对教育教学的支持力度。

基于生命周期的设施设备支持模式与基于有效运行的管理模式的根本区别在于，基于生命周期的设施设备支持模式高度关注建设期与淘汰期两个阶段中对设施与设备的价值评估。建设期是从需求的提出到交付使用的全过程，又可能细分为需求论证、选型（方案）论证、招标采购、合同实施、合同验收等若干个子过程。需求论证需要关注的是必要性，包括与专业及其规模的适配性问题；造型（方案）论证则关注的是前瞻性与性价比问题，特别是更新迭代速度极快的信息技术设施与设备，更需要结合学校发展中、远期目标，纳入学校整体规划、顶层设计的范畴进行评价。淘汰期也需要对设备的价值进行再认定，特别是与学校的发展历程密切相关，具有物证价值的"老"设施设备，即使没有在一线领域支持教学，但仍可发掘其历史价值发挥其作用。评估确定的不能继续有效支持教学的设施设备，应按规定流程予以淘汰，移出现场并在资产账上销账。

（三）以服务的视角对设施设备支持的审视

职业学校学生大多为住宿生，其日常生活中的饮食、住宿、交通、环境卫生、健康诊疗、困难资助等都将纳入学校服务的内容中，使传统意义上的"后勤"服务转移到直接面向学生的"前台"。这些生活服务是学校办学的必要条件，也反映出学校管理模式与管理质量水平。

生活服务管理模式有学校自主经营与外包服务模式。根据外包内容、时间还可以再分为长期承包和临时承包两种。如引进餐饮企业入校经营，在校内建立"微"市场激发不同企业的竞争，以提升师生的餐饮质量。这种外包期相对较长的外包模式，管理的侧重点在于对引进的服务主体的资质的审核及对运行过程质量的监督。而临时性的服务外包，如学生异地活动的交通保障，这种临时性的服务外包方式因需求的临时性及时间的紧迫性，对服务主体的资质难以实施精细化的考核，存在一定的风险，体现在服务成本控制的有效性和服务质量的不确定性上。

学生的实习是职业学校教育教学服务的重要过程。在此过程中实习单位的场地、设备作为学校设施设备的延伸和补充，在人才培养中发挥着重要的作用。但以社会角色的视角而言，实习单位与职业院校是服务的上下游关系，双方融合度不同，则对教育教学的支持程度有相当大的差异。在低水平的融合状态下，实习阶段被视为教学服务的"外包"模式，企业占据"谈判"的主导地位，因为给学校提供了实践教学的支持，所以作为有偿服务的回报，学校应为企业支付"教学服务"费用。而在校企深度融合的模式下，育人的主体资源、设施与设备资源在资产的权属上实现"你"中有"我"、"我"中有"你"，在育人的目标上高度统一，设施与设备权属上的配比与分权在教学与生产的运行使用上相互交替，从而为提升人才培养质量提供了最有效的支撑，这是职业教育设施与设备支持教育教学的最高境界，目前还鲜有达到这种境界的优秀范例，多数还处于校企双方根据各自的利益需求，通过协议定位双方职责以支持学生职业成长的协同合作水平，远未达到人才培养的命运与共的水平。

第七章 教育教学质量绩效测量、分析与改进

教育教学质量是学校核心竞争力的集中体现,是新时代职业教育内涵发展的客观要求。而内涵建设的当务之急是明确内涵建设的重要性和合理性。教育教学质量测量、分析与改进是职业院校内涵建设的切入点和方法路径。

第一节 绩效管理

一、质量的内涵及相关术语

(一) 质量、质量标准与质量检验

质量是一组产品特性满足需求的程度,包含"特性""需求""程度"三个核心内涵。

不同事物的特性不一,用以描述质量的内容指标就不尽相同。例如,实物产品的特性可以用其外观特性,如大小、形状等描述,食品的特性可以用色、香、味等描述。教育教学属于服务类产品,其特性上具有"无形性"的特征。因此,对教育教学质量的特性描述常常以其载体,即专业、课程、学生的水平和教育教学过程运行的规范性来呈现。

"需求"也是一种"标准"的概念,根据"需求方"的不同,标准

分为统一标准和个性标准,也分为国家标准、组织标准、行业标准、组织内部标准,或者分为隐含标准和显性标准,等等。描述各种不同需求的标准是多样的、复杂的。有些可以直接用具体的数据说明,如工件的直径为 0.02 cm,药品的规格为 0.2 mg。对难以量化的需求,通常以文字"定性"的方式进行描述,如对中层干部的能力要求是"尊重、理解他人的观点并重视所有合作成员的贡献"。

"程度"是对比得出的结果。从而衍生出参照系(物)与测量值以及偏差等概念,测量值是对某事物检测的结果,与技术、方法、人员、环境、设施、设备等因素有关。为保证测量值能真实、客观、准确地反映被检测事物的特性,通常需要对这些要素予以规范,即形成统一的、相对固化的、可执行的工作文件,这类工作文件也属于技术标准性文件的范畴。参照系(物)实际上就是标准。将测量值与标准进行对比所形成的相符"程度"的判断结论,称为质量结论。质量结论可能是针对某一项指标所形成的,如药品含量合格;也可能是针对一系列的指标所形成的,如药品生产现场的清场需要检查物料是否完全清除、文件是否完全归位、设备与用具是否完全清洁消毒以及场地的地面、墙面、台面、地漏等是否已经完全符合清洁消毒等多项指标,这样才能得出"清场"是否合格,是否可以签署"放行"的结论。这种以"是"或"否"描述的标准是对需求的"定性"描述,常常用于难以量化的事物的描述。

将定性指标分为若干个等级,并将各等级赋予一定的数量值(赋分),是将定性指标转化为量化指标的常用方法,用于相对复杂,需要定量与定性相结合的质量评价。

(二)偏差与警戒

偏差与警戒是与量化评价相关的概念。偏差是测量值与标准偏离的程度。以具体数据呈现的标准,常常会对其偏离的范围予以限制,如工件的直径为 20.0±0.3 cm,意味着该工件的直径可以有 0.3 cm 的偏差,只要测量所得数据在 19.7~20.3 cm，该工件的质量都是合格的。±0.3 就是直径标准的偏差许可范围。

偏差是系统静态条件下对测量结果偏离标准范围的规定。警戒则是在系统动态条件下对测量结果偏离标准范围的趋势及其潜在的质量风险与风险程度的判断。警戒范围称为警戒限，它应小于偏差许可范围。偏差范围内意味着质量合格，警戒范围内意味着质量安全，超出警戒范围不一定出现质量不合格，但提示存在不合格的风险，应采取措施予以防范。警戒限的设定是质量风险管理的核心技术之一。

二、绩效与绩效管理模式

绩效管理是人力资源管理中完整的过程和体系，包含目标设定、实施计划、绩效考核、结果运作。

（一）绩效的含义

"绩"指功业、成果，"效"指效能、效率。绩效是兼具实际状态水平以及达到这种状态的速率的概念，常常用来描述组织工作的质量水平及其效率，绩效高意味着质量水平高和速度快。绩效也常常用于定义人的可观察到的行为与结果。并非所有的行为都是绩效，只有对组织目标的实现有贡献的行为才能称为绩效。因此，成熟的行为观点认为：有些工作结果是与员工行为无关的因素造成的，这些结果不能看作是绩效；过度关注结果会导致忽视重要的过程和人际因素，可能导致短期行为而造成不良后果。

（二）绩效的外延

绩效的外延包括三个方面。

1. 绩效是一个具有可比性的量化数据。

尽管质量可以有定量和定性评价两种形式，但作为绩效的重要组成部分，质量所反映的水平指标均需进行量化，这种量化不排除某些质量标准及质量检测数据的直接引用，同时也需要对定性的质量指标通过赋分的方式给予量化分值，使来自不同的质量状态所描述的绩效水平具有可比性。

2. 绩效目标定位于绩效要素100%合格。

绩效水平的实现不仅仅是业务运行的结果，也与支持业务运行的人、财、物等支持系统密切相关。因此，绩效是运行绩效与支持系统绩效叠加的结果，即

$$Y = \prod_{i=1}^{n} x_i$$

绩效的传递与质量的传递具有相似的规律，例如生产某一产品经过五道工序，每个工序的合格率均达到99.9%，则最终的产品合格率为

$$Y = 99.9\% \times 99.9\% \times 99.9\% \times 99.9\% \times 99.9\% = 95.1\%$$

这一规律提示的是绩效水平的整体性、质量提升目标的一致性和组织的协同性。即使从单一的工序（过程）或单一的部门指标数据显现出高水平，但经过若干子过程和部门的叠加和传递，组织的总体绩效是降低的。因此，绩效目标不是某项质量指标的高水平，而是所有过程、所有业务的合格率达到100%。

3. 组织的绩效水平取决于组织目标的自主定位。

绩效水平是一个可持续提升的概念，但只代表组织的目标与愿景，绩效水平在不同的组织间没有统一的规定与要求，只对本组织有效，属于组织内部的、个性化的标准范畴。而且因为组织的业务性质不同，或者同一组织在不同时期所追求的目标愿景不同，所选择构成绩效标准的指标与水平定位也可能有很大的区别。

（三）质量与绩效的差异

质量测量与绩效测量都是采用适当的工具对目标特性指标数据进行采集，用以评价与标准的符合程度的工作过程。质量水平和绩效水平都能反映组织的业绩所处的状态。质量是构成绩效的重要组成部分，绩效追求的是高质量水平状态下的高效率。

质量与绩效的区别主要有如下几个方面。

1. 测量的对象与范围不同。

质量测量更适用于实物性产品的评判，可以针对某一个单项指标进行测量，既适用于"事"也适用于"物"的评价。而绩效测量适用于质量测量结果的统计，是对"事"和"人"的评价，适用于对组织或团队工作水平的评判。

2. 测量方法与结论不同。

质量测量可以有定性与定量两种形式，定性的结果可以按等级予以呈现，定量结果则以数据形式呈现。但绩效测量即使采用了定性的方法，但仍需将定性结果按一定的方式进行量化。

3. 测量关注侧重点不同。

质量测量的侧重点在测量，关注测量工具、测量方法、测量技术反映客观事物特性的准确性和客观性，而绩效测量因针对的对象是人，因此对测量要素的关注更加侧重于公平性与公正性。

第二节 绩效测量

绩效测量也称为绩效考核，主要指应用特定的指标和标准，以实现企业生产经营为目的，对承担生产经营过程和结果的各级管理人员完成指定的工作业绩以及由此带来的诸多效果做出价值判断的过程。

一、绩效测量的意义与原则

（一）绩效测量的意义

绩效测量包括指标定位、数据采集、数据统计等操作过程，其意义在于：

1. 达成目标。

绩效测量本质上是一种过程管理，而不是仅仅对结果的考核。它是将中长期的目标分解成年度、季度、月度指标，不断督促员工实现、完成的过程，有效的绩效考核能帮助组织达成目标。

2. 挖掘问题。

绩效测量是一个不断制订计划、执行、改正的 PDCA 循环过程，整个绩效管理环节，包括绩效目标设定、绩效要求达成、绩效实施修正、绩效面谈、绩效改进、再制定目标的循环，这也是一个不断地发现问题、改进问题的过程。

3. 分配利益。

与利益不挂钩的考核是没有意义的，员工的工资一般都会分为两个部分：固定工资和绩效工资。绩效工资的分配与员工的绩效考核得分息息相关，所以一说起考核，员工的第一反应往往是绩效工资的发放。

4. 促进成长。

绩效考核的最终目的并不是单纯地进行利益分配，而是促进组织与员工的共同成长。通过考核发现问题、改进问题，找到差距进行提升，最后达到双赢。

（二）绩效测量的原则

绩效测量一定要做到公平、公开、公正。为达到这几点必须遵循以下原则。

1. 目标性。

绩效指标的测量不是目的，而是测量在统一目标的引导下，各个部门、环节为目标达成所做的贡献率。因此，在绩效测量指标的选择上，需要明确界定测量指标与组织总体目标的关系，避免绩效测量指标偏离总体目标而导致绩效测量的效益降低，甚至造成资源的浪费。

2. 全面性。

绩效指标应全面反映组织的业绩状态，特别是全面反映组织目标的达成度与水平。同时，绩效指标也应能够在一定程度上反映组织发展的趋势与潜力，能够为组织的改进与提升提供依据。

3. 激励性。

绩效测量的目的是建立在有效激励的前提下的。绩效测量的结果形成绩效高低的排序如果不作为激励条件与薪酬挂钩,则绩效的测量就完全没有意义。绩效测量的结果必须与利益和薪酬挂钩,这样才能够引起组织由上至下的重视和认真对待。

4. 认同性。

绩效的测量必然形成不同组织、人员之间的对比,从而刺激人的应激反应,甚至成为潜在的风险。因此绩效测量的推行要求组织必须具备相应的文化底蕴,要求员工具备一定的职业化素质。

5. 可控性。

绩效测量是组织的一种管理行为,是组织表达要求的方式,其过程必须为组织所掌控。如果绩效测量指标不能量化则会使绩效测量流于形式。可量化的指标在测量的技术、方法、手段上不能实现,或者形成的量化结果出现较大偏差,都可能导致绩效测量的意义丧失。

6. 持续性。

持续的绩效测量是质量风险管理模式在绩效管理中的应用。持续的绩效测量能够反映绩效发展的趋势,有助于组织发现和判断发展的潜力和缺陷,评估风险强度以为建立有效的防范措施提供可靠的依据。

二、绩效测量指标

绩效测量指标是绩效测量的标准,通常可以按绩效内容、测量时间、指标类型、管理模式及人力资源管理需要进行分类(见图7-1)。

职业学校应结合学校的业务特点、组织发展的目标愿景和绩效管理模式,建立适合职业学校特点的绩效测量指标体系。

(一)职业学校的绩效指标

职业学校的绩效指标包括基础能力、育人业绩、成熟度。

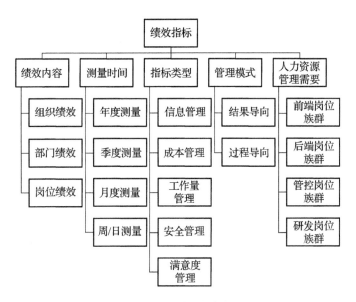

图 7-1 绩效指标分类

1. 基础能力指标。

对职业学校而言,基础能力包含人员、场地、设施与设备等三大要素,是学校办学的基础条件,政府对此所制定的具体的配置标准,则反映学校办学能力的"底线",属于学校办学能力的"硬性"指标(见表7-1~表7-3)。

表 7-1 学校资源

序号	数据指标	单位	2017 年	2018 年	2019 年	变化情况
1	生师比	比例				
2	双师素质教师	人				
3	生均教学仪器设施设备值	万元				
4	生均教学及辅助、行政办公用房面积	平方米				
5	生均校内实践教学工位数	个				

续表

序号	数据指标	单位	2017 年	2018 年	2019 年	变化情况
6	校园网主干最大带宽	Mbit/s				
7	教学计划内课程总数	门				

表 7-2 教师队伍情况统计

序号	数据指标	单位	2017 年	2018 年	2019 年	变化情况
1	正高职称	人				
2	副高职称	人				
3	区级教学名师	人				
4	校内专任教师	人				
5	专任教师中硕士学位教师	人				
6	"双师"素质教师数	人				

表 7-3 设施设备数据统计

序号	数据指标	单位	2017 年	2018 年	2019 年	变化情况
1	教学仪器设施设备总值	万元				
2	生均教学仪器设备值	万元				
3	生均实训实习工位数	个				
4	生均纸质图书	册				

2. 育人业绩指标。

育人业绩指标需要反映学校的办学成效，包括办学规模与办学水平。学生是育人质量的载体，同时学生作为学校教育教学服务的对象（用户），其在校体验的满意度是对学校绩效的综合反映（见表 7-4）。而职业学校因类别属性决定了绩效指标会高度关注学生的就业率与就业质量指标（见表 7-5）。学生就业企业对学生素质满意度则反映了学校专业、课程与教学的质量水平（见表 7-6）。

表7-4 学生受助情况及满意度统计

年度	政府资助			学校资助			在校体验满意度
	资助项目	资助人数	资助金额单位/万元	资助项目	资助人数	资助金额单位/万元	
	免学费			玉林资助			
	助学金			B等资助			
	自治区人民政府奖学金			福利院资助			
	国家奖学金			新生入学报名资助			
	大学新生入学补助			学校资助年度合计			
	年度合计						

表7-5 专业直接就业率统计

系部	直接就业率	专业	直接就业人数	直接就业率	就业收入	就业满意率	专业相关度	雇主满意度	对母校满意度
合计									

表7-6 用人单位对毕业生评价统计

序号	数据指标	单位	2018年	2019年	变化情况
1	对毕业生职业道德满意度	%			
2	对毕业生敬业精神满意度	%			
3	对毕业生适应能力满意度	%			
4	对毕业生学习能力满意度	%			
5	对毕业生创新能力满意度	%			
6	对毕业生专业知识满意度	%			

教育教学的质量是在师生的共同协作下实现的,所以学校的办学业绩不仅关注学生的成长,同时也关注教师与校外同行的对比(见表7-7、表7-8)。

表7-7 学校师资队伍梯队建设一览

序号	数据指标	2017年	2018年	2019年	变化情况
1	区级教学名师				
2	市级行业领军人物				
3	市级专业带头人				
4	市级专业骨干教师				
5	校级教学名师				
6	校级技能大师				
7	校级专业(学科)带头人				
8	校级骨干教师				

表7-8 教育教学获奖统计一览

获奖级别	国际级	国家级			区级			市级		
		一等奖	二等奖	三等奖	一等奖	二等奖	三等奖	一等奖	二等奖	三等奖
获奖个数										
小计										
合计										
获奖教师										
获奖学生										
小计										
合计										

(二) 团队绩效指标

成熟度是对组织管理绩效的评价指标，既可用于组织与外部同类机构的绩效对比，也适用于组织内部不同部门或团队之间的绩效对比。

1. 指标内容要素。

成熟度指标包括过程类指标（ADLI）和结果类指标（LTCI）。过程类指标包括方法（A）—展开（D）—学习（L）—整合（I）四个要素，关注什么方法/如何做（方法的适宜性、有效性、系统性）、实施到什么范围/程度（时空上的展开）、通过评价和改进如何对方法进行不断完善、方法与在标准其他评分项中识别出的组织需要协调一致。结果类指标包括水平（L）—趋势（T）—对比（C）—整合（I），关注组织绩效的当前水平、组织绩效改进的速度和广度（趋势）、与适宜的竞争对手和标杆的绩效对比、与组织识别的重要绩效目标相连接。

2. 成熟度的要素关系。

成熟度作为绩效测量的指标是基于组织内外部环境、人员、资源等要素影响绩效的逻辑关系（见图7-2）。

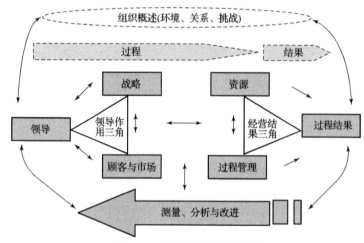

图7-2 组织成熟度的要素关系

在这一逻辑关系中,强调远见卓识的领导关键作用、战略导向、顾客驱动、社会责任、以人为本、合作共赢的经营发展理念,重视过程与关注结果学习、改进与创新系统的管理方法,从而形成六个方面总分为550分的测量指标(见表7-9),并可根据绩效测量分值与绩效的550分的占比关系,将组织的成熟度划分为被动型(20%)、初学型(40%)、主动型(60%)、灵活型(80%)、卓越型(100%)五个等级。

表7-9 绩效评价准则评分条款分值表

序号	指标名称	分值/分
1	领导	120
2	战略	85
3	学生和相关方	85
4	测量、分析和改进	90
5	以教职工为本	85
6	过程管理	85
	合计	550

在组织内部各部门团队的绩效测量也可以采用类似的思路与方法建立指标体系,用于内部部门(团队)的绩效测量(见表7-10)。

表7-10 组织内部部门绩效指标

序号	一级指标	二级指标	分值
1	质量文化 (10分)	部门有明确的价值观或发展理念,部门成员理解并熟知价值观,形成有部门特色的质量文化	4
		建立有缺陷管理,定期讨论并有效地整改和提出防范措施	4
		建立起相应的激励奖罚机制和措施	2
2	系统视野 (10分)	部门建设面向未来,建立起战略目标、行动计划、测量分析、评价改进的工作系统,关注部门价值创造,并为实现学校整体绩效改进持续努力	3
		科学制定部门规划并形成分解目标,有具体实施方案,有结果评估,有修正指标	3
		部门规划指标涵盖维度全面(含业务指标、科研指标、满意度指标、成长指标等),有利于部门的发展和进步	4
3	创新能力 (10分)	建立创新机制,尝试运用各种创新方法开展管理创新。结合实际,创新质量管理制度和方法(如向标杆学习、工作标准化、流程优化简化、优质服务改进活动),以及管理创新取得的成效	10
4	学习能力 (10分)	部门有相应的人才梯队培养思路和培养计划(如在职培训、继续教育、部门小讲课、师承教育等)及有培养成效	2
		注重最佳实践的总结分享并形成相关资料,在校内外分享与推广	3
		有持续优化和改进工作的机制,有具体案例	3
		部门开展质量培训的方式和数据	2
5	合作关系 (10分)	合作关系:内外部合作关系良好。建立起安全、可信和合作的部门工作环境,致力于部门成员的支持、满意、发展和权益的建设	3
		建设有良好的校内合作环境	4
		建设有良好的校外合作伙伴关系	3

续表

序号	一级指标	二级指标	分值
6	时间绩效（10分）	灵活应对不断变化的教育环境，具备快速适应变化的能力和灵活性，并能及时做出改进方案	10
7	质量绩效（10分）	运营绩效：额定职数、实际职数、工作量、国有资产管理、满意度调查、信息化手段应用等方面综合评定	10
8	档案管理（20分）	有完备的格式规范的部门工作档案 档案编目、整理规范完整	10
8	档案管理（20分）	档案完整有序，保管得当，有专人负责	10
9	专项工作管理成熟度（10分）	目标清晰可测	3
9	专项工作管理成熟度（10分）	标准清晰可测	3
9	专项工作管理成熟度（10分）	过程记录完整	2
9	专项工作管理成熟度（10分）	阶段改进成效明显	2
合计			

（三）个人绩效指标

个人的绩效指标可以分为特质类指标、行为类指标和结果类指标。特质类指标关注人的素质和发展潜力，适用于对未来的工作潜力做出预测。但对情况预估不准确则导致预测结果的不准确，同时不能区分实际工作业绩和未来潜力，可能会使员工产生不公平感。行为类指标关注绩效实现的过程，适用于通过单一的方式和程序化的方式实现的工作岗位。难点在于如何区分那些同样的能够达到目标的不同行为，以选择真正适合组织需要的方式。当员工认为自己的工作重要性较小时，这类指标的价值意义会有所局限。结果类指标关注结果或绩效目标的实现程度，适用于评价可以通过多种方法达到绩效标准或绩效目标的岗位。但结果有时不完全受被测量对象的控制，用这类指标评价容易使其产生失败感;同时也存在诱使测评对象为了达到结果而不择手段的弊端,使组织在获得短期效益的同时丧失长期利益。

三、绩效测量的方法

绩效测量的操作方法分为指标数据采集、数据统计、结果反馈三个工作过程。

(一) 绩效指标数据采集

为营造良好的绩效测评氛围,保障测量结果的客观性、公平性,绩效指标数据的采集需要以文件形式固化指标内容及其数据来源的范围、数量、采集对象、采集频率,并提前告知测量对象。

1. 报表。

结果类的绩效指标数据常常通过编制成报表的形式分发给相应范围的部门和人员,在发布报表公告时应确定数据统计的时间范围与报表回收时间期限,对容易产生歧义的指标应对其内涵进行必要说明。通过报表所采集的指标数据因目标明确、格式统一的特点而被广泛应用,但不排除填报数据因主观或客观原因导致的数据偏差。因此,为保证数据的真实性与客观性,有时也会对报表数据进行现场审核。

2. 测试。

绩效是人的工作数量、工作态度、工作能力与工作质量的集合,其中,工作数量和工作质量属结果类指标,也是绩效的"硬性"指标,以报表形式进行采集;工作态度和工作能力是在工作的过程中呈现的,属于过程类的"软性"指标,需要用测试的方法采集数据。

能力的测试可以结合知识、技能、素养三个方面进行。对于特殊岗位的人员,能力的测试还涉及准入性资格测试和工作岗位能力测试。如教师的职业准入以国家颁发的教师资格证为标志。持有职业资格证意味着持证人员具有该职业岗位的执业能力。职业资格证的考试也是典型的能力测试方法。但在实际工作中,特别是在组织内部,个人的工作能力对组织的贡献还与工作态度密切相关（见图 7-3）。因此，把人员置于实际工作中进行测试，不仅有助于协调个人目标与组织目标的一致性，也能为组织人力资源的提升提供可靠的依据。

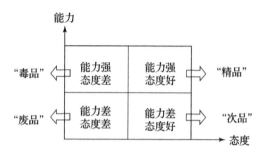

图 7-3　工作态度与工作能力对组织绩效的影响

3. 测评。

测评既有测的含义，也有评的特点。对于难以量化的结果类绩效指标，或者结果有过程依赖特性的工作适宜采用测评的方式采集数据，如教师的教学满意度指标、部门工作质量指标等。

需要注意的是无论是测试还是测评，最终的结果难免都有测量主体的主观意识。为避免测量主体主观因素对测量结果造成的客观性和公平性风险，常常对测试和测评实施的主体的资格予以界定，同时通过相对广泛的数据采集范围或者根据测量主体的能力对采集数据赋予不同的权重以降低或消除这种风险。例如，在对教师的教学能力与教学质量进行测评时，根据测评主体的能力要求建立由专家、主管领导、同行同事、学生代表组成的测评组，将不同主体的评分结果进行加权平均形成最终的指标测量数据。

（二）绩效指标数据统计

1. 求和法。

简单求和的前提条件是数量单位的一致性，即

$$Y = \sum_{i=1}^{n} X_i$$

不同单位的数量在绩效数据统计时可以按统一标准进行转换。在绩效测量中，为体现指标的地位，常常对重要的指标数据赋予一定的权重，则为加权求和，即

$$Y = \sum_{i=1}^{n} k_i X_i$$

2. 平均值法。

平均值法主要用于对同一指标不同来源的测量数据的处理，即

$$\bar{x} = \frac{1}{n} \sum_{i=1}^{n} x_i$$

当对不同数据赋予了一定的权重时，则转化为加权平均值，即

$$\bar{x} = \frac{1}{n} \sum_{i=1}^{n} k_i x_i$$

3. 图表法。

图表法常用于比较性数据和连续性变化数据的统计，具有直观性的特点，能够较好地用于分析对比数据及其变化的趋势。通过对因变量数据的分析，能够更加精准地判断相关因素及其相关程度，为选择制定改进措施提供决策依据。

4. 定性数据的处理。

定性数据常常以正负两种判断性信息呈现，如某人是否持有教师资格证，是否制定了个人的近、中、远期发展规划等。也可能以等级形式呈现，如项目验收测评结果为优、良、中、合格、基本合格、不合格六个等级。由于计量的单位不同，故不同的绩效测量数据无法加和对比。为方便对具有平行关系的人或部门进行绩效对比，可以采用固定分值的形式转化数量单位，如判断为"正"的赋予60分，优、良、中、合格、基本合格、不合格六个等级分别赋予90分、80分、70分、60分、50分、40分。由于定性测量数据和等级测量数据的单位都是"分"，故同一对象的得分可以加和并用于不同人的得分对比。

（三）测量的信度与效度

信度与效度是事物的两个特征指标，因此它们描述的对象可以是任

何事物。在此信度与效度所描述的对象是绩效指标数据。

1. 信度。

信度是指测量结果的一致性、稳定性及可靠性。信度系数越高即表示该测验的结果越一致、稳定与可靠。系统误差对信度没什么影响，因为系统误差总是以相同的方式影响测量值的，不会造成不一致性。随机误差可能导致不一致性，从而降低信度。因此，信度可以视为测试结果受随机误差影响的程度。随机误差 R 越大，则信度越差，如果 $R = 0$，就认为测量是完全可信的，信度最高。

2. 效度。

效度即有效性，是指所测量到的结果反映所想要考察内容的程度，测量结果与要考察的内容越吻合，则效度越高；反之，则效度越低。效度分为三种类型：内容效度、准则效度和结构效度。效度是科学的测量工具所必须具备的最重要的条件。在社会测量中，对作为测量工具的问卷或量表的效度要求较高。鉴别效度须明确测量的目的与范围，考虑所要测量的内容并分析其性质与特征，检查测量的内容是否与测量的目的相符，进而判断测量结果是否反映了所要测量的特质的程度。

3. 信度与效度的关系。

信度和效度的关系有如下几种类型：一是可信且有效，这种问卷能准确地反映被调查人员的真实态度，问卷中的题目是和调查目标紧密关联的。若调查结果能真实地反映所调查的对象，测量的误差较小，则说明问卷调查的结果是可信而且有效的。二是可信但无效，这种问卷调查结果虽然能准确地反映被调查人员的真实态度，但问卷中题目与真实的调查目的关联程度较弱，与调查的目标不相一致。这种情况表明，虽然调查中所得的结果是可信的，但可能在某些环节上出了差错，例如，问卷中题目的设计使所有被调查人员都出现了理解的偏差，从而出现了系统性的偏差。三是不可信亦无效，在这种情况下，统计调查的结果分布较为分散，是难以从调查问卷中得出有效结果的，这是测量中应避免的类型。

四、绩效分析与评价

绩效是一系列绩效指标数据的集合。绩效分析与评价是绩效管理的一个环节。对绩效进行管理的根本动因在于改进和提升。绩效评价的演化的背景与组织自身的特点及经营目标相关联,也是与市场环境逐步从卖方市场向买方市场的演变相适应的。组织处在不同的生命周期、不同的经营环境、不同的经营战略与目标下,都会有不同的绩效评价方法和绩效评价指标,具有"权变性"。

(一) 绩效评价理论及其发展

企业的绩效评价所经历的四个发展阶段,不是相互替代的过程,而是相互包容不断完善的过程,也是绩效评价关注重点的演化过程。

1. 成本绩效评价。

19世纪中叶,西方工业快速发展,促进了商品市场的繁荣。在卖方市场环境下,成本是影响企业发展的关键性因素,采用一些简单的成本业绩评价指标或者将与标准业绩成本指标比较的方法,比如,简单成本业绩指标体系中有每码成本、每磅成本、每台成本等,用标准成本的执行差异来度量业绩水平,是这一时期绩效评价的主要模式。

2. 财务绩效评价。

20世纪初,西方市场逐渐从自由竞争阶段进入垄断竞争阶段,而且由于资本市场的发展及资本所有权与经营权的分享,使企业更加注重财务业绩,从而形成了财务绩效评价模式。企业的主要经营目标定位于利润最大化,从而高度关注投资报酬率、销售利润率、每股收益、现金流量等。这一方面推动了企业财务绩效评价体系的深化,另一方面随着全球化竞争的日益激烈,也凸现出其不足,这些指标体系主要体现了以财务业绩为主的评判标准,不能全面地体现财务指标与非财务指标之间的因果关系,因此,不利于企业核心竞争力的形成、保持和评价。

3. 人力资源绩效评价。

20世纪80年代后期到21世纪初，人力资本创造价值的情形不断发生于世界范围内的各种企业组织之中。决定企业竞争力的核心资产可以是价值形成过程中的任何一种要素，特别是在知识经济时代，人力资本对经营绩效的影响起到关键作用。企业的核心资本由主要体现物质资本和财务资本的财务绩效评价转向关注价值创造，从而开启了人力资源绩效评价模式。

4. 战略绩效评价。

在当今国际化、信息化、网络化的时代背景下，产品的技术寿命越来越短，对市场需求动态的快速适应成为企业发展的核心能力。但这种被动的市场适应速度在很多情况下并不能保证企业的长期稳定发展，因而使企业在关注近期业绩的同时也放眼企业的未来，从而产生了以战略目标为导向的绩效评价模式。

战略绩效评价基于德鲁克目标管理理论的"目标绩效管理"。他主张以目标为导向、以人为中心、以成果为标准，将目标层层分解，强调通过高层管理者和基层员工共同参与而得出结果（见图7-4）。

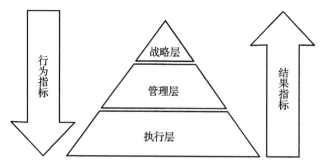

图7-4 战略绩效评价理念与思路

根据战略规划，按时间维度以及职责分工即可编制成清晰的实施线路（见表7-11）。

表7-11 战略规划实施线路

序号	建设项目	建设任务	验收要点	年度建设内容					责任部门
				××年	××年	××年	××年	××年	

（二）常用工具及其应用

1. 盈利指标评价。

组织根据面临的形势，制定出一定时期内的总目标，由此决定上、下级的责任和分目标，并把这些目标作为组织、部门和个人绩效产出对组织贡献的标准，最后把实际绩效与绩效标准进行比较，评判和改进绩效的过程或程序。

值得注意的是财务目标在不同领域中的地位有显著差异。曾经在企业绩效管理中广泛应用的绩效评价模式，在教育领域中应用的难点不在于市场的竞争模式而在于教育服务的特性。学校是公益性、服务性的非营利组织，服务效益与财务有密切的相关性，但教育服务的效益却难以用成本或利润等财务指标衡量，而且教育服务效益的呈现具有社会广泛性和时间的迟滞性，成本与利润指标都不能代表学校的业绩水平。

随着教育市场的发展，民营资本也大量涌入教育市场。当办学资源主要来自民间投资时，则投资要求回报和增值的期望将直接成为学校的目标，没有利润或者利润很低都会使营利性民办高校面临生存危机。因此财务目标作为最重要的维度，是教学质量的重要保障。

2. 关键绩效指标评价（KPI）。

关键绩效指标是在组织运行过程中，通过提炼和归纳其关键成功要素,设置、取样、计算、分析组织内部流程的输入端、输出端的关键参数所形成的战术指标,其来源主要是企业的战略目标和重要部门、岗位的工作职责。把企业的战略目标分解为可运作的远景目标和量化指标,是提高组织核心竞争力的有效工具。其理论基础源于意大利经济学家帕累托提出的经济学二八原理,即在企业的价值创造过程中,每个部门或每位员工80%的工作绩效是由其20%的关键行为完成的。关键绩效指标通过定义关键事件、确定影响企业绩效的关键因素、设定关键事件和衡量标准、最终完成任务,可有效地对非业务部门进行细化考核,从而解决了针对非业务部门难以进行量化考核的难题。

然而,组织通常都有多重目标,有些目标是不能相互替代的,也不是所有的指标都能够客观地量化。如果指标没有足够的证据表明其"关键性"和量化的价值,则人们会趋向于用容易量化的指标来解决复杂问题。此外,当关键指标评价与利益分配紧密相连,甚至作为奖惩的依据时,指标数量则有可能推动客观性。不但组织管理者无法通过关键指标来判断组织运行的真实情况,更严重的是会浪费很多不必要的人力、物力和财力,甚至伤害到很多无辜群体。

3. 平衡计分卡(BSC)评价。

平衡计分卡克服了只重视财务绩效指标的管理缺陷,在组织核心战略的指引下,从财务、客户、内部流程、学习与成长四个维度进行全面考核和管理,并将企业战略置于组织顶端,顾客维度地位提升而财务维度置后,将企业的远景、使命和发展战略与企业的业绩评价系统联合起来,把企业的使命和战略转变为具体的目标和评测指标,以实现战略和绩效的有机结合。当资本来源不同时,财务、顾客、内部流程、学习与成长四个维度的地位将发生改变(见图7-5)。显然,绩效指标的地位不同,绩效指标的权重也有所不同。

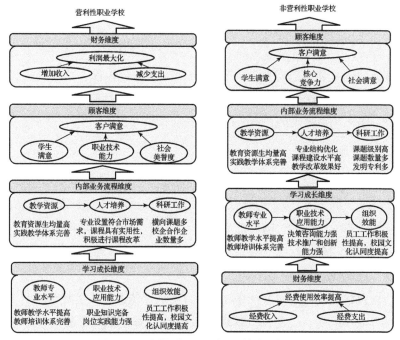

图 7-5 不同性质的职业院校的绩效平衡指标

第三节 教育教学质量改进与创新

质量提升是人才培养工作的永恒主题。学校是育人服务产品的提供者,通常从学校办学所需要的硬件条件为出发点,兼顾教学过程的规范性评价,建立教育教学质量指标体系。这种以学校为主体定义的质量标准已趋于固化。质量标准既缺少学校的独立个性,也由于服务者"自说自话"而导致服务对象没有话语权,最终使之对质量好坏由关注到无奈直至漠然。以需求为导向的质量构建模式,服务质量标准的定位方在需求侧,因而使标准呈现出个性化、精细化和动态化发展特征,促使服务产品的供给侧——学校对服务需求的动态适应,从而推动学校对教学质量的不断改进与创新。

一、教育教学质量诊断与改进

教育教学质量提升是系统工程，关乎学校全局安危。建立教育教学质量保证体系和常态化诊断与改进机制，遵循主体性、可控性、科学性、客观性和持续性原则，充分体现学校全员、全过程、全方位育人的职责，满足用户需求的动态适应与持续进取的主动性。

（一）质量诊断

质量诊断是通过收集和审查质量证据，最终获得诊断结论的过程。诊断结果一般分为：达标、一般缺陷、严重缺陷。当达标项目比例高，且缺陷仅为少量一般性缺陷时，应给予诊断"通过"的结论；如一般性缺陷项目较多，或者存在严重缺陷时，应给予"不通过"或"限期整改"的结论。

教育教学质量是循着教育教学的过程进行传递，并在教育教学实施的过程中形成的。因此，教育教学质量的诊断以质量形成的各个子过程，按学校、专业、课程、教师、学生五个层面逐层进行，而且每个层面的工作都围绕制度、机制、目标与标准有没有，诊改工作动没动，工作成效见没见等三个方面进行复核。

1. 学校层面的质量诊断。

学校层面的质量诊断关注整体规划的系统性，特别是发展目标是否形成内在相互关联的关系链，传递到学校各职能部门，并以岗位职责、工作标准的形式建立目标达成的工作机制。

学校层面的质量诊断主要包括基本办学条件比较、全校范围内的人才培养质量比较、技术技能积累与服务能力比较、教师队伍比较、国际影响力比较及专业建设的标志性成果比较。与绩效测量的不同点在于绩效测量对比主要是组织内部实际达到的水平以及随时间的变化，而质量诊断的对比主要是这些指标与国家（或行业）标准及与目标标杆的对比而得出的诊断结论（见表 7-12）。

表 7-12　学校层面质量诊断

一级指标	二级指标	国家（行业）标准	本校绩效水平	目标标杆水平	诊断结论
基本办学条件	生均财政拨款				
	生均教学设备仪器值				
	生均实践教学工位数				
	生均校外实习实训基地实习时间				
	生均图书数量				
	生均实验实训室面积				
	生均教学行政用房面积				
人才培养质量	年终就业率				
	升学出国率				
	毕业三个月后收入				
	雇主满意率				
	自主创业比例				
	专业相关度				
	全国技能大赛获奖数				
技术技能积累与服务能力	横向技术服务到款额				
	纵向科研经费到款额				
	技术交易到款额				
	非学历培训到款额				
	社会培训到款额				
	公益性培训服务数量				
	校内研究机构数量				

续表

一级指标	二级指标	国家（行业）标准	本校绩效水平	目标标杆水平	诊断结论
教师队伍	专任教师总数				
	生师比				
	高级职称教师数				
	高学历、学位教师数				
	高技术职务教师比例				
	双师素质比例				
	兼职教师专业课时比例				
	专业教师省级以上培训量				
	专任教师人均社会实践量				
	省级以上教学名师数				
	省级以上教学（科研）团队数				
	省级以上专业（学术）带头人数				
国际影响力	在籍留学生数量				
	年均国际交流人数				
	教师国（境）外指导工作量				
	国（境）外人员在校教学工作量				
	开发境外认可行业标准数				
	国（境）外技能大赛获奖数				

续表

一级指标	二级指标	国家（行业）标准	本校绩效水平	目标标杆水平	诊断结论
专业建设标志性成果	教学成果奖				
	重点专业				
	精品课程				
	精品资源共享课				
	实训基地				
	主持专业教学资源库				

2. 专业层面的质量诊断。

专业层面的质量诊断关注专业建设规划目标、标准是否与学校规划契合，是否与自身基础契合，目标与标准是否明确、具体、可检测。信息来源于专业建设规划、专业建设方案、人才培养方案以及专业运行的记录性材料，如教学计划、教学日志、实训记录、学籍册等。

学校层面的质量诊断点的数据是各专业建设汇总的结果，专业建设质量诊断指标应结合学校的战略规划实施线路制定相应的专业建设规划并形成本专业的建设实施线路，且根据专业数量汇集成二级学院的战略规划及其实施线路。与学校层面质量诊断的区别在于，二级学院或专业的质量诊断点在二级指标上应更深入、细致地呈现专业建设方向、模式、条件、成果等方面的信息，同时通过引入标杆专业数据则有助于对现状与差距的分析（见表7-13），从而为相关建设项目的规划实施进程提供依据（见表7-14）。

表7-13 专业现状数据

本校（院）专业状态数据				标杆关键数据
1. 招生就业情况	××学年	××学年	××学年	

续表

本校（院）专业状态数据					标杆关键数据
新生报到人数					
新生报到率					
毕业生数					
就业率					
毕业半年月平均收入					
2. 在校生情况人数	总数	高招生源	中职生源	注册入学	
是否有协同育人项目	是□ 否□	人数			
3. 专业教师情况	专业教师数	双师比例	高学历（学位）比例	高职称比例	
专业教师/课时		企业兼职授课教师/课时			
二级学院兼职教师/课时		校内兼职教师/课时			
校外兼职专业课教师/课题					
4. 专业课程教学情况	理论教学比例		专业课程总学时		
校内实践教学比例	校内实践教学比例				
	校外实践教学比例				
	生产性实训比例				
	校外实习基地实习学时				
	毕业前顶岗实习学生比例				
	毕业生职业资格获取率				

续表

本校（院）专业状态数据				标杆关键数据
5. 校内实践教学条件	现有实训设备总值		现有设备数量	
	大型设备总值		大型设备数量	
	生均实践工位数			
6. 校外实习基地情况	合作主要形式		合作企业数	
	合作企业名称	1.	2.	3.
	合作时间期限			
	合作内容与形式			
	企业参与教学数			
	接收实习实训学生数			
	接收顶岗实习学生数			
	接收毕业生人数			
	学校培训企业人员数			
	企业捐赠设备总值			
	企业专项投入项目类型			

续表

本校（院）专业状态数据						标杆关键数据
7. 科研与社会服务	横向技术服务到款额					
	非学历培训到款额					

表 7-14 专业建设项目实施进程样例

序号	建设项目		年度目标任务	完成率
1	专业设置与改造	（1）	开展专业调研，形成五个专业群，其中两个为重点专业群	80%
		（2）	出台专业动态调整实施办法	100%
		（3）	改造一个专业实训中心及三个实训室	90%
2	合作平台建设	（4）	建成省级协同创新中心两个	50%
		（5）	建成多专业共享型信息化教学资源库	80%
3	提升国际化水平	（6）	教师参加国（境）外培训二十人	90%
		（7）	引进外籍教师两名	100%
		（8）	参加国际技能竞赛获奖一项	0

3. 课程层面的质量诊断。

课程层面的质量诊断关注课程建设目标、标准与专业规划目标、自身基础条件是否契合，以及质量诊断指标是否明确、具体和可测量。质量诊断信息来源于专业人才培养方案、人才培养计划、课程标准、课程实施方案以及课程运行的适时数据。

课程质量遵循"专业培养目标—课程教学目标—课堂教学目标"衔接贯通的人才培养目标链传递，最终以学生学习目标达成度、学生对课堂教学的满意率呈现课程质量水平。学习目标达成度的测量有多种形式，最常用的方法是以"理论+技能操作"的方式进行检测，以及以终结性考核与过程性考核相结合的方式进行检测，还有现场考核与线上考核等不同形式。

专业标准和课程标准均属于描述性标准。可辨识、可测量是目标达成的前提条件。对专业标准的呈现常常以对接的职业岗位、职业能力标准为依据。根据职业资格标准或职业等级标准建立课程标准是职业学校常用的课程标准开发模式。具有较高辨识度的课程标准应包括以下三点：一是以具体的工作任务融合相关的知识点与技能点；二是学生在特定的职业情境中能够完成具体工作的任务项目和数量；三是学生在完成任务过程中所呈现的工作态度（见表7-15、表7-16）。

表7-15 课程标准——以"分析化学"为例

对接的工作岗位	对接培养的职业岗位能力及"化学分析"课程标准
实验室管理员	能根据实验室安全和环境要求摆放实验室物品、管理实验室
	能根据化学试剂的性质和保存要求管理实验室药品
	能处理实验室一般安全事故
	能对实验室文档进行归档管理
分析检验员	能进行样品的交接和保存
	能对所提供的检测相关技术资料进行解读、选择和归纳，编写形成可行的工作方案
	能操作分析天平和容量分析仪器
	能正确校准容量分析仪器
	能规范、安全地使用其他分析辅助设备
	能独立完成滴定分析操作
	能正确配制一般溶液和标准溶液

续表

对接的工作岗位	对接培养的职业岗位能力及"化学分析"课程标准
分析检验员	能正确记录数据、计算结果、评价结果和撰写检验报告
	能完成简单产品的制备与纯化

表7-16 教学标准——以"分析化学"为例

项目（模块）	任务（单元）	教学内容	重点、难点、考点	学时
入职检测中心	1.1 认识检测中心	1. 实验室分类、功能、要素等一般知识； 2. 实验室岗位职责； 3. 实验室基础设施与环境要求； 4. 化工企业实验室分类、功能、权力地位、部门设置、人员配备和工作要求	重点：实验室分类、功能要素、部门设置、岗位职责、基础设施和环境要求； 难点：实验室基础设施和环境要求	2
	1.2 阅读检测中心	1. 实验室管理分类、要求； 2. 实验室管理制度	重点：实验室管理制度； 难点：实验室管理制度	1
	1.3 安全培训	1. 实验室安全概论 2. 实验室常见毒物及中毒预防、急救 3. 实验室消防	重点：实验室水、电、气和试剂取用安全；实验室防火及火灾处理方法；实验室安全守则 难点：实验室安全注意事项；实验室防火及火灾处理方法	1
	1.4 企业实地考察	1. 企业安全； 2. 企业规章制度	重点：企业安全； 难点：熟悉企业各岗位安全职责	4（课外）

课题层面的质量应包含课程实施环节的质量，诊断的核心指标是满意度，通常由质量督导员、教师代表及学生的适时评价并赋予一定的权重方式进行诊断。课程标准中应以学生对课程实施环节的满意度、企业专家对课程内容设置的满意度、教师同行对教学策略的满意度等数据进行采集，对采集的周期、频率、范围提出明确规定，并对满意度设置适宜合格限和警戒限。

4. 教师层面的质量诊断。

教师层面的质量诊断关注教师个人的职业生涯规划和专业发展与学校发展目标愿景同步。诊断信息来源于学校教师队伍建设规划、教师工作方案及相关制度、教师个人职业生涯发展规划、年度工作计划及年度工作总结。

教师职业生涯是从事教师职业并贯穿整个生命周期的经历过程，由外在的工作内容、职称与职务、地点与环境等因素组成。其变化过程与教师在教育教学活动中表现出来的内在素质，决定了教育教学效果，对学生身心发展有直接而显著的影响。教师质量的通用性标准是突出师德要求，强调学生主体地位，强调实践能力和体现时代特点。对这些标准在职业学校中可结合学校发展不同阶段的要求，对教师提出具体的目标方向与任务。例如，通过负面清单对教师的师德进行"定性"诊断，实行一票否决制；以"三线制"引导教师职业生涯发展规划（见图7-6），形成教师队伍建设工作机制（见图7-7）并通过教师个人标准链、目标链（见表7-17），将教师标准与个人成长规划结合起来。把教师的教学、科研业绩等成果进行量化，从而呈现出教师工作质量指标对学校标志性成果的支撑力。

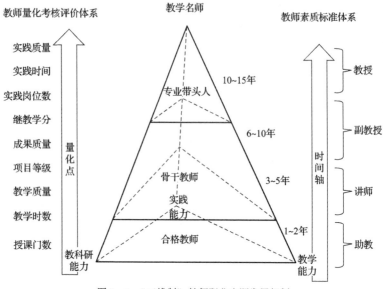

图 7-6 "三线制"教师职业生涯发展规划

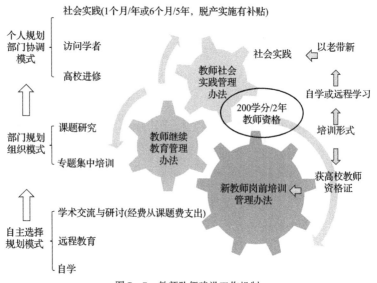

图 7-7 教师队伍建设工作机制

表 7-17 教师成长规划

要求：1. 年度目标总分≥250 分，其中继续教育学分 90 分封顶。
　　　2. 继续教育学分中公需科目学分为每年上级部门规定学号、干部学习考试的学分，公需科目学分不能超过继续教育总学分的 1/3。

				2019年9月1日—2020年8月31日	2020年9月1日—2021年8月31日	2021年9月1日—2022年8月31日	2022年9月1日—2023年8月31日
继续教育（合格分90分）	公需科目	按规定	按规定				
	专业科目	自学（网络）专题	1分/合格证				
		访问学者	10分/月				
		学历提升或进修	15分/门				
		社会实践（含跟岗实践）	2分/天				
		专题集中培训	8分/天				
		课题研究中期检查为凭	5分/（项·年）				
		参加学术交流	8分/天				
		远程教育	8分/门				
科研绩效分	课题质量	国家级立项	80分/项				
		省级立项	60分/项				
		厅级立项	40分/项				

续表

				2019年9月1日—2020年8月31日	2020年9月1日—2021年8月31日	2021年9月1日—2022年8月31日	2022年9月1日—2023年8月31日
科研绩效分	课题质量	校级立项	20分/项				
		委级立项	1分/千元				
	课题结题	国家级	40分/项				
		省级	20分/项				
		厅级	15分/项				
		校级	10分/项				
	技术指导	指导学生	10分/项				
		指导教师	5分/(合格·人)				
	研究成果贡献力	sci论文	80×系数分/篇				
		北大核心	60分/篇				
		广西优秀	20分/篇				
		一般刊物	10分/篇				
		发明专利	60分/项				
		实用新型	20分/项				
		计算机软件	10分/项				
		外观专利	5分/项				
		省级政府批示	50分/项				
		厅级政府批示	40分/项				

续表

				2019年9月1日—2020年8月31日	2020年9月1日—2021年8月31日	2021年9月1日—2022年8月31日	2022年9月1日—2023年8月31日
科研绩效分	研究成果贡献力	学校采纳	10分/项				
		自行转化	1分/千元				
		校外推广	20分/次				
		校内推广	10分/次				

5. 学生层面的质量诊断。

学生是学校育人质量的载体，学校的价值在于把学生塑造成全面发展的、值得信任的卓越人才，学生层面的质量诊断关注学生个人发展目标的导向作用，同时关注学生发展目标与学校人才培养方案及素质教育的要求相契合。质量诊断信息来源于学生职业生涯发展规划与人才培养方案的对照比较。

学生的质量诊断标准还应包括思想品德、行为规范、身心健康、学业成绩等指标数据。职业生涯发展规划亦应结合这四个维度的要求建立时间进程。诊断数据来源于学生的自我检测及任课教师、辅导员及学生干部、学生代表等主体的评价。可以在课堂教学运行过程中适时采集数据，也可以定期集中采集数据。应注意数据采集的频率、周期，且将所有的检测指标覆盖到每一个学生，并帮助学生建立诊断指标的合格限与警戒限。

学生自我检测的指标应与学生自我测量的能力相匹配，通过自我测量以帮助学生形成全方位的认识、自己发现自己的不足进而寻求改进的切入点。例如，可以从学业发展、职业发展、个人发展、社会能力发展等四个维度建立否定、不确定、略有肯定、肯定、非常肯定等五个层次进行测量（见表7-18）。

表7-18 学生自我测量表样例——职业发展维度

	否定	不确定	略有肯定	肯定	非常肯定
我相信我能					
1. 评估就业环境及自身的就业倾向,设定自己的职业目标	1	2	3	4	5
2. 掌握达成职业目标的策略	1	2	3	4	5
3. 解决在达成职业目标时所遇到的困难	1	2	3	4	5
4. 不断改进自己的升学和就业计划,向自己的职业目标迈进	1	2	3	4	5
5. 了解自己的兴趣和人格特点,以及与之相匹配的职业种类	1	2	3	4	5
6. 在兴趣和前途之间做出平衡	1	2	3	4	5
7. 在自己的兴趣范围内,探索不同职业	1	2	3	4	5
8. 了解自己的能力,以协助自己选择职业	1	2	3	4	5
9. 选择适合自己的辅修专业和选修课程,为将来的职业做好准备	1	2	3	4	5
10. 参与各类协会、社团、竞赛、项目,提升实践能力	1	2	3	4	5
11. 参与社会实践与志愿者活动,了解社会需求与职业需求	1	2	3	4	5
12. 寻找兼职岗位,储备职业技能	1	2	3	4	5
13. 提出和实施新的想法,并把新想法传播给他人	1	2	3	4	5
14. 对新的不同的观点持开放心态,并积极回应	1	2	3	4	5

续表

	否定	不确定	略有肯定	肯定	非常肯定
15. 参与创新创业活动,在学习或活动中有开创新意的表现	1	2	3	4	5
16. 实施有创意的设想,体验创新创业实践	1	2	3	4	5
17. 为自己制作完备的求职材料	1	2	3	4	5
18. 掌握一般的面试礼仪与技巧	1	2	3	4	5
19. 寻求和利用各种资源,协助自己找工作	1	2	3	4	5
20. 根据自己的兴趣和能力,寻找合适的工作	1	2	3	4	5

(二) 常见质量问题与改进

质量改进是根据诊断结论提出治理方案与措施的过程。改进的具体实施可以用时间管理的工具（见图7-8）进行分析，从而形成新的目标链和任务链，也可以根据任务的复杂程度，按从易到繁的顺序制定目标链和任务链，根据新的双链确定改进的目标规划与进程（见表7-19）。

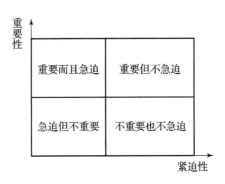

图7-8 目标任务时间管理

表 7 – 19　质量改进规划实施线路

序号	缺陷项目及等级	原因分析	改进方式	改进完成时间	责任部门	备注

改进的措施必须针对问题的成因来解决。对问题的成因进行分类有助于改进方案的可行性和有效性。

1. 制度缺陷。

制度缺陷常常存在于制定和执行两个环节，表现为无制度可执行和有制度无法执行。

无制度可执行的原因是制度不完善的外在表现，但本质上反映组织内部能力的不足。另一种常见的现象是创新导致的结果，例如，在组织内部运行过程中出现新形态、新内容的业务，导致已有的制度规范没有规范到这种新形态、新内容的业务，从而造成操作制度规范缺失。

制度无法执行也有主、客观两个方面的原因，主观原因是制度管理的对象不愿意受到制度的束缚而采取违背制度规定的行为；客观原因则可能是制度本身的操作性不强，导致执行困难甚至不能执行的状况；或者制度的执行层面上存在相互冲突；抑或是因为时间关系，原有的制度规范已经与校内外的政策制度相冲突。显然因主观因素的缺陷应以惩戒性制度予以补充防范，而客观原因导致的缺陷则应对原有制度予以修订。

制度缺陷问题的改进与新制度的制定一样需要符合制度建立的流程规范。当新的制度建立后，被废止的旧制度文件应在其适用的现场范围内清除，避免新旧制度混杂而形成新的质量缺陷。

2. 目标定位缺陷。

目标定位缺陷表现为指标覆盖不全、指标数据缺失、指标传递障碍、指标冲突等。目标定位是否存在缺陷，是验证目标传递与协调机制的有效证据。因此改进的措施不能只是对指标的修订和调整，而应着眼于从机制上、技术上解决。借助信息化的数据平台无疑是实施目标管理的有效方法，但信息化的数据平台建设本身是多数职业院校的目标之一，建设的理念、标准、进程也是目标管理的重要内容。同时，信息化平台建成后，有大量的基础数据导入问题和数据内涵的一致性审核问题，都需要在实际工作进程中不断改进。

3. 标准定位不当。

标准定位不当表现为标准水平定位不准和时间进程规划不准。标准水平的定位取决于政策因素、内部现状及目标愿景。政策因素决定的标准通常为合格性标准，在质量诊改中应为最低标准。目标愿景代表着组织发展的方向和水平，完全由组织内部协商确定。标准定位不当的成因源于目标定位的前瞻性不足或内部现状评估偏差。改进的关键在于设置适当的诊断频率，及时对标对表进行诊断，能够为调整标准定位提供依据。此外，以国家标准和"标杆"院校标准建立梯度标准，更能体现目标标准的"激励"作用。

4. 周期与频率设置不当。

质量诊断涉及大量的数据采集及统计处理工作。不同层面的项目运行进程使因素的复杂程度不同，质量控制的要求也有所差异。诊断频率过高、周期过短，可能导致工作量增加而形成人力、财力等资源短缺。而诊断频率过低、周期过长，则不利于及时发现问题，可能造成质量缺陷没有及时纠正而逐渐发展成更大、更严重的质量风险。诊断周期与频率设置是否科学、合理，本身也是教育教学质量保障体系是否科学、运行是否有效的重要诊断依据。

二、教育教学改革创新

创新源自创新的理念与动机。创新理念是指组织或个人打破常规，突破现状，敢为人先，敢于挑战未来，谋求新境界的思维定式。其前提是对现状的不满足，但也基于对市场规律和本行业发展前景的正确把握。

管理创新是指组织把新的管理要素（如新的管理方法、新的管理手段、新的管理模式等）或要素组合引入组织管理系统以更有效地实现组织目标的活动。管理创新按内容分为管理思想理论上的创新、管理制度上的创新和管理具体技术方法上的创新；按功能分为目标、计划、实行、检馈、控制、调整、领导、组织、人力九项管理职能的创新；按业务组织的系统分为战略创新、模式创新、流程创新、标准创新、观念创新、风气创新、结构创新、制度创新。

职业学校的核心业务是育人，创新是学校的核心竞争力，是学校发展的内在需求，也是学校教育教学改革的根本要义所在。

（一）教育教学改革动力创新

动力是心理学中的一个概念，是指以一定方式引起并维持人的行为的内部唤醒状态，主要表现为追求某种目标的主观愿望或意向，是人们追求某种预期目的的自觉意识。动力是由需要产生的，当需要达到一定的强度，并且存在着满足需要的对象时，需要才能够转化为动力。动力是驱使人从事各种活动的内部原因，有外部动力和内部动力之分。外部动力指的是个体在外界的要求或压力的作用下所产生的动机，内部动力则是指由个体的内在需要所引起的动机。期望通过某些手段和途径以达到行动的目的，是期望理论的出发点。因此，职业学校可以通过管理模式的改革来提升创新的动力。

1. 从个人驱动到组织驱动。

教师是创新的主体，通过创新提升个人的竞争力以获得在绩效收入、职称竞争、社会资源等方面的利益，是个人需求激发的原始动力。组织的作用在于通过管理行为，为个人实现内在的需求建立符合组织发展目标的"渠道"，从而使个人的创新动力汇聚成组织的发展动能，提升教师业绩对组织发展的支撑力。例如，教师的科研方向与研究内容是教师专业发展的需要，可以由教师个人自主选择，但通过有组织的科研，将学校的发展目标及重点业务列入科研的范畴，在课题立项、经费支持等环节予以适度的倾斜，就能够更加有效地凝聚创新力量，提升创新的效益。

2. 从外部"倒逼"到内部主动提升。

马克思主义观点认为，社会是人们通过交往形成的社会关系的总和，是人类生活的共同体。社会组织之间相互对立，相互制约，相互竞争，相互关联，相互融合。我国的人力资源开发模式已经从计划培养转向市场驱动。职业学校在市场竞争中必然受到五个方面的压力（见图7-9），在替代者、竞争者、供应者与需求者等外部要素的作用下，学校创新人才培养方案以求对市场变化的动态适应，是外部需求倒逼的组织创新。

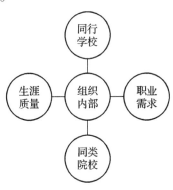

图7-9 职业学校的市场竞争压力分析模型

然而，当今的市场变化越来越快，竞争也越来越激烈，对市场动态的快速适应关乎维护和保障学校的市场竞争优势。"领先一步"、追求卓越，从动态适应转向引领市场变化与发展才是核心竞争力所在。只有内部主动提升，强化市场预测能力，提升目标定位的前瞻性、先进性，才能保障学校的市场地位，保障学校长期稳定与发展。

3. 从绩效拉动到文化认同。

绩效是一种有效的激励方式。它的基本框架来自期望理论模型，即个人努力会带来良好的个人绩效，良好的个人绩效会带来组织奖励，这些奖励可以满足员工的个人目标（见图7-10）。

绩效激励以公平的和有竞争力的薪酬满足了人的生理与安全两个层次的需求，但对人的爱与归属、自尊和自我实现的需求则需要文化的感染力来实现（见图7-11）。

2018年9月20日，中央全面深化改革委员会第四次会议审议通过了《关于推动高质量发展的意见》，"高质量"成了全社会的发展主线。除此之外，"中国制造2025"、产业转型升级、供给侧结构性改革等一

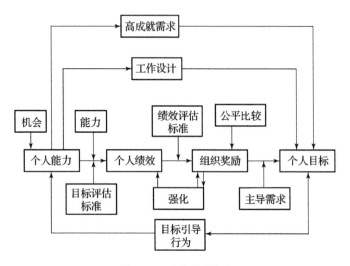

图 7 – 10　绩效激励模型

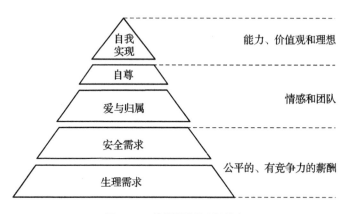

图 7 – 11　绩效激励的边际效应

系列重大战略的实施，都要求活力与创新力兼备的高等职业教育通过改善实践方式扩展自身功能，在市场场域中转变自身发展方式，通过提升发展质量促进更为高深的技术技能知识的生产与积累，实现职业教育的人才结构、能力素质与市场实际用人需求的高度匹配，为社会主义市场经济发展提供支撑。

（二）教育教学改革模式创新

教学是指在一定教学思想指导下，为实现特定教学目的，将教学的诸要素以特定的方式组合成具有相对稳定且简明的教学结构框架，并具有可操作性程序的教学范例。

职业教育教学模式很多，基于职业教育的类别属性定位，教育教学模式创新的重点有基于办学主体协同机制的创新、基于信息技术的课堂教学模式创新及基于职业标准融入模式的创新。

1. 校企深度融合模式。

校企深度融合教学模式的创新点在于不同性质的社会组织融入职业教育领域，形成多元组合的职业教育的办学主体开展职业教育教学。如从人才供给侧实施改革，以职业教育集团、职业教育园区或跨地区联动的形式改变职业教育资金投资结构，以生产性实训基地建设为载体，整合、优化、共享教学资源，开发和培育人才市场，建立职业标准和人才培养体系。通过基于集团或区域的职业教育顶层设计，在扩展办学规模的基础上，提升职业人才的供给力，提高职业职校在人才供需谈判中的话语权。

2. 线上线下混合教学模式。

信息技术与教育的深度融合，形成了与传统课堂完全不同的教学形态——慕课。这种以学习者需求为导向的新形态课程，依托互联网得以广泛传播和推广。但因其完全依赖于网上的在线学习，缺乏教师的指导和监管，教学效果差强人意。将传统课堂与慕课有机融合，取其精华，去其糟粕，产生了线上线下混合的课堂教学模式。

线上线下混合教学模式的创新点在于课堂教学运行的形态与流程的变革。借助各种智能化工具与移动设备，将教师授课内容分解为课前自学、课中答疑、课后训练提高等三个阶段，教学时空被剪切分割成线上、线下两个方位，知识要点的讲解分配为传授、内化、外化三个步骤，不仅极大地拓展、整合了课程教学时间、空间及教师资源，而且彻底改变了教学中的师生关系，突出了学生的主体地位，有效激发了学生探究性与个性化学习兴趣，提高了教学的质量。

3. 1+X 模式。

1+X 模式实质上是基于职业教育的类别属性，将多种职业标准、多种职业培训内容、多种职业技能项目渗透到职业教育人才培养过程中，使职业证书与专业能力证书相互融合的新型职业教育模式。

长期以来社会层面对职业院校存在认知偏差，认为职业院校培养的是技能型人才，认为职业院校教育学历对个体发展的重要性不大。在以往的职业教育实践中，职业资格证书泛滥，职业资格证书多头管理，水平良莠不齐，没有监管退出机制，考核内容陈旧，与社会需求脱节。1+X 模式改革创新的焦点在于职业证书与学历证书制度体系的融合。1+X 模式是《国家职业教育改革实施方案》明确的刚性制度，在提升高等职业教育质量、增强学生就业竞争力方面发挥着重要作用。在实施层面上，1+X 模式要求职业教育在人才培养方案、课程内容与教学标准、实践教学基地与教师资源等育人要素上具有更加宽泛的适应性和灵活性，从而推动专业建设、课程建设、基地建设与教师队伍建设的全面创新。

（三）教育教学改革路径创新

习近平总书记在全国高校思想政治工作会议上强调"要坚持把立德树人作为中心环节，把思想政治工作贯穿教育教学全过程，实现全程育人、全方位育人，努力开创我国高等教育事业发展新局面"。这是党的十八大以来教育改革发展的重大理论创新，旨在把立德树人作为检验学校教育教学质量的重要标准，把高校思想政治工作贯穿于学科、教学、教材、管理各个方面，形成全员、全过程、全方位的育人大格局。

2018 年《教育部办公厅关于开展"三全育人"综合改革试点工作的通知》，要求在学校层面，以课程育人、科研育人、实践育人、文化育人、网络育人、心理育人、管理育人、服务育人、资助育人、组织育人等"十大育人"体系为基础,推动将高校思想政治工作融入人才培养各环节,构建一体化育人体系。"十大育人"体系实际上规划了教育教学改革的创新路径。在具体的操作层面上,可以从以下四个方面进行创新。

1. 技术标准创新。

技术标准的创新具体体现在标准指标范围的扩大和标准指标水平的提高上。通过国内外职业能力标准的对照,在专业人才培养目标定位及课程标准、教学标准上相互借鉴与融合,是提升国际化水平的重要抓手。在人才培养的质量指标方面,随着职业教育市场需求的变化以及社会各领域技术不断创新与标准提升,职业资格、证书、人才层次等要素也将发生改变,评价人才质量的指标体系也可能发生变化,或者评价指标不变但指标的地位权重改变,也会引发人才培养标准的调整和更新。例如,在以就业为导向的职业教育目标引领下,对职业岗位的操作能力占据主导地位,在人才评价的标准上突出教学内容与岗位操作技能的融合,教学实践更多地关注技能的熟练性且兼顾规范性。但随着生产自动化程度的提升,生产设备的智慧程度提升,对人的肢体动作上的熟练程度要求可能有所降低,而智力水平将对工作质量起决定性作用,这可能使人才的职业素养、人文素养需求占据主导地位,从而刺激人才培养方案的变革,形成新的育人目标、实施方案和评价模式。

2. 育人载体创新。

课程是育人的载体,载体的开发、整合、删减都围绕着人才培养的目标、标准进行。基于学情创新开发适宜的课程载体,是教育教学改革永恒的主题。基于终身教育的理念,对不同阶段的学习需求进行规划,并借此开发不同的课程内容,不仅会拓展职业学校服务的市场、领域,而且更能强化学生在校学习的目的性、学习内容的精准度和学习行动的持续性。例如,在以就业为导向的职业教育育人载体中,突出职业岗位实践课程的地位和作用,但在大众创新、万众创业的社会背景下,创新创业课程的地位将逐步提高,构建优质的提升创新创业能力的课程载体也是创新的路径之一。

3. 育人资源的创新。

线上线下混合教学模式不仅是课堂教学过程实施策略的变革和信息化教学平台等硬件设备的建设，还需要有大量的信息化教学资源的支撑。资源库的边界与结构、库存内涵的丰富性和可共享性、库存内容的形态等，都可能成为资源库的创新点和特色点。例如，目前演讲型的微课在教学资源库中较为常见，但演讲型的微课主要承载的是信息传递功能，定位焦点是"教"与"学"，如果能够将演讲型微课改成"演"或"译"等"做"的形式，则可能在强化知、信、行的效益上有所创新。而这种教、学、做深度融合的教学资源显然很难依赖能力单一的团队来完成。因此，信息化教学资源的创新也将带动教学团队结构与团建机制、模式的创新。

4. 育人理论的创新。

认知学习理论、掌握学习理论、能力理论等教育理论已经长期应用于教育教学过程中。建构主义、行为主义等教育教学理论不断渗透到职业教育的各个环节，对职业教育教学改革产生了深远影响。基于职业教育的特点及过去职业教育改革实践的经验，目前已经开启了跨界理论、生态理论等与职业教育理论融合的研究与实践。在这些新的理论指导下，职业教育教学改革创新未来可期。

第八章 卓越绩效模式下的质量成果

柳州市第二职业技术学校创建于 1984 年，是柳州市教育局直属公办全日制职业学校，系国家级重点中等职业学校、第二批"国家中等职业教育改革发展示范学校"、自治区认定"四星级"中等职业学校、自治区教育先进单位、自治区文明单位。

学校继续秉持"厚德精技，求真尚美"的校训，弘扬"劳动光荣，技能宝贵，创造伟大"的时代风尚，以人才培养为根本任务，切实履行职教誓言，全面提高办学质量。

2016 年，借"十三五"规划开局之机，学校启动、实施卓越绩效管理模式，经过五年的研究与实践，取得了丰硕的办学成果。

第一节 教育教学质量持续提升

以"十三五"规划为起点，学校制定了"九大工程"项目，分别是德育建设工程、特色专业及实训基地建设工程、师资队伍能力提升工程、职业教育贯通发展工程、职业教育集团建设工程、校园信息化建设工程、质量管理能力提升建设工程、国际化项目建设工程、校园建设工程。《卓越绩效驱动中职教学诊改实践研究》立项后，开展了为期三年的反复循环教学工作诊断与改进。按照"五纵五横一平台"（见图 8-1）的内部质量保证体系建设要求，建设学校质量保证工作目标体系、标准体系和内控体系，搭建信息化数据平台，建立教学诊改运行机制，构建学校 8 字形螺旋质量上升模式。

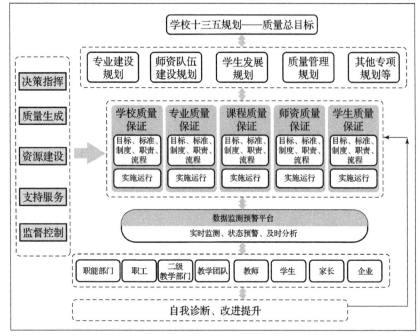

图 8-1 "五纵五横一平台"体系框架

通过持续规范的自我约束、自我诊断、自我改进、自我发展，形成鼓励创新、包容失误、褒奖改进、追求卓越的质量文化，形成促进学校可持续质量发展的强大内生动力，不断提升办学活力和人才培养质量。

一、生源供给质量持续提升

用"波特五力"模式分析，生源供给是影响学校核心竞争力的重要因素，既影响学校的办学规模，也与学校教育教学质量构成相关关系。学校围绕"稳规模、提内涵"的总体办学方针，以内涵建设为重点，构建以全日制职业教育为主体，学历教育与职业培训并重、中职与高职并举、技能鉴定与技术服务并存的多层次、多形式的办学格局。依据市教育局每年下达的招生计划，结合学校各项主要教学资源、新开设专业情况等各方面条件，学校积极做好招生宣传工作，连续五年超额完成上级管理部门下达的招生任务。全日制在校生人数由"十二五"末期的 5 813 人,增至 2020 年的 10 729 人,增长率为 84.57%(见图 8-2)。

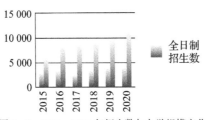

图 8-2 2015—2020 年招生数与办学规模变化

学校招生与办学规模扩大,生源质量不降反升。以 2020 级新生为例,中考成绩 B 及 B+学生 85 人,中考成绩 C 及 C+学生 1 926 人(见图 8-3)。

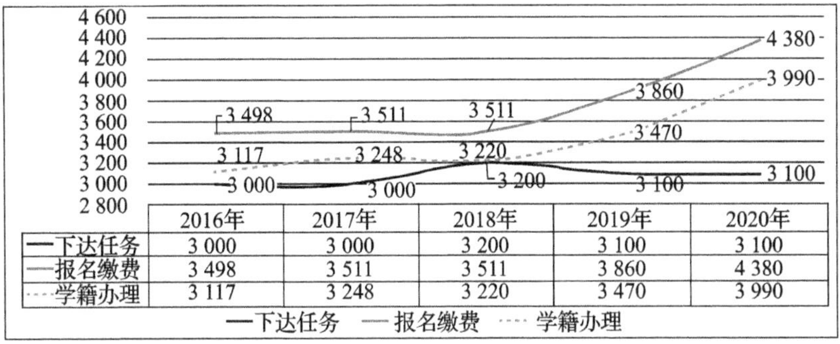

	2016年	2017年	2018年	2019年	2020年
下达任务	3 000	3 000	3 200	3 100	3 100
报名缴费	3 498	3 511	3 511	3 860	4 380
学籍办理	3 117	3 248	3 220	3 470	3 990

2020级新生中,中考成绩B及B+学生85人,中考成绩C及C+学生1 926人,入学质量比往年有明显提升。

图 8-3 生源质量持续提升

二、学生综合素质提高

学生是承载学校办学质量的载体,学校紧紧围绕立德树人这一根本任务,深耕思政教育,致力于大思政教育体系建设,坚持以学生为本坚持大爱严管和以学生为中心的教育服务理念,着力培养德智体美劳全面发展的社会主义建设者和接班人。卓越绩效管理模式的实施,有效提升了学生的素质水平。用人单位对学生的综合素质满意率不断提高

(图 8-4)。对毕业生的人际沟通、岗位适应能力、岗位迁移能力、职业道德、学习能力、创新能力、专业知识等指标满意率均在 90% 以上（见表 8-1）。

图 8-4 用人单位满意率

表 8-1 用人单位对毕业生评价统计

序号	数据指标	单位	2019 年	2020 年	变化情况
1	毕业生人际沟通能力	%	96.41	98.29	↑1.88
2	毕业生岗位适应能力	%	97.10	96.86	↓0.24
3	毕业生岗位迁移能力	%	92.19	94.55	↑2.36
4	毕业生职业道德	%	98.20	98.67	↑0.47
5	毕业生学习能力	%	98.20	99.10	↑0.90
6	毕业生创新能力	%	93.41	95.24	↑1.83
7	毕业生专业知识	%	95.81	96.78	↑0.97

三、学生就业质量持续提高

学校高度关注学生发展，始终坚持以学生为本，以促进学生成才、就业和事业发展为本。学校根据经济社会和科技发展对人才的要求，不断加强教育教学改革，增强毕业生的就业竞争力；通过建立和完善就业工作体系和高效的就业工作机制，不断加强学生在校期间的生涯规划和素质拓展训练,加强毕业生就业指导和服务,加强实习基地和人才市场建设。学校不仅重视保持较高的毕业生就业率,更注重毕业生就业质量的提高,就业工作取得了显著成绩。2020年学校应届毕业生初次就业率为97.33%,比2019年增长了1.04%(见图8-5),就业满意率为99.36%(见图8-6)。

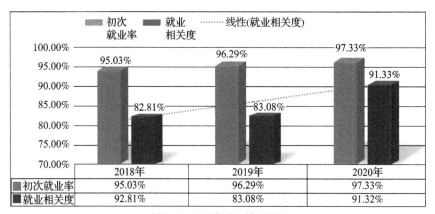

图8-5 近三年学生就业质量

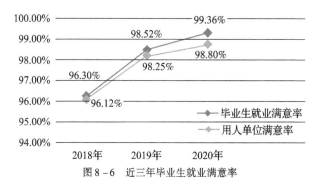

图8-6 近三年毕业生就业满意率

初次就业规模由"十二五"末期的858人,增至2020年的2 721人,增长率为217%,平均月收入由"十二五"末期的1 956元,增至2020年的2 511元,增长率为28%,毕业生就业情况见表8-2。

表 8-2 毕业生就业情况

序号	数据指标	单位	2018	2019	2020	变化情况
1	初次就业率	%	95.03	96.29	97.33	↑1.04
2	初次就业起薪	元	2 656	2 851	2 664	↓187
3	专业相关度	%	82.81	83.08	91.32	↑8.24
4	就业满意度	%	96.30	98.52	99.36	↑0.84
5	用人单位满意度	%	96.12	98.25	98.80	↑0.55
6	升入高职专科比例	%	31.2	44.78	65.90	↑21.12
7	升入本科院校比例	%	0.64	0.91	0.66	↓0.25

四、学生升学率持续提高

学校大力实施"中高、中本"有效衔接、协同创新的研究与实践，有效实现了中等职业教育的贯通发展。学生的成长空间的扩展，使中职毕业生以就业为主转向就业与升学并重。2019 年中职对口升学人数从"十二五"末期的 80 人增长到 2 072 人，如图 8-7 所示，毕业生升高职和本科人数占比 43.17%，升学录取率从 2016 年的 62.1% 提高到 91.8%。

图 8-7 毕业生升学录取率

五、学生职业技能持续提高

学校以技能竞赛为抓手,促进学校专业内涵建设和师资队伍建设,将在职业技能竞赛训练过程中的指导经验总结归纳应用于专业教学中,形成"以赛促教、以赛促建、以赛促学"的教学常态。针对学生开展的"以赛促学"工作,显著提高了在校学生的学习兴趣,提升了学生专业技能水平,为学生就业提供社会实践和机会。在十三五规划期间的职业技能竞赛中,学校收获各类奖项89项,其中,国家级一等奖1项,二等奖1项,省部级一等奖9项,二等奖12项,三等奖21项,获奖质量、获奖数量明显提升(见表8-3)。在第五届中国"互联网+"大学生创新创业大赛广西赛区选拔赛职教赛项中影音后期制作团队、"侗天福地"民族产品私人定制团队、轻量化RC:挑战极速之旅的微型赛车团队均荣获三等奖,并获得科技局10万元创新创业专项奖励经费。2020年,经济贸易系电子商务专业刘玉琴、王华程、刘林凤三位老师指导的2019电商2班陈广,2019电商3班叶梓妃、卢海彬、袁钰莹四位同学在全国职业院校技能大赛试点赛电子商务技能赛项中展示出精湛的专业技能,不畏强敌、沉着应战,与来自全国各省、区、自治区的36支参赛队激烈角逐,勇夺全国职业院校技能大赛一等奖!实现我校建校以来在全国职业院校技能大赛一等奖零的突破,书写了广西代表队首次获得此赛项国赛一等奖的历史(见图8-8)。

表8-3 学生技能竞赛成绩汇总

年度	获奖等级	政府举办			行业举办			年度合计		
		市赛	区赛	国赛	市赛	区赛	国赛	市赛	区赛	国赛
2016年	一等奖	9	4				1	9	4	1
	二等奖	8	5			1	2	8	6	2
	三等奖	3	9	1		1	1	3	10	2

续表

年度	获奖等级	政府举办			行业举办			年度合计		
		市赛	区赛	国赛	市赛	区赛	国赛	市赛	区赛	国赛
2017年	一等奖	6	7				1	6	7	1
	二等奖	7	9			1	1	7	10	1
	三等奖	10	9	1		3		10	12	1
2018年	一等奖	11	6					11	6	
	二等奖	9	13					9	13	
	三等奖	25	12	1				25	12	1
2019年	一等奖	6	5			4		6	9	
	二等奖	9	12	1		6		9	18	1
	三等奖	13	21	1		8		13	29	1
2020年	一等奖	10						10		
	二等奖	20						20		
	三等奖	15						15		

(a)

图8-8 柳州市第二职业技术学校获得全国职业院校技能大赛一等奖

(b)

图 8-8　柳州市第二职业技术学校获得全国职业院校技能大赛一等奖（续）

第二节　学生和利益相关方满意度持续提高

学校实施"123456"特色学生管理模式，即打造"一站式"综合服务中心，向全体师生提供学校各方面投诉、咨询、服务一体化业务；组建在党总支领导下系部党支部书记主管德育，德育副主任主抓落实，系部德育工作者、班主任队伍形成系部德育合力的二级管理机制；在"全员育人、全方位育人、全过程育人"三全育人工作的整体格局中，形成立体化、多元性人才培养体制；学校将学生成长基础、职业发展、个人发展、职业素养四个维度贯穿德育工作始终；制定五星学生发展标准体系以及实施"课程育人、安全育人、制度育人、文化育人、活动育人、服务育人"六大育人方式。

一、学生满意度

学生是学校服务的第一顾客，卓越绩效管理高度关注顾客服务满意度的持续提升。基于卓越绩效理念，通过"123456"学生管理模式的不断改进,有效提高了学生的满意度,具体体现在以下方面。

(一) 在校体验满意度提高

2020年对在校生在校体验满意度(包括教育、教学、环境、服务、餐饮、住宿、安全等七个方面)情况进行了广泛调查,调研结果显示:总体满意度(非常满意+基本满意)为85.6%,比2019年同期提升2.8%(见图8-9)。

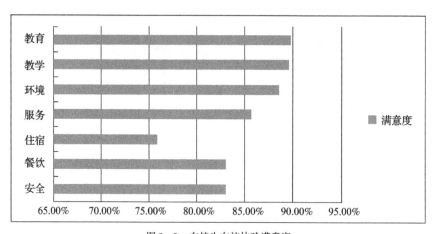

图8-9 在校生在校体验满意度

(二) 对教师满意度大幅度增长

"123456"特色学生管理模式确立了教师服务学生成长的地位和作用。调查数据显示,学生对教师服务满意度有大幅度提高(见图8-10)。

(三) 资助服务力度加强

2020年,学校共办理奖、助、贷、勤、减、免、补等资助21 719人次,总金额达到2 182.09万元,比2016年增长40.6%(见图8-11)。

此外,学校打造了25个学生精品社团,依托纳新、特色社团活动不断扩大社团队伍,社团人数达到6 121人。学生社团全年累计开展常规活动531次,累计约有18 735人次参加;开展全校性大型活动2次,累计约有3 500人次参加;开展社团品牌活动7场,覆盖6 700人次,

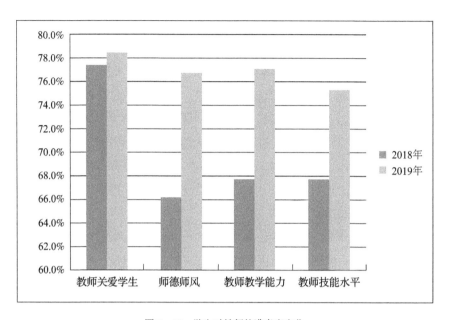

图 8-10　学生对教师的满意度变化

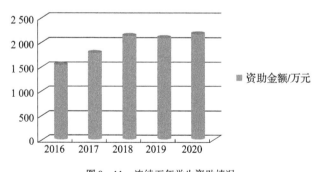

图 8-11　连续五年学生资助情况

学生社团活动实现学校官方微信平台宣传、团委官方 QQ 宣传，共发起报道 27 次，浏览量达 13 200 余人次。三江同乡会、侗美合唱团、民族紫荆工艺社团等在校园、社会均具有影响力的社团营造了繁荣的第二课堂校园文化氛围。学生在第二课堂活动中参与、学习、体验、感悟，学生综合素质得到显著提升，对提高学生满意度起到了重要作用。

二、相关方满意度

(一)合作共建企业满意度提高

学校根据相关方特点识别不同需求,创建良好的合作关系。2019年,学校创新创业中心建设完成,入驻项目7项。建成了侨批文化展示馆、无人机工作室、跨企业课程研发工作室、智拓创客团队工作室、影音后期制作工作室、巴哈赛车创客工作室、葡萄酒品鉴与侍酒服务工作室、现代饮品工作室、路演室等九间双创功能室,并形成了成熟的管理体系及完整的组织运营架构。

学校与柳州柳工叉车股份有限公司、上汽通用五菱汽车股份有限公司、厦门惠和石文化股份有限公司等多个行业企业建设产教融合、创新教学基地,将理论教学与实践应用紧密结合,充分整合学校与行业企业的资源,实现优势互补、共同发展,联手培养适应智能时代需要的复合式创新型高素质技术技能人才。2020年,学校合作企业达87家(见图8-12),形成了"人才共育、过程共管、成果共享、责任共担"的校企合作人才培养体系。

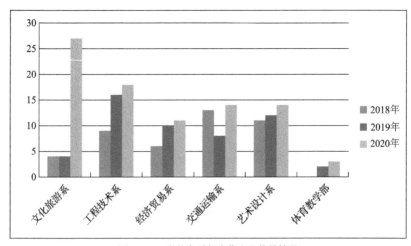

图8-12 学校各系部合作企业数量情况

学生实习满意度为 95.93%，实习单位满意度为 95.50%。学生实习满意度、实习单位满意度处于高位且仍有小幅度增长（见表 8-4）。

表 8-4 学生实习情况统计

指标内容	2018 年	2019 年	2020 年	变化情况
学生实习人数	2 024	1 204	955	↓249
学生实习满意度	95%	95.91%	95.93%	↑0.02%
实习单位满意度	94.60%	95.10%	95.50%	↑0.40%

（二）在职教集团中的地位提升

为深化学校人才供给的结构性改革，适应社会需求，推动学校人才培养供给与产业链的密切对接，学校与广西交通职业技术学院、柳州柳工挖掘机有限公司三方就共建柳工挖掘机产业学院签订合作协议（学校牵头组建的教育集团情况见表 8-5）。准确把握职业教育集团的性质、任务，发挥好示范带头作用，强化服务意识，带动集团成员共同发展，与其他职教集团成员强化合作意识，紧密围绕传承非物质文化遗产，拓展校企合作，创新合作机制，增强职业教育带动非物质文化遗产服务产业振兴、服务地方经济社会发展能力，为中国经济发展增值赋能，为行业企业发展提供人才支撑。

表 8-5 职业教育集团基本信息

序号	集团名称	牵头单位	成员单位数量								合计数
			中职学校	高职院校	本科院校	政府部门	行业协会	企业	科研机构	其他组织	
1	全国非遗职业教育集团	柳州市第二职业技术学校	42	26	6	0	0	0	2	0	76
2	柳州市工程机械职业教育集团		3	5	1	1	0	8	0	1	19
3	柳州市物流职业教育集团		5	5	1	1	0	8	0	0	20

2020年12月，学校与广东省职业教育研究院、安徽非遗职业教育集团等七家单位牵头组建全国非遗职业教育集团（见图8-13）。作为集团的常务副理事长单位，学校隆重举办首届全国职业院校非遗技艺传承与发展研讨会暨全国非遗职业教育集团成立大会。这场盛会对推进非遗职业教育集团化办学，搭建全国性非遗职业教育合作交流平台，整合优质资源，深化成员合作，提升非遗职业教育水平具有重大意义。

图8-13　学校牵头成立全国非遗职教集团

第三节　教职工队伍持续优化

学校将教师队伍建设作为基础性工作来抓，坚持以面向全员、突出骨干，改革创新、务实为本，着眼发展、终身学习、制度创新、增强活力为基本原则，通过卓越绩效管理的实施，构建了教师与学校同向同行、相互依赖与相互成全的和谐关系，培育了一支"师德高尚、数量充足、结构合理、业务精湛"适应学校发展新形势的教师队伍。

一、完善的制度体系助力教师成长

学校为教师职业生源规划发展线路（见图8-14），先后制定了《新教师培养制度》《骨干教师管理条例》《中青年骨干教师选拔与培养暂行办法》《专业带头人管理条例》《专业带头人选拔及管理暂行办法》

《校级"技能大师工作室"管理规定》《双师型教师管理条例》《聘用人员管理暂行办法》《外聘兼职教师管理制度》,对教师进行分类管理。出台了《教师学历学位提升管理办法(试行)》,将学校《教师培训"十三五"发展规划》落实到教师个人的发展规划中。按照十三五规划的目标、任务和工作方案,不断壮大教师队伍和培育培养教师的专业素养。

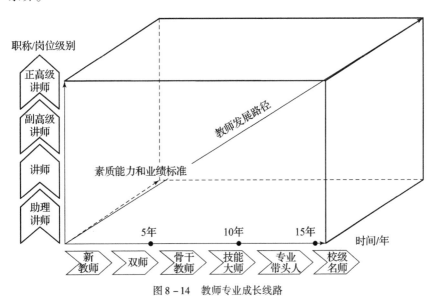

图 8-14 教师专业成长线路

(一) 教师队伍规模扩大,与学生规模相适应

"十二五"末期,学校仅有教职工 269 人,专任教师 199 人。2019年,学校现有教职工 429 人,其中专任教师 313 人,分别增长了 59.5%和 57.3%,生师比不断趋于合理(见图 8-15)。

(二) 教师队伍的结构不断优化

学校拥有研究生学历或硕士学位教师 44 人,教授 1 人,正高级讲师 1 人,高级讲师 67 人,讲师 97 人。"双师型"教师达 203 人,占专任教师比例达 64.85%,高级职称占比为 22%,专任教师本科以上学历

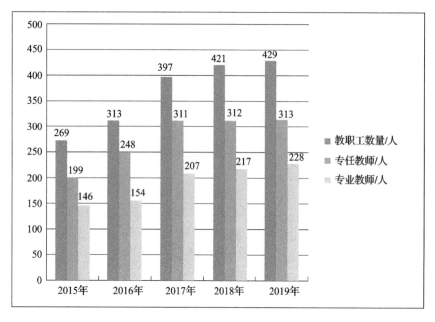

图 8-15 教师队伍规模变化

比例达 99.1%（见图 8-16 和图 8-17）。

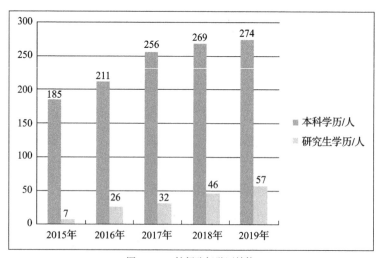

图 8-16 教师队伍学历结构

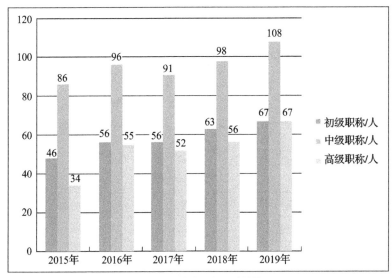

图 8-17 教师队伍职称结构

制定学校层面的教师发展标准作为教师制定个人发展规划的准则,促进教师面向未来实现有效发展和可持续发展。教师发展的职教特色日益凸显,与行业、产业的紧密度逐年提升(见表 8-6)。

表 8-6 教师队伍建设情况

序号	数据指标	单位	2018 年
1	拥有国际技术技能证书	人次	30
2	拥有行业技术职称证书	人次	126
3	教练	人次	14
4	裁判员	人次	10
5	专业教学指导委员会委员	人次	3
6	行业协会委员	人次	14

(三)"顶尖"教师脱颖而出

2020 年,学校已经拥有一支以教学名师、技能大师引领,专业

(学科）带头人、骨干教师为中坚力量，非物质文化遗产教师传承人为学校师资发展特色的教师队伍。学校拥有全国优秀教师1名，全国优秀教育工作者1名，自治区特级教师1名，区级教学名师培养对象6名，区级名师工作坊1个；市级行业领军人物4名，市级专业带头人3名，市级专业骨干教师11名；校级名师工作坊8个，校级技能大师10名，校级专业带头人10名，校级骨干教师32名，非物质文化遗产项目教师传承人11名（见表8-7）。

表8-7 高层次教师数量

序号	数据指标	2017年	2018年	2019年	2020年
1	区级教学名师	2	2	4	6
2	市级行业领军人物	0	1	4	4
3	市级专业带头人	0	3	3	3
4	市级专业骨干教师	0	1	11	11
5	校级教学名师	3	3	3	3
6	校级技能大师	5	5	5	10
7	校级专业（学科）带头人	10	10	10	10
8	校级骨干教师	0	32	10	32

二、有效的绩效激励营造积极向上的竞争氛围

学校建立了《星级部门绩效考核指标》《校长质量奖评审标准》《星级专业建设标准》《星级课程建设标准》《星级教师评价标准》《星级班主任评价标准》等内部质量"标杆"，引领教师个人、部门、团队建设的方向，推动教师、团队发展。并运用KPI考核工具，通过《绩效考核实施方案》《优秀班主任评比考核办法》《教师绩效考核实施方案》《班主任绩效考核实施方案》《学校督导（兼职）工作绩效考核方案》《"美丽广西"乡村建设（扶贫）工作队员驻村工作绩效考核方案》的

运行,助力学校核心竞争力和可持续发展能力提高,达到战略落地、管理细化、潜能激发的目的,保证学校战略目标的顺利达成。

为引导和激励全校各部门建立和实施卓越绩效模式,提高整体管理水平,持续改进管理质量和工作效率,依据卓越绩效评价标准(教育类),借鉴国内开展质量奖活动的成功经验,设立校长质量奖。根据学校特色发展的需要,继承改革创新,探索团体协作培养模式,突出强化教师专业化成长共同体建设。将职能部门的职责重新梳理,释放相当部分管理权至系部,同时强化职能部门的服务功能。系部拥有相对完整且独立的选人用人权限、教育教学权限、财务支配权限、招生实习就业权限等,学校一方面健全监督约束机制,另一方面积极做好协调服务工作,清除二级管理运行的机制障碍,真正彰显二级管理的效益,推动了人才培养质量的提升。

三、精准的目标导向成就卓越的标志性成果

"十三五"期间,学校以创建国家首批"现代学徒制"城市、国家首批"产教融合"试点城市为契机,以办学模式改革、人才培养模式改革为切入点,以卓越绩效管理工程为抓手,以教学诊改为工作主线,持续推进"质量兴校""科研强校"战略,开拓进取,创新争优。

(一)"以赛促教"强化教师竞技素质

学校以技能竞赛为抓手,促进学校专业内涵建设和师资队伍建设,将在职业技能竞赛训练过程中的指导经验总结归纳应用于专业教学中。常态化的"以赛促教、以赛促建、以赛促学"练就了教师强大的竞技能力。五年来,教师在各级技能竞赛中获奖达到466人次(见表8-8)。

表8-8 教师技能竞赛成绩汇总

年份	国家级			区级			市级			合计
	一等奖	二等奖	三等奖	一等奖	二等奖	三等奖	一等奖	二等奖	三等奖	
2016	2	5	6	20	25	21	22	38	78	217

续表

年份	国家级			区级			市级			合计
	一等奖	二等奖	三等奖	一等奖	二等奖	三等奖	一等奖	二等奖	三等奖	
2017	0	0	7	7	21	15	9	10	14	83
2018	1	0	0	7	19	22	7	11	27	94
2019	2	4	3	4	5	14	14	6	20	72
合计	5	9	16	38	70	72	52	65	139	466

（二）标志性成果"瓜熟蒂落"

持续的质量兴校战略，结出了丰硕的成果。学校先后荣获"全国中小学中华优秀文化艺术传承学校""广西壮族自治区首批现代学徒制试点单位"、广西壮族自治区第一批"四星级"中等职业学校、柳州市"十佳最美校园"等荣誉称号。学校有3项教学成果获自治区级教学成果等次评奖：《"侗寨·五娘"非遗"123+N"现代传承育人模式实践与创新》成果获特等奖，位列第一；《中职旅游服务与管理专业国际化课程标准建设与实践》获一等奖；《中职学校"三全三课"德育模式的研究与实践》获二等奖，实现了学校参与教学成果评定获奖质与量的历史性突破（见图8-18）。

（三）社会媒体高度关注

学校建设引起中国教育报、中国教育电视台、广西壮族自治区教育厅公众信息网、柳州新闻网、柳州日报、南国今报、柳州电视台等多家媒体的广泛关注。2018年，学校教育教学成果相关新闻在柳州电视台报道15次，柳州日报社报道8次，柳州广播电台报道1次，中国教育电视台报道1次。2019年，由学校拍摄的《这，就是职教》快闪视频被中国教育电视台广为推送；由柳州电视台《新播报》栏目对学校教学成果《苗翎嫁娘》系列作品及设计师韩晶老师进行的专题报道《百

图 8-18　学校标志性成果

灵"藏"广西柳州：中外融合苗族服饰惊艳 T 台》节目被广西电视台《广西新闻》及学习强国 APP 广西平台选用，学校知名度和影响力进一步扩大。

第四节　学校整体实力可持续发展

一、校园建设日趋完善

"十三五"期间，学校积极构建功能齐全、布局合理的办学空间及环境，完善办学基础设施，先后建成了三栋宿舍楼和一个 400 米标准田径场，大幅提升了学校教学、住宿、运动场地条件，改善了校园环境和育人功能，基本满足了日益增长的师生需求（见图 8-19）。教学业务用房面积同样大幅度提升（见图 8-20）。

学生宿舍、食堂等生活场地面积从 2016 年的 38 035 平方米增加到 2019 年的 58 025 平方米，涨幅达到 52.6%（见图 8-21）。

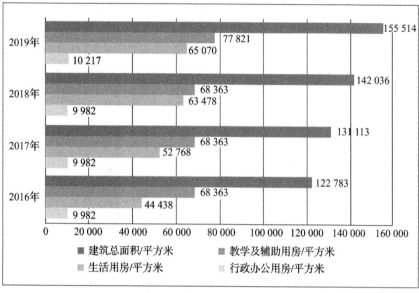

图 8-19 办学环境变化情况

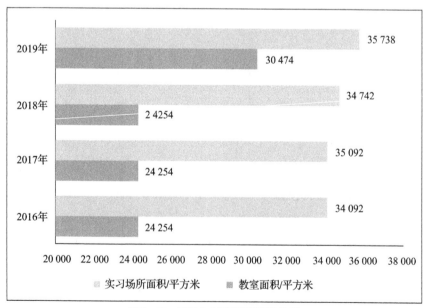

图 8-20 教学业务用房面积增长情况

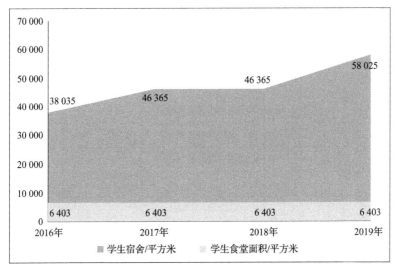

图 8-21 学生宿舍、食堂等生活场地面积增长情况

二、教学资源水平明显提升

(一) 实训基地水平提升

仅 2020 年,学校就新增实训基地建设项目 9 个,实训项目投入总值 1 146.57 万元,比 2019 年增加了 356.57 万元。投入资金主要用于满足学校重点建设专业物流服务与管理、旅游服务与管理、电子商务、数控技术应用、新能源汽车运用与维修、工艺美术的实训教学建设 (见表 8-9)。

表 8-9 2020 年新增实训基地建设项目一览

序号	项目名称	资金额度/万元
1	智慧物流实训中心	100.00
2	创新产教融合现代城市服务实训基地	200.00
3	社区电商产教融合实训基地	74.37
4	车加工技术实训室	60.00

续表

序号	项目名称	资金额度/万元
5	新能源汽车实训中心二期	183.20
6	工艺美术实训中心	255
7	多媒体实训室水平提升建设	159
8	民族文化非遗传承教育基地	95
9	茶文化实训基地	20
	合计	1 146.57

学校现有校内实训基地 26 个,实训(验)室 150 个,实训工位 5 326 个,实训(验)设备资产达 10 104.78 万元。生均实训实习工位数 0.58 个,生均教学仪器设备价值 11 041.3 元。

(二)图书资源水平提升

2020 年,学校还新增纸质图书 6 万册,使馆藏纸质图书总数达到 324 819 册,生均纸质图书达到 35.49 册,建成大师工作室 6 个(见表 8 - 10)。

表 8 - 10 学校设施设备情况一览

序号	数据指标	单位	2018 年	2019 年	2020 年
1	教学仪器设施设备总值	万元	8 153.75	10 066.76	10 104.78
2	生均占地面积	平方米	33.58	34.1	33.36
3	生均教学仪器设施设备价值	万元	0.90	1.13	1.10
4	生均教学及辅助、行政办公用房面积	平方米	17.68	20.6	24.11
5	生均校内实践教学工位数	个	0.57	0.48	0.58
6	生均纸质图书	册	28.8	29.6	35.49

续表

序号	数据指标	单位	2018 年	2019 年	2020 年
7	百名学生配备教学用计算机台数	台	22.2	22.1	24.5
8	校园网主干最大带宽	Mbit/s	1 200 Mbit/s	1 100 Mbit/s	10 000 Mbit/s

(三) 信息化基础水平提升

逐步完善智慧校园服务,将信息化建设覆盖到学校的资源共享、教育教学、职业训练、学校管理和网络文化生活等各个方面,促进了学校信息化建设的全面发展。完成全校网络设备更新升级,实现了有线网络全校覆盖,学校网络从 80 Mbit/s 最终提升至 4.1 Gbit/s,为学校的资源共享、教育教学、职业训练、学校管理和网络文化生活等校园信息化应用和服务提供了满足服务质量要求的网络支撑环境。

2020 年,全校教学用计算机共计 2 017 台,实现学生教学用计算机 18 台/100 人的标准,办公用计算机 521 台,实现教师备课办公用计算机人均 1 台的标准;学校建设了虚拟仿真实训室和与重点专业课程对应的数字化技能教室;形成了一批有特色的网络课程,体现了学校教育教学改革和现代信息技术的应用成果,着力提高了教学效果和人才培养质量。2020 年新增电子本地镜像图书 30 000 册,超星阅读平台电子书书目 100 万余种,中文期刊服务平台具备授权期刊种数 6 000 多种,内容覆盖学术、教育、大众、综合类,其中教育类期刊 300 种以上,为师生提供了良好的图书借阅、在线阅读和期刊全文下载等服务。

三、形成了完整的质量保障体系

(一) 建立了学校内部质量标准体系

通过卓越绩效管理模式的实施,学校建立了《管理成熟度标准》和一系列针对不同岗位、不同团队的绩效评价工作机制。以教育部《职业教育国家教学标准体系》《广西壮族自治区星级中等职业技术学校标准》《广西壮族自治区中等职业学校办学条件建设分级标准（试行）》等国家、自治区职业教育标准文件为指导，在调查研究的基础上，综合考虑学校所处的柳州区域环境、学校办学目标定位、办学优势和短板，明确以卓越绩效准则为质量管理主要手段，学校实现了教学、服务、管理三大领域全覆盖，汇总形成涵盖招生、就业、教学、师资、管理、投入、学生资助、行业企业参与等多方面的制度、标准和流程。"星级"教育教学质量标准分别围绕专业、课程、教师发展及学生发展的核心内涵，设计目标和要求，按标准的重要程度确定其权重和分值，形成包括学校管理、学校发展、专业建设、课程建设、教师发展、学生发展、学校绩效考核等七个方面的教育教学质量标准体系（见图8-22）。

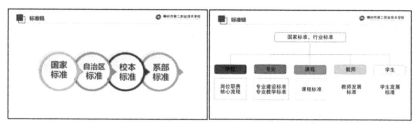

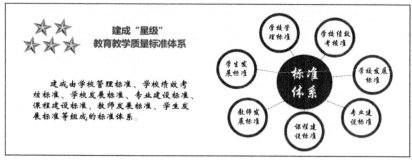

图8-22 教育教学质量标准体系

（二）建立了校系二级常态化的质量管理机制

卓越绩效管理模式启动后，学校先后派遣30人次中层及以上干部赴外地学习，到高职学院挂职，专项提升质量管理能力；邀请专家来学校开展专题培训20多场，先后培训质量管理骨干30名；开展专题内训

20 余场，覆盖全校教职工；先后梳理全校各部门职责 22 个，部门岗位职责、教师工作职责、实训室管理员职责等 108 个，梳理各部门核心工作流程 90 多个，编制完成《柳州市二职校职能分工表》《柳州市二职校部门权责手册》等质量文件。在全区中职学校中率先形成了比较完善的院系二级管理机制，按照“事前—事中—事后”三个阶段，围绕决策指挥、质量生成（事中）、资源建设、支持服务、质量生成（事中事后）、监测控制及数据平台，搭建起专业层面内部质量保障体系（见图 8－23）。

专业层面内部质量保障体系架构

柳州市第二职业技术学校

专业五纵			质量主体	
决策指挥	事前	目标 标准	1. 学校建设专家委员会2.学校党政联席会议3.物流服务与管理专业建设指导委员会	质量文化
质量生成	事中	设计组织实施	1.质量办2.教务处3.人事处4.科研处5.招生就业处6. 物流服务与管理专业建设团队（物流教研室、教务处、相关承担专业课程教学任务教师）	
资源建设			1. 物流服务与管理专业建设团队（物流教研室、教务处、相关承担专业课程教学任务教师）	
支持服务			1. 教务处2.科研处3.人事处4.财务处5.继续教育处6.后勤处等部门	
质量生成	事中事后	诊断、激励、学习、创新、改进	1. 物流服务与管理专业建设团队（物流教研室、教务处、相关承担专业课程教学任务教师）	
监控控制	全程	监测预警	1. 教务处2.质量办3.招生就业处4.学工处 5. 人事处6.继续教育处7.经济贸易系等部门	
数据平台		数据中心	1. 教务处2.信息中心3.招生就业处4.学工处 5. 人事处6.继续教育处7.经济贸易系等部门	
质量文化				

图 8－23　二级系部自主诊改架构

（三）形成了可持续发展的内生动力

绩效管理模式的探索与实践，培养出了一支服务意识强、质量监控能力突出的管理队伍，在学校与二级系部两个层面建成了综合服务中心、党员服务中心、专业建议与教学改革发展中心、学生发展中心、教师发展中心、校企协同育人中心等六大服务中心，形成了比较完整的质量管理体系，学校管理成熟度从项目开始时的初次评价 13%，到项目验收时的 34%，提升了 21 个百分点。学校师生教育教学观念和管理运行机制发生了深刻变化，实现了从集权管理到分权管理的机制转变、从被动到主动的工作转变，从经验引领向战略引领的转变，从规章制度形式化向培养质量标准化的转变，从个性化工作模式向流程管控模式的转变，从被动型发展转向主动性自主发展，形成了可持续发展的强大内生动力。

四、服务品牌初步形成

（一）专业数量、结构更加契合当地社会经济发展

学校对接柳州"实业兴市、开放强柳"发展战略，开展专业发展定位规划、调整专业结构、打造"产业—专业"群与品牌专业、建设共享型专业实训基地项目，全面提升了技术技能人才培养质量；形成与柳州市职业教育专业布局与结构调整规划相适应的学校专业布局，新增专业4个，专业总数达22个，建成面向服装设计、工艺美术等产业的国内一流、区内领先的艺术设计专业群，面向学前教育、旅游管理等现代服务产业的区内领先的文化旅游专业群和面向工程机械、新能源汽车、轨道交通等支柱产业的区内领先的装备制造专业群等5个专业群，建设了2个区级品牌专业，7个校内品牌专业，进一步优化了学校专业结构；形成了"立足柳州、面向广西、服务全国、辐射东南亚地区"的发展格局，支撑学校建设成为"特色鲜明、区内领先、国内一流"的示范性职业学校。

（二）引进国际标准，不断提升国际化水平

引入国际标准体系，全力推进"工程机械运用与维修专业职业教育国际化""物流服务与管理专业现代学徒制人才培养体系构建""构建中高职衔接的'现代学徒制'人才培养模式""建设国际化专业课程标准体系和师资队伍"等项目建设，创新人才培养模式。

2016年，学校与英国瑞尔学徒制公司和柳州市瑞泽商贸有限责任公司在物流服务与管理专业开展"现代学徒制"试点项目，施行英国二级学徒的职业资格标准。2018年，学校积极与英国WSET（英国葡萄酒与烈酒教育基金会）洽谈，并就 WTA PRO（葡萄酒品鉴艺术认证）、ABSS（餐厅酒水服务标准流程）等培训课程达成初步合作意向，项目参训学生 61 人，先后通过三期紧张的培训及严格的考核，40 名旅游服务与管理专业学生取得初级侍酒师资格认证。2019 年，学校与欧洲侍酒师学校、法国 CAFA 侍酒师学校、英国 WSET、法国 MI 国际调酒师协会、SCA 国际精品咖啡师协会、国际茶研社协会合作，先后培训考核学生 93 人，80 余名旅游服务与管理专业学生取得初、中级侍酒师资格认证，其中 30 余名学生获聘于米其林及同等级别高级餐厅。"十三五"期间，学校按照职业教育国际化的基本理念和要求，通过师资队伍国际化、人才培养国际化等方面深化人才培养模式改革，人才培养质量稳步提高。2020 年，学校成功入选"2020 亚太职业院校影响力 50 强"。2020 年的 50 强共有 11 所亚太其他国家和地区职业学校和 39 所中国职业学校入选。柳州市第二职业技术学校是 50 强中仅有的 2 所入围中职学校之一（见图 8-24）。

图 8-24　教育部人文交流中心主任杨晓春为柳州市第二职业技术学校颁发奖杯及荣誉证书

（三）强化思政队伍，打造育人品牌

积极抓好星级党支部、支部党建品牌创建工作，做到"一支部一品牌一特色"。学校党总支卿助建书记主持的《中等职业学校思想政治工作现状与对策研究》、文化旅游系党支部兰丽丽书记主持的《职业教育改革背景下以党建引领教育的实践与探索》2 个项目获柳州市教育系统"党建+教育"书记领航项目立项。柳州市第二职业技术学校成为柳州

市教育局选树的行动学习示范点。"十三五"期间,学校打造1个党总支党建品牌《双融合双促进,卓越管理助力党建提升》;支部党建品牌5个,分别是文化旅游系党支部《传承中华民族文化,服务系部师生发展》、工程机械系党支部《金石匠心》、交通运输系党支部《弘扬巴哈车队精神,提高教育质量,彰显系部特色》、经济贸易系党支部《党建引领职教助力,技能扶贫同步小康》、艺术设计系党支部《秉爱求真、品学立人》。10名青年班主任获得各级各类荣誉称号,其中刘玉洁获得自治区优秀班主任荣誉称号。市级以上德育论文获奖100余篇,其中德育发表近10篇;自治区、市级德育科研课题10余项,其中教学改革成果《中职学校"三全三课"德育模式的研究与实践》获得2019年自治区教学成果二等奖、柳州市教学成果一等奖。

(四)打造以"善"字为核心的礼艺德育精品

学校坚持培养企业满意的技能人才的总体育人宗旨,紧贴时代、职业和学生身心发展需求,使学生在校期间努力实现"成人、成才、成功"三个台阶的跨越。学校依据职业学校对人才培养需求及中职学生身心发展特点,将总体育人规划细化为四个目标,一个积极向上的心态(心理健康教育),一副大方得体的言行(礼仪教育),一项展现自我的特长(文体教育),一种娴熟出众的技能(专业技能创业教育),夯实、拓宽德育实施载体,设计"理想信念、文明礼仪、职业素养、个性发展、创新创业"五大平台德育教育活动,坚持生态性德育,寓教育于活动之中,逐步完成"五平台"德育内容体系的构建,形成精品活动7项:好戏剧、好声音、好读者、好学员、运动会、艺术节、迎新晚会;已构建以石喻人、以石兴教、金石为开的校园文化精神;已拥有精品学生社团21个,社团成员已突破2 500人;心理测评与教育100%覆盖全校学生、新生心理测评达92%、团辅活动100%覆盖全部班级、举办心理讲座20次,实现了新生入学礼仪教育全覆盖,举行各类音乐美学专题讲座、专题音乐会、新年文艺晚会等活动达80场次。

学校抓住招生、开学、节假日前后等重要时间节点全面宣传中职学生资助政策、资助成效、育人成果、工作经验。2020年，学校荣获柳州市"学生资助政策宣传月"系列活动优秀组织奖；学生习作《乌云里的一束光》参加资助征文活动，入选"学习强国"平台（见图8-25）。

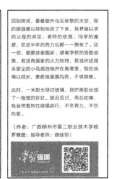

图8-25 中职资助政策宣传成效

第五节 服务社会能力持续增强

学校面向地方经济建设主战场，围绕全面建设小康社会的规划纲要，在职业教育教学改革研究领域，辛勤耕耘，不懈努力。科研服务水平得到显著提高。

一、建成特色科研平台

学校建成了由校外专家和校内学术委员会两级评审指导的专家资源库，充分利用校外专家资源及学校学术委员会，在教改科研、专业建设、课程开发等方面逐渐发挥引领作用；牵头成立中等职业教育民族文化传承创新联盟，国内22所中职学校参加，柳州市第二职业技术学校当选为理事长单位，同时召开了"侗寨·五娘"文化论坛。2019年11月，学校参加首届"黄炎培杯"中华职业教育非遗创新大赛暨非遗职业教育成果展示会，获得全国人大常委会副委员长、中华职教社理事长郝明金颁发的"非遗职业教育贡献奖",同时还获得了"最佳指导老师奖"以及1个一等奖、2个二等奖、1个三等奖、1个优秀奖。2020年6月,学校成立了民族文化(非遗)教育研究院,为深化民族文化职业教育,打造具有学校职教特点的特色科研平台;积极申报创建自治区级民族团结示范单位,得到市民委的大力支持与指导,自治区民宗委党组副书记、副主任李振林一行6人于2020年5月13日到学校调研,专门指导学校创建工作。

二、科研工作快速发展

"十三五"期间,柳州市第二职业技术学校共完成各级各类教科研项目申报103项,立项86项,结题47项,数量较"十二五"期间增长明显,尤其是教学成果方面取得飞跃发展,建成了学校创新创业中心,入驻项目7项,建成了侨批文化展示馆、无人机工作室、跨企业课程研发工作室、智拓创客团队工作室、影音后期制作工作室、巴哈赛车创客工作室、葡萄酒品鉴与侍酒服务工作室、现代饮品工作室、路演室等九间双创功能室,并形成了成熟的管理体系及完整的组织运营架构。从2018年到2020年,荣获自治区级创新创业大赛金奖1项、银奖2项、铜奖7项。

2019年,柳州市第二职业技术学校3项教学成果获得自治区级教学成果等次评定奖:《"侗寨·五娘"非遗"123+N"现代传承育人模式实践与创新》成果获特等奖,位列第一;《中职旅游服务与管理专业国际化课程标准建设与实践》获一等奖;《中职学校"三全三课"德育模式的研究与实践》获二等奖,实现了柳州市第二职业技术学校参与教学成果评定获奖质与量的历史性突破。专利成果不断增多(见表8-11)。

表8-11 学校获得专利情况

序号	姓名	专利名称	专利类型
1	韩晶	连衣裙(苗纱)	国家外观设计专利

续表

序号	姓名	专利名称	专利类型
2	韩晶	嫁衣（苗翎嫁娘）	国家外观设计专利
3	韩晶	连衣裙（苗染）	国家外观设计专利
4	秦怡婷	茶杯垫（侗乡茶缘）	国家外观设计专利
5	秦怡婷	香炉（荷庆吉乡）	国家外观设计专利
6	宁方方	挂饰（香包）	国家外观设计专利
7	宁方方	银饰项链（中药香薰）	国家外观设计专利
8	兰伟华	侗锦未央	国家外观设计专利
9	覃丽霞	腕饰（侗绣中药）	国家外观设计专利
10	余虹	一种油奶茶	国家外观设计专利
11	章进	一种儿童用安全防护美工刀	国家实用新型专利
12	钟海涛	变压器呼吸器更换装置	国家实用新型专利
13	黄彦博、李星潮	一种便于快速拆卸的汽车用半轴	国家实用新型专利
14	薛文灵	机械作业实训台	国家实用新型专利
15	薛文灵	便携式打螺丝装置及实训台	国家实用新型专利
16	黄欣萍	一种可调式文化展示架	国家实用新型专利
17	宁方方	新能源汽车智慧云软件	国家计算机软件著作专利
18	宁方方	侗绣智创软件系统	国家计算机软件著作专利
19	兰伟华	赛车DIY云图平台	国家计算机软件著作专利

三、社会服务效益显著提升

（一）培训服务

学校围绕柳州"实业兴市、开放强柳"发展战略，全面服务柳州建设"区域性先进制造业基地、区域性现代服务业中心、区域性交通枢纽"工作推进，全面提升技术技能人才培养质量，努力开创社会服务的品牌，积极为区域社会经济发展提供各类社会培训活动服务，包括举办广西第五届农民工技能大赛、柳州市第五届农民工技能大赛暨柳州市第四届农民工家庭服务业大赛、柳州市柳江区全民终身学习活动周、柳州市养老护理员职业技能培训班、城中区农民工叉车司机技能大赛、柳州市鱼峰区全民终身学习活动周，以及为企业人员和退役士兵提供培训、提供扶贫培训和职业技能鉴定服务等。五年间，学校完成社会培训5 154人次，成人教育培训124人次，职业技能鉴定8 338人次，培训退役士兵172人次，职业培训产值达644万元。学校还入选成为自治区市场监管局特种设备作业人员考试机构备选库。在广西第六届农民技能大赛叉车决赛中，柳州市第二职业技术学校培训学员以娴熟的技能勇夺桂冠，收获一枚沉甸甸的金牌。

（二）技术服务

学校立足于校内外实训基地，充分发挥学校专业和师资资源优势，积极面向社会开展各类职业技能培训和鉴定。今后柳州市第二职业技术学校将进一步加强与行业企业的合作，提升培训质量，稳定培训规模，实现社会效益和经济效益的双赢（见表8-12）。

表8-12 技术服务工作量统计

项目	2018年	2019年	2020年	变化情况
技术服务培训	3 314人	3 596人	3 570人	↓26
培训项目	19项	21项	23项	↑2

（三）文化传承

柳州市第二职业技术学校作为全国非遗职业教育集团牵头单位，积极组织国内校、政、企、行推动广西区域苗、侗、瑶等民族非遗技艺人才培养，促进侗绣等非遗技艺与行业企业深度融合，传承民族非遗技艺现代职业教育，不断满足侗绣人才的培养多样化需求（见图8-26）。

图8-26 开展多形式的侗族刺绣技艺培训

（四）对口支援

学校根据专业建设及师资，把广西民族刺绣与手工技艺传授给融水县白云乡保江村贫困人员，帮扶贫困人员成立农村专业合作社（见图8-27）。

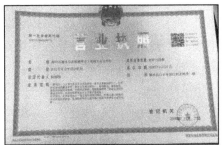

图8-27 带领学员参赛和帮扶成立刺绣合作社

学校积极发挥示范辐射作用，开展对口帮扶服务，与两所学校签订包含社会培训等服务内容的对口帮扶协议（见表8-13和图8-28）。

表8-13 校际帮扶情况统计

序号	帮扶院校名称	帮扶项目	帮扶重点
1	柳州铁道技术职业学院	物流专业叉车司机的培训鉴定	物流专业
2	广西商业高级技工学校	物流专业叉车司机技能比赛	物流专业
3	柳州市城市职业学院	物流专业叉车司机的培训鉴定	物流专业

图 8-28　帮扶对口院校开展叉车培训、组织叉车司机技能竞赛

(五) 对口扶贫

2020 年，学校在柳州市县开展精准扶贫工作，学校以融水县白云乡保江村扶贫点为中心，分别在美丽的融水县保江村和融安县长安镇开展了首期"广西民族刺绣与手工"和"挖掘机操作工"技能提升扶贫培训活动。通过"绣花针挑起挖掘机"一轻一重的交替技能扶贫培训，把刺绣针带到乡村，把挖掘机运到县城。在融水县、融安县及三江县开展的技能提升扶贫活动，让贫困人员实实在在享受到了职业技能提升的快乐，而且达到了技能脱贫的目的（见图 8-29）。

图 8-29　融水县保江村"广西民族刺绣与手工"培训班